全国"十三

# 幼儿游戏
# 理论与实践

主　编　王崇丽
副主编　汪　耀　莫　群　王　影
　　　　肖　敏　杨　峥　程远光
　　　　吴小燕

中国青年出版社

**律师声明**

　　北京市中友律师事务所李苗苗律师代表中国青年出版社郑重声明：本书由著作权人授权中国青年出版社独家出版发行。末经版权所有人和中国青年出版社书面许可，任何组织机构、个人不得以任何形式擅自复制、改编或传播本书全部或部分内容。凡有侵权行为，必须承担法律责任。中国青年出版社将配合版权执法机关大力打击盗印、盗版等任何形式的侵权行为。敬请广大读者协助举报，对经查实的侵权案件给予举报人重奖。

**侵权举报电话**

全国"扫黄打非"工作小组办公室　　　　　　　中国青年出版社

010-65233456　65212870　　　　　　　　010-50856067

http：//www.shdf.gov.cn　　　　　　　　E-mail：bianwu@cypmedia.com

**图书在版编目（CIP）数据**

幼儿游戏理论与实践/王崇丽主编．-- 北京：中
国青年出版社，2018.12
ISBN 978-7-5153-5446-0

Ⅰ．①幼… Ⅱ．①王… Ⅲ．①学前教育－游戏课－幼
儿师范学校－教材 Ⅳ．①G613.7

中国版本图书馆 CIP 数据核字（2018）第 288135 号

**幼儿游戏理论与实践**

王崇丽/主编

出版发行：中国青年出版社

地　　　址：北京市东四十二条 21 号

邮政编码：100708

责任编辑：刘稚清

封面设计：李尘工作室

印　　刷：北京佳创奇点彩色印刷有限公司

开　　本：787×1092　1/16

印　　张：12

版　　次：2019 年 2 月北京第 1 版

印　　次：2019 年 2 月第 1 次印刷

书　　号：ISBN 978-7-5153-5446-0

定　　价：49.80 元

# 前言

　　游戏作为幼儿的一种基本活动，也是幼儿的权利。家庭、幼儿园和社会都应创造条件，满足幼儿游戏的需要，保护幼儿游戏的权利，让幼儿快乐游戏，过幸福的童年生活。游戏以其能促进幼儿身体、认知、情感、社会性等方面发展，而成为实现幼儿学习与发展的适宜性途径，游戏的过程即幼儿学习的过程。随着现代学前教育实践的的发展，幼儿园的以"游戏为基本活动"的保教理念与原则，逐渐被人们认同。幼儿园组织和开展游戏的程度，成为区别学前期教育与其他年龄段教育的重要方面，也是衡量和判断这种教育实践专业化程度的标尺。

　　高素质幼儿教师队伍是幼儿教育保教质量保障的根本。幼儿教师对幼儿游戏精神理解、对幼儿游戏生活的尊重、对幼儿游戏有效适宜的介入，是幼儿教师专业能力的重要体现。通过学前教育专业的教材，能够促进教师专业素养的提升。

　　本教材以"理念新颖、实践取向、开放包容"为宗旨，以基础性、科学性为本，同时着力体现内容的实践性、前沿性，能够切实为幼儿园教师和"准幼儿园教师"科学合理地组织和指导游戏活动提供参考与帮助。本教材共十一章，内容包括幼儿游戏，国外幼儿游戏理论概述，幼儿游戏与幼儿发展，幼儿园游戏与教育课程的关系，幼儿园游戏教育活动的组织与实施，幼儿园游戏过程中的现场指导、幼儿园各类游戏的组织与指导，以期全面反映幼儿园不同类型游戏活动组织与指导的要点。此外，本书对不同地域、不同国别的幼儿游戏活动内容进行了介绍，以拓展相关行业学习者的视野。

　　本书内容、体例体现以社会需求为目标，以能力提升为本位。本书适应学前教育专业本、专科层次应用型人才培养的需求、规格、要求。满足相关行业学习者的学习需求，可作为辅导用书。

　　本书由王崇丽担任主编，负责拟定本书的编著思路和章节大纲以及初稿的统稿和审定工作。相关章节会有部分同行教师和一线幼儿园教师参与部分内容的编写工作。

# 目 录

# 基础理论篇

# 第一章　幼儿游戏概述

问题导入

　　游戏的行为广泛存在着，从动物到人类，从孩童到老人；游戏的形式是丰富多样的，从户内到户外，从静态到动态。游戏是个体的自由自在的、身心愉悦的、非功利性的行为总称，所包含的行为非常丰富。游戏以其独特的魔力给人们生活带来了无尽的快乐，以其独特的价值促进每一个人健康全面发展。

　　什么是游戏？什么是幼儿的游戏？对幼儿来说游戏意味着什么？怎样判断幼儿在游戏？幼儿的游戏有哪些特点呢？

　　某幼儿园大型活动室里，一间很大的房子被分割成了若干游戏区：饭店、医院、娃娃家、银行、商店、理发店等。在用不锈钢的、有机玻璃制成的"挂号台"后，端端正正坐着一位"小护士"，在长达半个多小时的时间里，因为没有"病人"来挂号看病，"小护士"一直呆做那里，直到游戏活动结束。

　　在"娃娃家"里，幼儿们有的摆弄逼真精美的各种"食物"，有的抱着"娃娃"走来走去，"饭店"里，"服务员"在等待"客人"上门……游戏结束了，老师在评价时还专门表扬了"小护士"能"坚守岗位"。

　　案例中扮演"小护士"的女孩是在游戏吗？幼儿游戏的状态是怎样的？通过本章内容的学习，帮你解答疑惑。

## 第一节　什么是幼儿游戏

　　在幼儿园里经常可以看到这样的情景：当老师宣布："今天的游戏就玩到这里，小朋友们可以自由活动了。"这时，有的小朋友会说："我还没玩呢！"或者说："老师的游戏玩完了。我们去玩自己的游戏吧！"

　　对老师精心设计的游戏，为什么有的幼儿感到玩得不尽兴，或根本不想玩呢？究竟什么样的游戏是幼儿感兴趣的游戏？衡量游戏好玩的标准是什么？从哪些方面可以判断幼儿在游戏？

　　幼儿的游戏具有鲜明的"幼儿"特点。正如幼儿尚未学会掩饰自己的行为动机一样，幼儿的游戏是"可见"的。

## 一、游戏是可以观察的活动

一种活动是不是"游戏"，可以从幼儿行为的外部表现去观察判断。幼儿的游戏是一种看得见的或可观察的行为，通过对幼儿在游戏中的表情、动作、言语、材料等外显行为因素的观察，我们可以判断幼儿是否在游戏。

### 1. 表情

皮亚杰就曾用微笑作为游戏发生的标志，用以区分探究和游戏。当婴儿偶然碰到绳子而带动了挂在篮子上方的玩具，玩具因摇晃发出声音时，他最初的表情是严肃的、认真的。但婴儿经过几次反复，他理解并掌握了这种情景之后，表情开始变得轻松愉快。皮亚杰认为，这时活动的性质由探究转变为游戏。

人类对灵长类动物游戏的研究发现，动物在游戏时有一种特殊的脸部表情或"玩相"。对儿童游戏观察也发现有这种类似的"玩相"。这种"玩相"的作用在于：它传递给伙伴一个特殊的游戏信号"这是玩啊！"或"我在跟你闹着玩呢，别当真！"为此，我们往往可以看到游戏着的幼儿的各种"笑脸"，如微笑、嬉笑、扮鬼脸、捧腹大笑，等等。但是，幼儿在游戏中并不总是在"笑"，有时候，他们的表情是非常专注的，例如，幼儿在搭积木、玩拼图、观察蚂蚁搬家时，和伙伴商量、讨论用什么材料做汽车方向盘时的表情就非常专注。当然，这种表情是"笑"还是"专注"，取决于游戏活动的性质和类型，也取决于游戏活动的阶段和材料。所以，通常幼儿在认知性游戏成分较强的活动中，会更多地表现出"笑"。不管是笑还是不笑，幼儿在游戏中的表情总是向上的、积极的，在游戏中幼儿的身心总是处于一种积极主动的状态而不是消极被动的状态。

当幼儿无所事事、茫然发呆、无聊厌烦、哭泣或愤怒时，表明他们不是在游戏。例如，有时我们在幼儿园看到，玩"超市售货"游戏时，超市收银员因无人来问津，长时间呆站在收银柜前或到处闲逛，表现出无所事事的样子，茫然发呆，这就告诉我们他没有在"游戏"。

因此，我们也可以把无所事事等作为判断幼儿没有在"游戏"的一个参考标准。

因此，在我们组织游戏时，首先要观察，若活动中无所事事的幼儿人数多，则说明参与此活动的幼儿少，幼儿活动的积极性、主动性低。教师要注意观察一下幼儿的表情。发现有呆坐或东游西逛、无所事事的，就应当了解原因，设法帮助幼儿参与到游戏活动中去。

### 2. 动作

动作也是判断幼儿游戏与否的常见外部指标。游戏动作是幼儿游戏活动中最引人注目的部分。在游戏活动中，幼儿对物体或游戏材料的使用往往不同于日常生活中对物体的使用方式，具有非常规性、重复性和个人随意性的特点。常规性动作是按社会所约定俗成的方式来使用物体。例如，坐椅子是常规性动作。倒骑椅子假装开汽车，是游戏动作，是按照幼儿自己的想法与意图使用它们，而不是按社会意义来使用它们，具有个人随意性特点。不同的幼儿可以用不同的方式去对待同一物体，同一幼儿这次玩的方式与下次玩的方式不同。游戏动作的非常规性与个人随意性造成了游戏动作的丰富多样性和灵活性。

重复性也是幼儿游戏动作的特点之一。例如，爬楼梯本身不是游戏，但是假加我们看到一个幼儿在来回地爬楼梯，这时根据其"自得其乐"的表情，我们可以判断出"这个小孩在玩呢"。重复可以使幼儿体验掌握本领的快乐。

一般来说，幼儿的游戏动作可以分为三种类型：

（1）探索性动作。探索是幼儿对当前事物的性质（如形状、颜色、软硬等）以及事物与事物之间的关系、事物变化（形状改变、空间位移等）与自己的动作之间的关系考察，通常是视觉、听觉、触摸觉、本体觉等的联合活动。例如，通过拿磁铁去吸铁钉、夹子、塑料鱼，可以发现磁铁能吸住铁质的东西。通过玩球，可以发现球的特性，可以体验到用力大小与球的滚动距离、反弹高度之间的关系。

当给幼儿一个新的玩具或游戏材料时，幼儿首先出现的反应是探索，这种探索的目的在于确定当前事物或对象"是什么"。然后才用它来玩。

例如，给幼儿半个花皮球，看它们会有什么反应。结果发现大部分幼儿（3～4.5岁）最初的反应是要确定这个东西是什么。他们用手摸、捏皮球，甚至把它由里向外翻过来，同时观察皮球上原有的色彩与花纹。通过这些动作，他们确定了"这是皮球"。这时有个3岁幼儿还把半个皮球往地下扔，用手去拍，结果发现"皮球是破的"，还不解地问观察者："阿姨，你为什么把皮球剪破了？"然后，他们才用它来玩，把它当"锅"、当"碗"、当"电话"、当"帽子"、当"磨菇"等等。

（2）嬉戏性的动作。这种动作是幼儿故意做"坏事"或某种动作来取乐，带有幽默、逗乐、玩笑的性质。如婴儿把玩具一次次地往下扔，母亲边逗弄边捡，母亲捡得越起劲，他（她）就扔得越带劲。在洗澡时，故意用手击水，把水溅得满地都是，母亲越是训斥，他（她）越是起劲击水。

（3）象征性动作。这类动作是在表象作用支配下的想象性虚构性动作（其动作的意义超越了当前的知觉情境），象征性动作包括以一物假装代替另一物来使用（如拎起一块积木假装当作小人），也包括以言语、动作来代替或标志另一事物和动作的意义。例如，拿一竹棍放到胯下，做跑步状，嘴里说着"驾、驾、驾"。

雪儿（女，6岁半）把塑料跳绳一端卷短捏在手里，另一端拖在地上，跑跳步跳跃向前，嘴里发出"驾、驾"的声音，同时挥动"马鞭"。到了路口，她两手与右腿突然高举停在空中，嘴里发出"嘘"的长声，维妙维肖地"勒住了马"。

在这个例子中，女孩自己的角色是"骑者"，跳绳在这里是一件极为重要的道具，它变成了"马鞭"，支持着骑马的动作。我曾经让她空着手不拿绳子"骑马"，但每次都遭到拒绝："不行，骑马没有鞭子怎么行？！"在北方寒冷的冬李，"骑马"成了这个孩子极喜爱的一项户外游戏。

在不同内容的游戏活动中，这三种不同性质的游戏动作可能所占的比例不同。在娃娃家游戏中，占优势的动作可能是象征性动作。在拼图游戏中占优势的动作是探索性动作，在游戏过程的不同时段，占优势的动作也可能不同。例如，在搭积木的最初阶段，占优势的动作可能是探索性动作。但是当建筑物搭好以后，幼儿可能用它来玩"小矮人的家"（白雪公主的故事），象征性动作就成为占优势的动作。

角色扮演是一种特殊的游戏动作，是幼儿以自身或他物的媒介对他人或他物的动作、行为、态度进行的模仿，也可以说是一种象征性的动作。角色扮演是幼儿游戏的一种鲜明的外部特征。通过角色扮演这一形式，幼儿再现自己的现实生活经验。教师往往可以根据幼儿模仿别人的行为、态度来判断幼儿是否在游戏。如根据幼儿模仿妈妈喂娃娃吃饭，就可以判断幼儿是在游戏。

### 3. 言语

幼儿的游戏往往有言语相伴随。注意倾听幼儿的言语，也可以帮助我们判断幼儿是否在游戏。幼儿游戏过程中，我们注意倾听幼儿的言语，可以帮助我们判断幼儿是否在游戏以及游戏的水平与状况。此外，幼儿在游戏中的言语伴随率的高低也可以作为评价幼儿活动的自由度以及班级的心理环境的质量的一个指标。

幼儿在游戏中的言语按照功能大致可划分为：

（1）伙伴之间的交际性言语。例如，"我们一起玩橡皮泥吧！""这个借给我玩一会儿吧！""这个毛绒熊是我的，不给你玩！"这种交际性语言具有提议、解释、协商、表达、申辩、指责他人等功能。

（2）角色之间的交际性语言。例如，"买。""给我拿一份家庭套餐。"这种交际性语言对合作性角色游戏起着维系与支持作用。

（3）以自我为中心的想象性独白言语。例如，幼儿一边玩一边自言自语："宝宝别哭，妈妈来了，妈妈抱。"这种言语是幼儿在语言过程中思维的外化。

注意倾听幼儿的言语，可以帮助我们判断幼儿是否在游戏及游戏的水平和状况。在幼儿游戏过程中，言语伴随率的高低可以作为评价幼儿活动的自由度、班级心理环境质量的一个指标。

### 4. 材料

幼儿的游戏往往依赖于游戏材料或玩具来进行。例如，没有医院的玩具，就不会做医院的游戏；没有结构材料，就不会进行造型想象。游戏中幼儿随时都在操作材料，玩具材料越丰富，幼儿的活动越活跃，其思维也就越活跃。因此，有无玩具或游戏材料也经常成为我们判断幼儿是否在游戏的一个指标。

总之，幼儿游戏是一种外部可观察的行为，通过对幼儿的动作、表情、言语和所使用的材料的观察，我们可以判断幼儿是否在游戏。

## 二、游戏是幼儿身心发展相适应的活动

幼儿为什么游戏？为什么会表现出上述外部行为？观察幼儿游戏行为，我们可以看到，很多行为是幼稚心理发展的表现。

### 1. 游戏是幼儿幼稚心理的体现

第一，幼儿的感知笼统片面、由此所获得的概念则往往是不准确的，有些判断甚至是错误的，意味着他们的知识经验是贫乏的。正是基于识弱点所做出的行为，就成了游戏。在幼儿自由图画中，在幼儿结构活动中，在幼儿假想行为中，猫和高楼一样大、房子没有门、马肚子里装满石头、用米尺可以量度数……在现实生活中，这一切是绝对不会发生的。然而，这一切发生在幼儿的身上，就只能是游戏了，当幼儿的感知成熟，知识经验丰富而准确时，游戏也就停止了。

第二，幼儿思维的特点是直觉动作的、具体形象的。着意味着幼儿需依赖于想象的、直观的材料来认识世界，通过摆弄操作实物反映事物。这种以动作行为、玩具材料来表现思维的活动方式就成了游戏。当幼儿思维逐步抽象概括，外显的行为逐步内化，游戏也就结束了。

第三，幼儿的情绪极其容易外露和冲动，想唱就唱，全然不顾是在什么地方；想跳就跳，不管是不是正走在马路上；想喊就喊，不在乎周围人的目光。幼儿不抑制情绪、不掩饰。在现实中被成人斥为"人来疯"的这些行为，在幼儿那里就是游戏。当幼儿学会在各种场合控制情绪的时候，游戏就结束了。

第四，幼儿的注意力不稳定，易分散，意志薄弱，持久力差，这就决定幼儿不能长时间把注意力保持在某一事物上，对需要付出意志努力的事，特别容易受到干扰而分散注意力。如果让他看卡片认字，不一会儿他就可能开始玩卡片；把积木拿出来，开始玩积木，让他收拾积木，他会边玩边收拾。幼儿会将意志努力难以承受的现实变为游戏。在真正的游戏里，幼儿随时可因外界刺激的引诱或材料的变化而转移游戏的主题和内容，他会一会儿玩这，一会儿玩那，一会儿这样玩，一会儿那样玩，游戏本身的不确定，允许幼儿变换花样来满足自己的需要。当幼儿逐步学会计划活动的过程，能够长时间坚持同一种内容的活动，游戏就快要结束了。

第五，幼儿富于幻想，其想象夸张而远离现实。这是由于幼儿知识经验贫乏，对现实世界的许多想象充满了疑问。因此，他们用肤浅的知识对外界新事物进行同化时，便通过随心所欲的想象加以解释。例如，"晚上漫天的星星一闪一闪是因为星星要找妈妈"。幼儿在进行各种活动时，会在真实行为上加上假装的色彩，这种假装的行为便成为游戏。如果成人按现实规范去要求幼儿，当幼儿脱离想象，逐步接近现实时，游戏就结束了。

综上所述，是幼儿的幼稚心理特点，使幼儿行为稚拙可笑，但这样的行为，在成人看来就是幼儿的游戏。幼儿喜欢游戏，游戏自在，游戏由其心理特点所决定，游戏行为不必超越心理能力的努力。每一个发展阶段的幼儿，其游戏行为总是与这个阶段

幼儿心理发展水平相适应。

从幼儿游戏产生的动机来看，幼儿游戏活动来自于活动主体自身的需要。幼儿自身需要发动了游戏，游戏满足了幼儿的需要。需要的满足带来了快乐，而快乐使幼儿对游戏产生了兴趣。兴趣和快乐相互作用，相互补充，进一步支持和促进游戏。具体讲游戏能满足幼儿以下需要。

（1）快乐的需要。幼儿之所以喜欢游戏，首先因为游戏中没有压力，没有紧张，可以自由自在、快快乐乐做自己想做的事情。这本身就是一种快乐。在游戏中幼儿可以与自己的同伴说笑，友好合作，感受人际交往的乐趣；同时显示自己的才能，体验成功的满足感。

（2）认识和行动的需要。幼儿对各种事物有强烈的好奇心和探究欲，他们在游戏中自由摆弄、操作、实验游戏中的玩具和各种活动材料。幼儿不断变换不同种的活动方式，通过想象赋予活动材料以不同的意义。在材料中发现材料的独特性和新功能，以及不同活动方式所产生的不同效果，等等。幼儿的认识兴趣和行动在游戏中得到满足。

（3）自我表现和获得成功的需要。幼儿有独立的愿望。他们喜欢积极影响周围事物，喜欢表现自己，展示自己的才能，并渴望获得成功。游戏能实现他们的这些愿望，因为游戏的任务是儿童自己确定的，是他们力所能及的。当幼儿发挥自己的"能动性"，积极控制和改变游戏情境，实现并能确认自己的力量，从中体验到成功和自信。所以，幼儿游戏是幼儿发自内心"我要玩"而不是"要我玩"。游戏是幼儿主动、自发、自愿的活动，游戏不需要任何强迫与催促。

## 2. 游戏的目的在于游戏本身

幼儿游戏的动机是游戏本身，他们活动的动机与目的是一致的。"玩即目的"。幼儿为了游戏而游戏。幼儿玩游戏不是为了游戏以外的东西。例如，不是为了得到成人的表扬和奖励。游戏过程本身就能使幼儿感到满足。幼儿在游戏中不是不追求"结果"，而是不追求游戏活动以外的结果。

## 3. 游戏是幼儿自主的活动

幼儿游戏是内部动机、直接动机支配的活动，没有来自外部的要求和压力，因此，幼儿可以自己控制活动的过程与方式方法，自己决定玩什么、怎么玩、和谁玩以及玩多久，决定对活动材料、伙伴和内容的选择，决定对待和使用活动材料的方式方法，而不是按外部要求和规则来玩。游戏有规则，游戏中的规则是游戏者自觉遵守或自己协商制定的，是一种积极的自我约束。游戏是幼儿内部控制或独立自主的活动，因此，游戏中幼儿可以按照自己的意愿和想法来使用玩具和游戏材料，反映并整合自己的生活经验。

因为游戏是内部动机和直接动机支配的，由内部控制的活动，游戏才是幼儿积极主动的、愉快的、丰富多彩的创造性活动。

### 三、游戏是可以体验到的活动

幼儿作为游戏的主体，在游戏的过程中必然产生对游戏活动的主观感受和内心体验，它影响着幼儿对游戏的态度（如积极还是不积极）和评价（喜欢还是不喜欢），这种在游戏中产生的主观感受和内心体验就是游戏性体验。游戏性体验是幼儿在游戏中必不可少的组成部分。游戏的外部行为包括观察、判断和解释。而游戏性体验是游戏者内在的一种活动，是游戏必不可少的心理成分。它包括以下五个方面。

#### 1. 兴趣性体验

这是一种外界刺激物所捕捉和占据的体验，是一种情不自禁被卷入、被吸引的心理状态。兴趣性体验是游戏性体验不可缺少的成分，它保证了游戏的持续进行。

#### 2. 自主性体验

自主性体验是幼儿游戏体验的重要成分，没有自主性体验就不成为游戏。自主性体验表现为"我想玩就玩，不想玩就不玩"或"我想怎么玩就怎么玩"，是由游戏活动可以自由选择、自由决定性质引起的主观体验。

### 案例 1-1："玩就是可以随便"

某幼儿园大班。下午午点以后，教师出示一张"天安门"的范例画，要求每个幼儿照着样子画一张。在幼儿绘画过程中，研究老师把随机访谈对象带到教员休息室（就在班里），进行个别谈话。下面是和新什（5岁半）的一段谈话：

问：刚才你们在干什么来着？是在玩吗？

新竹："不是"（并摇头）。

问：为什么？

新竹：因为老师让我们小朋友每个人都画一张天安门。

问：那什么是玩呢？

新竹：玩就是可以随便。

被访谈的许多幼儿都用"随便玩"来说明什么是玩，概括他们的游戏体验。随便玩实际上就是可以自行决定、自主选择。

#### 3. 胜利感体验

这是幼儿对自己能力的体验，这种体验可以增强游戏者的自信心。胜利感体验产生于主体知觉到当前任务与自己能力之间有合适的差距。在游戏中自行选择、自行决定游戏内容和方法，通过不断尝试错误，反复选择找到适合自己能力与兴趣的活动内容和方式方法，并做到不担心因失败而招致成人的批评。胜利感体验，让幼儿更加喜欢游戏。

#### 4. 幽默感体验

幽默感对幼儿而言，有一个发生、发展的过程。是由嬉戏、玩笑、诙谐等引起的快感。最初的幽默感来源于嬉戏性行为的偶然结合。当熟悉的情景或行为程序中出其不意地出现了一种让幼儿觉得新奇的因素时，幼儿会马上重复这种新的因素，表现出故意取乐的倾向。以后随着幼儿知识经验的丰富和认知能力的提高，能逐渐理解语言、电视、绘画等文学作品的幽默，并运用于游戏中。

### 5. 生理快感体验

幼儿游戏中的生理快感主要是由于身体活动的需要和中枢神经系统维持最佳唤醒水平的需要得到满足后产生的。由于幼儿骨骼肌肉系统在生长发育上的特点，幼儿在生理需要上有身体活动的需要。长时间呆坐、无所事事会使幼儿困倦烦躁，幼儿好动，在游戏中幼儿可以随意变换动作、姿势，可以使中枢神经的机能状态调整到最佳水平，从而使幼儿产生生理快感。

## 四、游戏是一种情境性活动

游戏是幼儿的主动自愿的自主性活动，是自愿而非强迫的活动。为使幼儿游戏本质特征得到体现，幼儿游戏所需要的外部条件是：在游戏中，幼儿有自由选择的权利与可能。幼儿游戏不是由教师或成人规定必须做什么，必须玩什么材料。所以，教师要提供足够的材料让幼儿自由选择，否则会影响幼儿活动的积极性、主动性，也就不会产生主体性体验。

幼儿可以根据自己的愿望与想法来使用游戏材料，这样保证了幼儿活动方式方法的多样性和灵活性，能使幼儿真正产生兴趣性、自主感体验。

幼儿可以选择与自己能力相匹配、难度相当的活动。当幼儿知觉到当前的任务或要求低于自己的能力，幼儿会产生厌倦的情绪，甚至会放弃游戏。

## 五、游戏不寻求或担忧游戏以外的奖惩

"玩即目的"，游戏性体验产生于游戏活动内，而不在游戏活动之外。对游戏之外的奖惩和期望会改变活动的游戏性质。

幼儿在游戏活动中是否寻求或担忧外部奖惩，与教师干预游戏的策略有关，教师应尽可能地来刺激或"鼓励"幼儿，避免幼儿对外部奖惩手段的依赖。同时，教师要注意活动的内在积极性与主动性，避免给幼儿造成心理气氛的紧张。如果"超市"收银员"呆坐"在那儿，是为追求教师"表扬"，而不是在游戏，教师的不恰当表扬会剥夺她根据自己的需要与兴趣去自主选择与自主决定的"主体性"，也会鼓励她下次游戏中呆坐在那儿，无所事事。

在游戏过程中，教师要把对幼儿活动的直接外部的控制降低到最小程度，尽量减少对活动内容方式方法的直接干涉，发挥幼儿作为主体的内在积极性，对常规的维持以不破坏游戏气氛为前提。

# 第二节  幼儿游戏的实质

幼儿游戏究竟是一种什么性质的活动。事物的实质或本质是比事物的特征或属性更深层次的东西。事物可能有多种特征和属性，当我们在一事物与其他不同事物之间寻求某种关系和联系时，事物就可能显示出不同的属性或特征。事物的实质或本质是事物本身所固有的，决定事物性质、面貌和发展的根本属性。如何认识游戏活动本质或实质是我们认识游戏活动价值的基础，关系到我们在教育过程种如何利用游戏的问题。

## 一、游戏是幼儿的社会性活动

游戏不是幼儿本能的活动，他们不是天生就会做游戏。只有当幼儿体力和智力发展达到了一定的水平，积累了一定的知识经验后，他们才开始会做游戏。幼儿生活的世界里，由于受周围成人的影响，渴望像大人一样地生活，但现实生活中，受其能力限制，幼儿无法达到这样的生活。通过游戏，幼儿表达这些愿望。游戏是幼儿对生活的特殊反映，具有社会制约性。幼儿游戏的种类、内容、玩法随着社会发展而不断发生变化。例如，幼儿玩卖东西游戏，20 世纪 70 年代，我们称顾客为"同志"；80 年代，我们彼此称"师傅"；90 年代，称"帅哥""美女"；21 世纪称"亲"。卖的东西也是种类丰富。所以，就游戏的起源和本质来说，它是社会性的，是与幼儿生活的一定社会条件有关的。

长期以来，我们在幼儿园教育教学活动实践中强调游戏的社会性本质，强调成人与教育影响在幼儿游戏的发生、发展过程中的决定作用，反对把游戏看作教育影响之外的自由、自发的活动。我们强调有目地开展游戏活动，强调游戏作为帮助幼儿掌握社会文化历史经验的教育手段的作用，强调成人对游戏的干预与指导。教师组织开展游戏时，总是期望幼儿的游戏朝预想的方向发展，用各种方式去"导演"幼儿游戏，以实现计划中的教育目标。

## 二、游戏是幼儿的主体性活动

主体性是人作为活动主体在对象性活动中与客体相互作用而表现与发展起来的，其功能特性包括主动性、独立性与创造性等。主体性活动是活动主体能动地驾驭活动对象的活动，是人的主体性得到充分表现的活动。这种活动表现为幼儿的主动性、独立性和创造性。

人是活动的主体，但这并不意味着他所进行的任何对象性活动都是主体性活动。

当活动主体在对象性活动中不能驾驭对象，反而被对象控制，或者主体活动的对象不是由活动主体建构，而是由外部力量强加的，超出了活动主体自身的兴趣与能力的范围，活动主体性无从表现和发挥时，这种对象性活动就成为非主体活动。

### 1. 主动性活动

游戏是幼儿主动的而非被动的活动。游戏活动的动机特征是"我要玩"而不是"要我玩"；幼儿游戏是来自内部动机支配的活动，而不是来自外部的命令或要求。

### 2. 独立性活动

游戏是由内部控制而非外部控制的活动，是幼儿独立活动的基本形式。幼儿在游戏活动中，可以按照自己的需要决定玩什么、和谁玩、怎样玩、玩多长时间。

### 3. 创造性活动

游戏是"目的在自身活动"，幼儿可以自由地选择一些手段以达到目的。幼儿可以根据自己的愿望与想法来使用玩具与游戏材料，表现与整合自己的生活经验，体现个体独特的创造性。例如，幼儿可以把一根竹竿当成扁担挑，也可以当马骑，还可以当枪使。

幼儿活动中，幼儿能否产生游戏性体验，取决于教师是否把幼儿当作主线，即教师能否发挥幼儿的主体性、积极性、创造性。教师在组织与指导开展幼儿游戏时，必须重视调动幼儿的主体性，使之在活动中产生游戏性体验。教师如果不去考虑幼儿的兴趣需要，只按成人想法与愿望来设置游戏环节，按照成人心目中的好游戏标准去指挥幼儿游戏，而忽略幼儿主体性的发挥，忽略幼儿在活动中产生的游戏性体验，那么，教师辛苦设计的游戏就不可能被认同为"幼儿自己的游戏"，而是"教师叫我们玩的游戏"。

游戏是主体性活动，强调幼儿作为游戏活动的主体，以此来说明幼儿在游戏活动中的地位。在我们把游戏看作主体性活动时，其前提正是把游戏看作对象性活动。而游戏活动的对象性决定了游戏活动的社会性。只有在承认游戏是幼儿主体活动的基础上，说明游戏的社会历史制约性，才能真正发挥与实现游戏这种活动独特的教育功能与价值。

# 第三节　游戏与幼儿的学习

人们常说游戏是幼儿的天性。幼儿为什么喜欢玩？游戏对于幼儿生活有什么意义？游戏可以妨碍幼儿学习吗？我们应当鼓励支持幼儿游戏还是应当限制他们的游戏？

游戏是幼儿童年生活中最重要的活动，在历史上，许多的学者从不同角度肯定了游戏对幼儿学习与发展的重要价值。例如，早期的希腊思想家们把游戏看做幼儿学习的途径。他们相信游戏是重要的，游戏可以使人的一些重要机能得到锻炼，这些机能对于成年以后的安全和经济保障是必备的。英国的思想家洛克指出游戏不仅对于幼儿的健康、身体适应能力的改善具有重要作用，而且能使幼儿体验自己的能力，发现自已能做些什么或不能做什么。德国的幼儿教育家福禄贝尔指出游戏是幼儿内心活动的自由表现，是幼儿最纯洁、最神圣的心灵活动的产物，也是幼儿学习的最重要的途径。

## 一、游戏的过程是幼儿学习的过程

传统上人们把看书、识字、做习题等看做是学习活动，搭积木、拼图、过家家等往往排斥在学习活动之外。人们总是认为进了学校以后的学生不能再像幼儿那样玩积木，玩积木过程中出现的几何问题同样可以难倒成年人。即使是单纯的玩耍，也是自由地、探索地、富有想象地同世界打交道的方式。人们长期一种非常狭隘的理性的学习方式——记忆、重复和学习，我们限制了幼儿在幼儿园学习的东西，并使幼儿难以接受可以选择的学习方式。

从学习活动的形态来看，人类的学习活动范围极广。"就人类而言，小孩用痰盂大小便，用筷子、系鞋带等是学习活动；科学家的发明创造也是学习。学生在学校里的学习，则是更有系统、有计划和有指导进行的"。人类的学习活动复杂多样。从不同的角度学习可以分为：（1）根据学习场所的不同，可以把学习分为日常情境中的学习和教育情境中的学习。（2）根据学习内容，可以把学习分为：知识的学习、技能的学习、社会生活规范和行为规则的学习。（3）根据学习进行的方式，可以把学习分为接受学习和发现学习。（4）根据学习的材料与原有知识的关系，可以把学习分为机械学习和有意义学习。

幼儿正处在人生发展的最初阶段，需要认识周围环境（包括自然环境和社会环境），学习包括衣食住行、交际交往在内的人的行为习惯的基本样式。幼儿的学习内容的广泛性决定了幼儿学习途径与方式的多样性。幼儿不仅在"课堂"上学习，也在日常生活的各种活动中学习。游戏作为幼儿的基本活动，是他们学习的重要途径。在幼儿的游戏过程中可以观察到大量学习活动。

## 二、游戏是幼儿主动的学习方式

从学习活动的发生过程来说，学习可以分为主动的学习和被动的学习。游戏是幼儿主动的学习过程，幼儿在游戏中积极主动地认识和理解周围世界中的事物与现象，积极主动地建构自己的经验、学习知识，发现自己的语言能力以及独立性和创造性。

### 案例 1-2："轮子不喜欢被淋湿"

**案例呈现：**在幼儿园，4岁的亦亦正在用水池里的壶和水车做实验。他用了很长的时间往壶里灌水，然后把壶里的水对着水车倒下去，看水车转着。他不断地变化着倒水的速度和高度。

老师一直在看着她做这些事情，最后问他："你能告诉我发生了什么吗？"至亦亦看着老师，解释道："轮子不喜欢被淋湿，所以它就飞快地逃走来躲开水。当所有的水都流走了，轮子就停下来了。"

**案例分析**：幼儿是科学家，是诗人。亦亦知道是水使轮子旋转，但是她把思维和感情赋予了轮子。在这个例子中，我们可以看到4岁的幼儿正在开始认识速度、原因、功能和效果等概念，正在体验关于外力、引力和力量等科学原理，推理处于早期萌发阶段。

幼儿总是根据他们已有的经验来解释看到的事物和现象。例如：为什么是这样的？为什么会发生？他们的解释在成人看起来非常奇特，不合逻辑，但是这些解释对于幼儿来说是合乎逻辑的。

## 案例1-3：艾沙卡的发现

**案例呈现**：6岁的艾沙卡正在家里的车库里看妈妈用水枪冲洗车子。他仔细看了一会儿，然后问妈妈他可不可以试试。当他看到水枪喷出的水柱把轮胎上的泥冲掉了时，说："如果水枪离轮胎近一点，水的力量就会更大，泥就会掉得更快。如果从较远的地方喷水，有的泥就掉不下来了。"

**案例分析**：幼儿在家里、在社区中、在幼儿园里，在各种各样的活动和经历中积极主动地学习，努力解释自己所看到的事物和现象之间的关系，形成和发展自己的认识和理解。

案例中的玩水活动为幼儿提供了学习机会，案例中展示幼儿如何在玩水的活动中进行学习。在游戏过程中幼儿是主动积极的学习的。

## 三、幼儿游戏中的学习和课堂中学习的区别

幼儿在游戏中积极主动地学习，探索和认识周围的环境，获得适应社会生活的经验。幼儿在游戏中的学习不同于发生在课堂中的学习。这种区别主要体现在以下几点：

1. 从学习的方式情境和学习活动的性质来看：幼儿游戏中的学习属于日常生活中的学习和发现学习。主要通过亲自体验、实际操作，来获得经验的。所习得的经验具有具体性和直观性、个体性。

在课堂中的学习主要是以语词为中介的概念学习或接受性学习。注重的是以读写算为核心的学业技能训练，学习的内容往往外显的、公共的、口头模仿的知识。

## 案例1-4：搭积木中获得的的经验

**案例呈现**：幼儿甲举着自己搭好的建构物走到幼儿乙跟前：你看，我搭得这么高了！"乙"哦"了一声，把自己搭好的建构物和甲的放在一起。

甲说："咱们比试比试吧！嘿，不错吧？"甲非常高兴。

乙说："你搭得那么高，一会儿就倒了。"

甲反驳道："骗人！我搭得特紧，恐龙就上来了。我这是给恐龙搭个家！"（甲在这里完整的句子应当是说"我搭得特紧，所以不会倒的"。）

**案例分析**：幼儿在游戏过程中依靠与人和事物的直接接触、交往与相互作用获得

经验，这种获得经验的方式以及幼儿认知活动的年龄特点，使得幼儿在游戏过程中获得的经验带有直觉性、具体性的特点。在利用积塑或积木等建构材料进行的建构活动中，幼儿获得的经验通常与科学与数学等方面的知识有关。例如与"结构与功能"、测量、比较、守恒等问题有关。

在案例中我们可以看到，幼儿通过游戏经验的积累，直觉体会到物体的结构特征与稳定性的关系。如幼儿乙体会到"高——易倒"（不稳定性或稳定性差）之间的关系。幼儿甲总结出"紧——牢固"之间的关系。这种经验或"概念"是幼儿从具体的实际活动中自发地（未经教学）归纳发现的。这种学习，一方面说明幼儿建构经验的主动性；另一方面由于这种经验获得的直觉性、具体性的特点，往往在经验的建构过程中会出现错误判断。如幼儿在游戏中，认为"俩个小一点的筐装得多，反之亦然。"也因此说明，幼儿在游戏中主动建构经验与成人的指导和帮助并不是互相排斥的，需要成人的指导和帮助。

从学习的适应功能来看，课堂中获得的学习经验有助于幼儿完成学业任务，在游戏中幼儿获得的学习经验有助于幼儿适应社会生活。例如，如何介入伙伴群体，如何被伙伴接纳？如何不违反规则，但又在竞争的情境中获得有利的地位？等等。这些生活中的"智慧"不可能直接从书本上学习或以直接教学的方式来告诉"幼儿"，只能让幼儿通过自己的实际生活和活动去体会和发现。

科学研究所证明"会玩的孩子聪明"，在学前期缺乏游戏能力与经验的幼儿往往缺乏想象与创造性，缺乏人际交往的策略与技能。在学前期，幼儿的主要任务还不是从书本上获取大量的文化知识，而是在实际生活中积累感性、直观的经验，为今后的学习奠定坚实的基础。在学前期应当让幼儿在游戏中学习生活，在游戏中积累生活所需要的"生活智慧"与经验，在游戏中过属于幼儿的快乐童年。

综上所述，游戏虽然是一种自主、资源、愉快为特征的"自由"、"自发"的活动，但并不意味着游戏与学习是毫不相干或完全不同的活动。相反，游戏的过程正是幼儿积极主动的学习过程，是幼儿与成人和伙伴交往、认识环境、积累社会生活经验的过程。游戏作为幼儿积极主动的学习过程，促进着幼儿身心各方面的发展。

### 实践活动项目

1. 以小组为单位，观察幼儿园某幼儿参与游戏时的状态，并记录幼儿游戏时的环境、表情、动作、语言及所使用的材料。

2. 以生活中幼儿游戏为例，以图片、视频记录活动片段或情境。并以此为依据，说明幼儿在游戏中总是在"笑"吗？为什么？

3. 案例讨论：结合本章幼儿游戏基本特征的认识，试分析该案例中的活动是不是真正意义上的游戏活动。

某幼儿教师在语言活动"小乌龟开店"的基础上，组织了一次表演游戏。教师出示早已准备好的道具。介绍完道具，配班教师带领全班学幼儿"开火车"离开活动室去"剧场"看表演，主班教师忙着在活动室里布置场景：一家花店、一家书店、一家气球店。场地布置好了，学前儿童由配班教师带领进"剧场"。主班教师提问："谁愿意上来表演？""哗！"几十只小手举了起来。教师挑了五个没有举手而上次语言活动表现又不好的幼儿上来表演。表演时，教师不停地提示孩子们对话，做动作。第二轮，教师请了五个"做得好的孩子"上来表演。五个孩子表演同一个角色。教师还是不时地按照故事情节规范语言，纠正孩子们的动作。好多孩子忙着摆弄有趣的道具，忘了表演，教师又不停地提醒……

# 第二章　国外幼儿游戏理论概述

　　游戏行为似乎关涉到人性、人类文化、人的精神、人的生存意义及人的发展，人们什么时候开始注意游戏？人和动物为什么游戏？游戏有什么意义和价值？这些问题同样引起哲学家、美学家、人类学家、心理学家、教育学家等各方面学者广泛兴趣，因研究立场的不同、角度不同、出发点和指导思想的不同，散见于各种学术著作中对游戏行为的解释又是怎样呢？我们能否从各种理论、各种观点的对立和联系中，借鉴有意的思想，并得到有关幼儿游戏的启示呢？

　　人为什么要游戏？幼儿的游戏行为意味着什么？它是怎样产生的？幼儿游戏的意义何在？由于游戏行为似乎关涉人性、人类文化、人的精神、人生存的意义以及人的发展。为此，我们可以从散落在各种学术的论著当中，从游戏行为形形色色的解释中得到不少启示。一些哲学家、美学家、人类学家、心理学家、教育学家等各方面学者，他们站在不同研究立场、不同角度、不同出发点，用不同指导思想来解释问题。理论往往通过概括行为表现和探索行为原因，从而对行为做出一种解释。我们亦可以从各种理论、各种观点的对立和联系中，借鉴不少有益思想。

## 第一节　早期的传统幼儿游戏理论

　　这是指第一次世界大战前所倡导的游戏理论。因为这些理论在当时乃至以后影响广泛而久远，在理论界占据重要地位，所以也被称为"经典游戏理论"。

### （一）精力过剩说

　　这种观点认为：任何生物体都有一定的能量来满足其生存的需要，当生存需求满足后，若还有剩余的能量，那就是多余的精力，多余的精力累积起来，会造成压力，所以必须消耗掉。游戏就是消耗剩余能量的一种方式。

　　此论代表人之一是德国思想家席勒（Schiller），他是在论述审美活动和游戏关系时谈到这个问题的。他将愉悦看成游戏和审美的共同特征，而愉悦的产生正是源于过剩精力的消耗，而过剩精力的消耗又是人的"自由意志"的体现，它的表现形式就是游戏。由于幼小动物和年幼儿童不必为自己的生存而操心，他们总体精力就有过剩，因此儿童便更多地进行游戏活动，以消耗过剩精力。

英国哲学家斯宾塞（Spencer）发挥了席勒的观点，认为消耗剩余精力的游戏活动是随种系进化而变化的，种系进化程度提高，为满足原始生存需要所提供的时间和精力相对减少。因而，较高级的动物比起较低级的动物，更多地花精力于非生存所需要的活动上。在低等动物那里，机体的全部力量都消耗在维持生命所必需的活动上，但当动物发展到较高阶段，一部分力量用于功利活动足以满足生存需要了，机体中就积聚了另一部分要求出路的剩余力量，便产生了游戏。当童年期的本能需求不再需要儿童自己通过真实活动来满足，人类的幼年便创造出非真实的类似活动——儿童游戏。

这种理论在今天还有可接受之处，在于：（1）幼儿在从事了一段时间的室内认知活动以后，会迫不及待地在操场上嬉戏、打闹；（2）为何幼儿们的精力总看上去比成人充沛，因为成人的一部分精力用于谋生活动；（3）为何高等动物比低等动物更有精力，因为其满足生存所需耗费的精力少而有效。

精力过剩说也遭到各方的批评。有学者认为，这是一种没有以实验为依据的证明；其次，它不能解释为什么幼儿总是游戏到精疲力竭的程度，随即又可以开始新的游戏；此外，有悖进化论的观点。进化论认为对人类有利的行为特性才会一代代延续，而游戏被认为是多余的，并非生存必须的活动，却一代代延续，甚至高级动物更多地需要它。

还有学者认为这种观点陷进循环论证。例如，当一只猫追赶、捕捉并吞吃一只老鼠的时候，一部分精力被消耗掉，但是没有人认为这是多余的或是过剩的精力，而当同一只猫在追赶玩耍橡皮球时，会有多余的精力。但这种情况下，被认为是释放过剩的精力。追赶球是游戏，而追赶老鼠则不是游戏，至于消耗的那部分精力是否是过剩的精力，则取决于幼儿行为是嬉戏性的还是严肃的。

## （二）松弛消遣说

这个学说的代表人物是德国学者拉察鲁斯（M. Lazarus）帕特里克（Patrick）。其主要观点是：认为游戏不是剩余精力的发泄，而是为精力的恢复。人类在脑力和体力劳动中都会感到疲劳，为了消除疲劳、恢复精力，便产生了游戏。对幼儿老说，由于身心发展水平的限制及生活经验的缺乏，而对复杂的外部世界难以适应，易产生疲劳，通过游戏使其感到轻松，以便恢复精力。

拉察鲁斯指出，艰苦的劳动使人的精力消耗，这种疲劳需要一定数量的休息和睡眠才能恢复。然而，得到完全的恢复必须使基于娴熟的工作紧张感得到释放，游戏活动就具有这种恢复体力的功用。游戏与工作不同的是：游戏是储存精力的理想方式，工作时消耗精力的活动。帕特里克认为当代置业要求人们所从事的劳动，必须具有抽象的推理，集中的注意力和眼手协调的能力，这种劳动需要后天的机能，而比体力劳动负有更大的精神压力，通过游戏才能解除由精神紧张的工作所引起的疲劳。

这种观点的实际意义在于，休闲的活动有助于长时间工作后的精力的恢复。在幼儿教育活动中，这个理论可以帮助我们理解幼儿生活处于一种动静交替、有张有弛的有序的结构中。

但这种理论也遭遇批评，指出其有几方面局限性（1）这种观点中把体力方面的艰苦劳动所产生的疲劳，看成少于脑力紧张的劳动，那么它就无法解释体力劳动者为什么也要游戏呢。（2）如果游戏确实具有一种可以从工作压力中得到恢复的功能，那么如何解释幼儿的游戏。"游戏是儿童的天性"，在幼儿期，幼儿的脑力还未充分发展起来，不会从事工作，因而他们所做的一切就是游戏了。（3）把游戏看成非脑力性的活动，这就排除了许多有智力参与的游戏活动。

### （三）生活预备说

生活预备说也叫预演说或前联系说。代表人物是德国的生物学家和心理学家格鲁斯（K. Gross）。他是第一个在心理学中把游戏作为专门对象来研究的人，其著作有《动物的游戏》和《人类游戏》。他关于游戏的观点是：幼儿游戏是他将来必须承担的更为成熟的活动的低级形式，游戏内容取决于他将来成人以后的活动内容，儿童自发地将自己投身于这样的活动中，目的是为未来的生活做准备。

格鲁斯以自然选择理论为基础，认为人和动物有一种与环境斗争的生存本能，新生儿或幼小动物在遗传上继承了一些不够完善的本能，这些不完善的本能最初不能适应复杂的、充满竞争的生活，游戏则是对这种本能的无意识的训练和准备，帮助儿童加强日后所需的本能。如他列举小猫戏球是捕鼠的练习；小狗嬉咬是为将来自卫做练习；女孩玩过家家，是为将来做妻子、做母亲、养育子女做准备。人类童年的目的是能游戏，能进行本能练习，从而获得生活必需的适应能力。

格鲁斯是最早提出游戏期这一概念的，他认为越是高等动物，将来的生活就越复杂，所以游戏期就越长。并进一步指出，幼儿不是因为年幼才游戏，而是因为他们需要游戏，所以才给予他们童年。生活预备说关于游戏期是未来生活准备之用的观点，对后来的复演说产生较深刻的影响。

这种观点的价值在于，他第一个强调了游戏的实践意义，强调了游戏中的学习，把游戏与儿童的发展联系起来。

同时，对他的观点进行的批评，主要集中于他颠倒了游戏和劳动的关系，颠倒了游戏和童年的关系。"游戏先于劳动"则把儿童未来成人后所需要的技能，作为先见的知识归于儿童的游戏，是一种先验论的思想。同样，"不是因为童年才要游戏，而是要游戏才给予童年"的表述，也是这一思想的反映。

### （四）复演说

复演说的代表人物是美国心理学家霍尔（G. S. Hall）这种观点认为，游戏是人类生物遗传的结果，幼儿游戏是重现祖先生物进化的过程，重现祖先进化过程中产生的动作和活动。如小孩喜欢玩水、在地上爬、爬树、打仗等，就反映了人类从原先的海洋生物渐渐演变为原始的爬行动物，再演变为较高一级的动物猿猴，直至演变为现在的人类所拥有的不同阶段的内容和活动内容，也即从动物行为到野蛮行为再到原始民族的行为。如，这种观点假定，人类的文化发展阶段与儿童游戏的发展阶段具有对应关系：动物阶段反映在儿童的爬行和蹒跚行走期；野蛮阶段反映在儿童玩投掷、追逐、捉迷藏等活动中；农业和家长式阶段表现为儿童使用玩具的活动和沙滩挖掘的活动；部落阶段则表现为儿童的小组竞赛活动。这些活动是有顺序地重演的，比如，儿童爬树的活动会在有组织的群体游戏之前出现，如同我们的祖先也是逐步发展成部落群体的。

霍尔的游戏复演说把胚胎学关于人自在发展过程中再现种族发展演化的情形应用于表达儿童的游戏上。认为游戏的发展阶段正是以不同形式重现祖先的进化的各个发展阶段，在游戏中，以根除史前状态的动物残余，以使个体摆脱原始不必要的本能动作，从而为复杂的当代生活做准备。

# 第二节　精神分析学派的游戏理论

## （一）弗洛伊德的游戏观点

精神分析学派关于游戏的理论来源于弗洛伊德的思想。要了解弗洛伊德（S. Freud）关于游戏的思想，需了解他的人格构成学说。弗洛伊德的人格理论奠定了他的游戏说基础。他把本能欲望看成人格构成中的最低境界，称为本我；社会规范是人格构成中的最高境界，称为超我；协调本我和超我之间的矛盾冲突而获得的现实性人格则是自我。显然本我和超我是对立的、矛盾的，个体的社会化过程就是不断认识和掌握社会规范，以超我的境界来控制和把握本我，获得完善的自我。个体在发展过程中，本我和超我的对立冲突是逐步达到平衡的，年龄越小越不平衡。弗洛伊德认为，儿童的行为更多地受本我支配，他们往往盲目地追求本我欲望满足，而置社会准则于不顾，其活动主要受"快乐原则"驱使。成人在现实中又总是以社会准则要求、控制儿童，使儿童在现实中常常受到挫折。那么，幼儿的这种调节本我、超我矛盾的平衡机制是怎样实现的呢？是游戏，儿童自我获得是在游戏中实现的。

弗洛伊德的游戏理论中，他把现实看成了游戏的对立面，他在区分游戏时，更注重这一活动真实与否。而正因为游戏与现实的分离，才使幼儿避免了现实的约束，并能在游戏这一安全氛围里自由调节本我和超我的矛盾。游戏的这种调节机制具体表现在以下两方面。

**1. 游戏可满足儿童现实中不能实现的愿望，是受"快乐原则"的驱使**

弗洛伊德认为，"即由于游戏而能获得愉快放到突出的地位"。驱使幼儿去游戏的，不是别的，正是心理生活的快乐原则。游戏与其他心理事件一样，都受到快乐原则的自动调节。快乐原则体现在儿童游戏中，表现为游戏能够满足儿童的愿望，掌握创伤事件和使受压抑的敌意冲动得到发泄。

游戏满足了幼儿想做大人的愿望。弗洛伊德认为，游戏使幼儿避免了现实的紧张感和约束感，所以游戏为幼儿提供了安全的环境，在这种环境中幼儿能够发泄那些在现实中不被允许的冲动。在整个儿童期占统治地位的普遍愿望是快快长大成人，做大人能做的事情。儿童在游戏中达到了对这种愿望的满足。例如，幼儿在游戏中模仿成人的活动，"过家家""当父母"通过对成人活动的模仿，和以成人角色自居，可以使儿童的这种愿望得到满足。儿童在游戏中尽情发挥想象，模仿大人的举止行为，扮演所向往的角色，从而使现实中得不到满足的愿望在游戏中得到补偿。

**2. 游戏能帮助幼儿掌握（或控制）现实中创伤性的事件**

幼儿游戏体验不总是愉快的，不愉快的体验往往成为游戏的主题。例如，幼儿看病，医生看幼儿咽喉，给他打针或因病情严重做手术。医生的这些动作使幼儿感到疼痛，对幼儿而言，这是一种可怕的、不愉快的体验。依据快乐原则，幼儿应当是避苦趋乐的，希望快速忘掉这种痛苦的经验。幼儿常常把这种痛苦的经验变成游戏，把医生对他做的一切施加到娃娃、玩具、动物身上。这种现象似乎与快乐原则相矛盾。弗洛伊德认为，幼儿之所以要在游戏中重复这种痛苦的、不愉快的体验，这是一种强迫重复（repetition compulsion）的现象，即事件的发生可能是由某种不愉快的紧张状态引起的，但事件的发展方向是达到一种消除紧张状态的结果，强迫重复实际是快乐原则的另一种表现形式。在幼儿看病真实生活情境中，医生或其他成人是主动的，幼儿则是被动的受害者。而不愉快的体验充斥在幼儿心里，会造成幼儿紧张、焦虑、愤怒。往往由于在现实生活中，他无从发泄、无法对引起他不快的人施以报复，于是，他把这种体验变成了游戏。在游戏中，幼儿把自己作为被动的承受者，转变为这种体验的主动执行者。幼儿在游戏中通过重复那些引起痛苦体验的创伤性事件的各个环节，使原本痛苦的体验转化为愉快的体验。

弗洛伊德有关游戏思想，奠定了精神分析学派关于儿童游戏的理论和核心观点。在理论上，20世纪以来的游戏理论，很少不受到他思想影响的。在实践上，游戏在临床诊断中得到了普遍的应用，发展成专门的游戏治疗技术，也可追溯到他的影响。

**（二）佩勒和蒙尼格的游戏观点**

弗洛伊德关于儿童游戏的观点奠定了精神分析学派的基本立场，他的后继者在其思想基础上，分别围绕"愿望实现"和"控制创伤"的观点加以论证，进而丰富和发展了他的思想。

### 1. 佩勒（Peller）的角色动机说

传统心理学认为，儿童扮演角色是由模仿的本能决定的。弗洛伊德持不同观点，他认为没有必要假设存在着这种特殊的"模仿本能"。如果没有情感驱力，也就没有模仿。儿童在游戏中模仿谁，扮演什么角色是具有高度选择性的，这种选择是依据某种原则做出的。儿童的游戏不是一面镜子，需要把凡是在它的"视野"内的东西都反映出来。

佩勒系统分析了儿童在游戏中经常扮演的角色以及支配这种扮演的动机。在一定程度上讲，佩勒发展了弗洛伊德的这一思想，使弗洛伊德这一思想具体化。

佩勒发现，儿童对角色的选择和扮演这样一些情感的因素：爱戴、尊敬、羡慕、愤怒、或者畏惧和敌视。通过模仿，那些他们他们所爱戴、尊敬的人（往往是成人），使儿童如同成人一样的愿望得到了满足。生活中，我们常常可以看到孩子假装是国王、皇后、仙女等，看到他们以父亲、母亲、教师、医生、警察等自居。使他们恐惧或害怕的人或事物也促使儿童去模仿，通过模仿诸如坏蛋、大灰狼、大老虎等，孩子可以克服恐惧。儿童还愿意扮演那些"低于他们身份"的角色如小婴儿、各种小动物、小丑等，这种游戏给了孩子一副"假面具"，使他们能够在安全的气氛中做平时不能做的事情，或者掩饰自己的错误和过失。比如孩子爬在地上当小狗，蜷缩着身子当小娃娃，根源在于"成人世界"对于孩子的压迫。随着儿童年龄的增长，人格中"超我"部分从父母和教师那里获得了道德的规范和约束，孩子取悦于他的父母和教师，就必须照这些规范与准则去行事；另外，他又不能完全按照父母、教师期望，尽快地放弃婴儿时期受本我支配的快乐。于是，儿童通过声明"这不是我，它是一只小狗"，就可以使自己享受在地上爬、滚、嗅、弄脏自己的乐趣。通过宣告"我现在是小娃娃"，儿童就可以退回到婴儿时代，吮手指，要人抱，撒娇，重享不能再直接得到的儿时的快乐。总之，角色选择完全出于内部动机，即受情绪的驱使。

佩勒的游戏理论除了分析了儿童扮演的动机，还从发展的角度，考察了儿童的游戏结构随心理性欲阶段的发展而发生变化。他把心里性欲的发展分成四个阶段，每个阶段心理性欲发展的矛盾冲突不同，游戏内容也不同。

佩勒关于儿童角色扮演的动机理论以及儿童游戏结构随心理性欲的发展阶段而变化的观点，极大地丰富和扩展了弗洛伊德关于游戏的思想，并对后来的精神分析学者研究游戏产生了较大的影响。

### 2. 蒙尼格的宣泄说

"宣泄"（catharsis）的概念一般是指内部积蓄的情感和经历的释放。在审美活动的过程中，观众所产生的体验性情感可以使被压抑的情绪得到表现和释放，也就是宣泄。游戏与艺术审美过程一样，游戏者仿佛给对象灌注生命，由于移情和活动的作用可以使情感得到净化，使积蓄于体内的精力得到释放而不致发生危害。而在现代，在精神分析学派这里，"宣泄"一词的含义已逐渐缩小，专指攻击性行为或敌意的宣泄（hostility catharsis）。

弗洛伊德关于游戏的论述中，含有游戏是敌意或报复冲动的宣泄思想。蒙尼格（Menninger）发展了弗洛伊德的这一思想。他强调了游戏在发泄内在的冲动和减轻焦虑的益处，认为游戏的价值就在于能发泄被抑制的侵犯性冲动。蒙尼格认为，在人们身上，存在着一种本能的攻击性驱力，这种驱力在不断寻求表现。它的直接表现在哪里被否定，就会在哪里形成病症。人们之所以游戏，正是因为游戏是发泄这种攻击性驱力的合法的、为社会所允许的途径。对于成人来说，体育运动、竞赛是攻击性驱力的最好出路。对于儿童来说，他们的游戏则是释放攻击性驱力的最好途径。蒙尼格相信，游戏这种非现实性的活动的最重要的价值是它为释放被抑制的攻击性提供了机会。小女孩玩布娃娃，模仿母亲的态度和动作，这是对母亲的一种无意识的攻击，"是我有孩子而不是你有孩子"，或者意味着"妈妈，你不再是我所需要的了，我不用你了"。足见，儿童游戏包含着对于成人权威和父母禁令的一种敌意的幻想性反抗的意味。也就是说，儿童在游戏中的表现都带有对现实的敌意和无意识的反抗，他们通过幻想，对现实实施以报复，从而使消极的情感情绪得以宣泄。

对于游戏是攻击性行为宣泄这一观点，其他的许多心理学家展开了验证研究。但是结果表明，攻击性游戏实际上是刺激了而不是降低了后来的攻击性行为。

费奇贝克（Feshbach）做过一个让儿童用攻击性玩具（坦克、剑、手枪等）进行游戏实验。实验结果最终表明，凡是使用了攻击性玩具的儿童比未使用攻击性玩具的儿童表现出更多的侵犯性行为，同时也比自己使用攻击性玩具之前有了更多的侵犯性行为。

班杜拉（Albert Bandur）从观察学习（或社会学习）理论的角度，让儿童观看攻击性行为的表演，结果也表明，不论是实地观看成人的攻击性行为的表演，还是从电视上看到成人的攻击性行为，其侵犯性行为都比未看过儿童有所增加。

精神分析学家把攻击性看作人的本能行为，然后，在这个前提下来论述游戏的宣泄作用，这是把传统的宣泄理论推向了极端，而且也为暴力行为的合理性提供了依据。确实，游戏和艺术一样，具有"宣泄"作用。但是，从攻击性驱力的假设出发来论述"宣泄"的必要是不科学的。

# 第三节　皮亚杰的认知发展的游戏理论

认知发展的心理学派的代表人物是瑞士著名心理学家皮亚杰。他的认知发展理论是近几十年来对学前教育影响最大的理论。他关于游戏理论的主要观点是：认为游戏是一种在已有经验范围里的活动，是对原有知识技能的练习和巩固，是智力（认知）活动的一个方面或表现形式，皮亚杰认为儿童游戏的动力基础在于智慧的发展形式，即游戏是同化超过了顺应。另外，游戏的发展水平是与儿童智力发展水平相适应的，不同智力发展阶段，有不同的游戏类型。

## （一）游戏是认知活动的一个方面，是同化超过了顺应

皮亚杰认为：游戏不是一种独立意义的活动，是认知水平的表现形式。促进儿童游戏的动力基础在于智慧的发展形式。它只是智力活动的一个方面，正如想象之于思维的关系一样。游戏在儿童早期的存在，不能根据游戏本身的原因，而只能根据儿童发展的早期，所有的行为与比成年期更缺乏平衡这种事实来解释。平衡的缺乏表现在儿童的认识，即适应环境的活动中，而同化和顺应就是个体（主体）与环境相互作用的两个不同质的过程。

同化和适应是指机体适应环境的两种基本机能。皮亚杰引用生物学概念，运用到认识发展心理学，用以解释人的行为及心理。从生物学意义上来说，同化意味着接纳和整合，是把环境因素纳入有机体原有的结构中。例如，食物通过消化吸收变成有机体的一部分。顺应就是机体在环境因素作用下使自身发生变化，如神经细胞受到刺激而发生的种种变化。

所谓同化，是在某个情境中，儿童运用他以获得的图示或机能从事并完成活动。而顺应是儿童为达到某种目标而尝试新的图式或技能。例如，一个孩子在他原有的认知图式中已有了"狗"的概念，以后他把大狗、小狗、黄狗统统纳入他原有的认识结构，这就是同化的过程，这个过程使他原有的认识结构变得更为丰满，并得以巩固。儿童在与客体交往的过程中，不仅要用已有的动作图式去同化或整合客体，而且也应根据客体的特点和变化来调整自己的动作图式，顺应外在变化。同化成功，个体认识处于平衡状态。同化失败，意味个体出现不平衡。不平衡可以推动个体应用调节机制，以达到新的平衡。通过平衡—不平衡—再平衡的过程，个体的认识活动不断向前发展。在现实中，我们常常可以看到儿童不知其所以然地顺从权威，从而处于一种他律的活动中。另一种是同化作用大于顺应，主体完全不考虑事物的客观特征，而只是为了自我的需要与愿望去活动，去改变现实，将外部事物改造成能适应原有水平和主观意愿的事物。前一种情况是模仿的特征，后一种现象是游戏的特征。所以，在皮亚杰看来，一种图式或活动是模仿还是游戏，取决于同化和顺应在图式或活动中所占的比例。可见，在认知发展理论中，游戏的实质就是同化超过了顺应。

### 案例 2-1："猫在墙上"

**案例呈现：**皮亚杰的女儿 J 把一个贝壳放在一个大盒子的边缘上，让它滑下来，说"猫在墙上，然后说"树"（但没有作任何动作）；接着把贝壳放在地自己的头上，说"到（树）顶上去了"。

**案例分析：**J 玩这个游戏是因为前两天她曾经看到过一只猫爬到树顶上去了。猫在树上腾挪跳跃的情境给她留下了深刻的印象。她想再现这一"有趣的情境"以满足自己的兴趣、愿望。于是，她把贝壳当做猫，按照自己的兴趣与愿望来对待物体而不考

虑客体的特征，"转变"或"改造"现实而不考虑猫与贝壳之间有什么关系。贝壳在这里只起到了对被激活的表象的支持作用。

因为只有当同化、顺应平衡时所产生的活动才具有智力活动的特征。主体在吸纳外界新知识的同时，用自己已有的知识进行比较和整合，理解和认同新的知识，使认识水平得到提高。

在皮亚杰认为，游戏只是一种在已有知识范围里的活动，它的价值不是促进认知水平的提高，而是对原有知识技能的练习和巩固。

### （二）儿童游戏的发展受认知发展驱使和制约，并与认识发展的阶段相适应

皮亚杰认为，游戏的发展随认知的发展而变化，呈现出相应连续性和阶段性，并伴随一定独立性和偶然性。在认识发展的不同阶段，游戏的发展也有不同的水平。与其发生认识论原理中感知运动期、前运算期和具体运算期的智力水平相对应，他把游戏的发展划分为三种类型或水平：练习性游戏、象征性游戏、规则性游戏。

#### 1. 感知运动期——练习性游戏

这是发生于认识发展的感觉运动时期的游戏形式（0～2岁）。此阶段游戏以感知动作的训练为主，因此又称练习性游戏、机能性游戏或感知运动游戏。这种游戏是个体游戏发展的最初形式。这个阶段的儿童，只有动作的智慧，而没有表象的和运算的智慧，他们仅靠感知动作的手段来适应外部环境。婴儿游戏的目的，是获得"机能性快乐"（functional pleasure）而重复所习得的活动，也就是说，游戏的动力源于感觉或运动器官在活动过程中产生的快感，游戏表现为个体为了获得某种愉快体验而单纯重复某种动作或运动。如婴儿反复摆弄玩具，绕着房间四周奔跑等都是这个时期幼儿游戏的典型表现。在皮亚杰看来，实践性游戏的愉悦来自儿童控制自身和环境的感觉，当这种控制能力被反复证实后，儿童便沉溺于发展着的能力和自信的情感中。

练习性游戏有三种发展趋向：

第一，因为增加了表征而演变为象征性游戏；

第二，伴随社会化的方向，倾向于规则性游戏；

第三，向真正的适应发展，成为严肃的智力活动。

练习性游戏不是感知运动阶段所特有的现象。在整个儿童期都可以看到这种游戏形式。只要有新的机能需要掌握，就会有这种联系。婴儿语言出现以后，随着通过练习性游戏来掌握的东西越来越少，以及其他游戏形式的出现，练习性游戏逐渐减少。

#### 2. 前运算期——象征性游戏

这是发生于认识发展的前运算时期的游戏形式（2～7岁）。此阶段由于表象思维的日渐形成和发展，个体认知图式中开始出现符号功能，个体开始理解一种东西（符号物）能代表另一种东西（符号化物体）。以后，以假装为特征的象征性游戏日趋成为儿童主要的游戏形式。主要表现为，个体开始把符号物与被符号所表示的事物联系起来，

以物代物，以人代人，以假想的情景和行为反映客观的现实和主观的愿望，并开始为了功能价值而转向表象价值而进行游戏。从这个意义上说，象征性游戏是符号化的一种类型（词和表象是另一种类型），反映了个体对环境的同化倾向。

在象征性游戏阶段，动作开始更多受观念支配，而不是受物体特征的支配，象征性思维的力量使个体有可能把现实与其欲望同化起来。这样，儿童通过把物体想象成自己希望的样子而使自己从对物体的直接知觉中解脱出来，使原来与物体融合为一体的思维开始与物体分离。例如，幼儿拿棍子当马骑，用手指当枪。于是，象征性就在由具体物体组成的外部世界与由意念观念组成的内部世界间架起了桥梁。

## 案例 2-2：送奶工的妹妹

**案例呈现：** J背着一块长条的石头，用它代表送奶女工霍诺林送奶的奶罐。

"我是霍诺林的妹妹。她病了，咳嗽，所以我替她送奶了。"J装扮成送奶工的妹妹。然后，她的语气又变了："多可怜的小姑娘！"这是一位太太的口吻了。"您想要些牛奶吗，太太？"不，谢谢。"

**案例分析：** J在游戏中一人扮演了多种角色：送奶工的妹妹，送奶工和太太，而且角色的转换有逻辑顺序。

4～7岁儿童象征性游戏，所表现儿童的游戏动作、情景、语言关系更具有逻辑性，即象征的意义与现实之间更为接近，对现实的模仿更为逼真和准确，且出现了集体象征（以规则来协调关系，达到角色的配合）。2～4岁嬉戏性象征达到高峰，4～7岁开始呈下降趋势。这意味着儿童岁年龄的增长，他们不必求助于象征意义的转换去实现世界服从自我，而是自我能日益适使现实，现实也能越来越多地满足他的愿望和要求。集体象征则意味着儿童社会化的发展，他们日益相信规则的力量，从而逐步转向规则游戏的兴趣。

### 3. 运算期——规则性游戏

这是发生于具体运算阶段以后的游戏形式（7～12岁）这时象征性游戏结束，规则游戏开始发展，以持续到成年。

在这个阶段，由于个体语言及逻辑运算能力的发展，逐步摆脱自我中心化，个体认识具有守恒性、可逆性，开始具备群集运算、空间关系、分类和列序等逻辑运算能力，其概括、判断、比较、推理等能力也有了相应的发展。因此，游戏规则的制定、理解和共同遵守及其对规则的执行情况的正确判断和合理评价就成为可能。规则性游戏在个体认知发展的具体运算阶段取代象征性游戏并处于显著地位。规则所要求的智力复杂性反映了这一阶段儿童认知能力的提高，儿童对社会行为的概括，也说明了儿童能力已经达到能够接受控制的，或者接受规则支配的社会关系水平。皮亚杰认为，规则游戏是继续在表达着一种对现实的同化倾向，规则导致娱乐活动的集体形式，因而由于这些规则而传播着一种社会责任感。

### （三）游戏的功能：以同化作用改变现实，满足自我的情感需要

在阐述游戏活动的心理机制方面，皮亚杰首先看到了游戏与儿童认识发展的关系。然而他在表述游戏的发展功能时，却看到的是游戏与儿童情感认识发展的关系。然而，他在表达游戏的发展功能时，看到的却是游戏与儿童情感发展的关系。皮亚杰认为，儿童需要游戏，尤其是象征性游戏，是因为儿童难以适应周围的现实世界，儿童不得不经常使自己适应一个不断地从外部影响他的年长者的兴趣和习惯组成的社会世界，同时又不得不经常使自己适应一个对他来说理解得很肤浅的物质世界。但是通过这些适应，儿童不能像成年人那样有效地满足他个人情感上的甚至智慧上的需要。因此，为了达到必要的"情感上和智慧上的平衡"，为了"满足他自己的需要"，儿童就游戏，在游戏中既没有强制也没有处分，幼儿在现实生活中许多得不到满足的愿望，可以在游戏中得到实现。所以，游戏的主要功能就是通过同化作用来改变现实，以满足自我在情感方面的需要。

要使这种同化作用成为可能，儿童需要一种自我表达的工具。社会适应的主要工具是语言，但它不是由儿童创造的，是通过现成的、强制的、集体的形式传递给他的。这种符号不适合表达儿童的需要或他的生活经验。因此，他创造属于他个人的，即有"机动作用"的符号系统，也就是象征性游戏。这种象征性"语言"能够按照个体的需要加以改变。同时，它能唤起儿童过去的经验而使自我得到满足，而不是迫使他去适应现实。在象征性游戏中，游戏是儿童自我表达的形式，是用他自己创造的符号系统去同化现实的。所以，象征性游戏的功能"就是把真实的东西转变成他自己所想要的东西，从而使他的自我得到满足"。

由此可见，皮亚杰是非常重视游戏的情感发展价值的，正如他所说，游戏所完成的同化作用，"绝大多数主要属于情感方面"，游戏是儿童解决情感冲突的一种手段。而与对游戏的情感发展价值的突出强调形成鲜明对照的，是皮亚杰对游戏的智力发展价值的估计不足。

皮亚杰认为游戏与儿童认知的发展具有密切的关系，但是，由于同化只是整合外部，而并没有对内部认知结构的调整。因此，游戏只是幼儿认知结构的外化。认知水平决定了游戏的形式和内容，不同的游戏形式对应不同的认知水平，而不存在游戏反过来促进认知的发展。游戏中不产生新的知识技能，游戏对认识的意义至多是一种练习和巩固。游戏与认识只是一种单向关系：模仿的内化产生了智慧，智慧的外化表现为游戏，游戏调节了智慧和情感的矛盾，从而促进了情感的发展。

### （四）认知发展学派对游戏理论的发展及对教育实践的影响

皮亚杰关于儿童游戏研究丰富了人们对儿童游戏的认知发展价值的认识，对我们的儿童认知研究有很大的启示。

1. 皮亚杰开创了儿童认识发展的角度研究儿童游戏的新途径，他通过长期观察和

研究而提出了认知发展的游戏理论。游戏发展阶段理论无疑是游戏理论中闪光的、最有价值的部分。但皮亚杰否认游戏是独立的活动形式，认为游戏只是智力（认知）活动的"变形"或衍生物；只看到智力发展对儿童游戏的制约，而没看到游戏对于智力发展的积极的促进作用。这影响到人们对游戏理论价值的全面认识。

2. 皮亚杰在游戏发展上，强调了智力（认知）决定作用，忽视了社会性发展的影响。儿童游戏受到许多因素的影响，智力发展到一定水平只是游戏的一个必要前提。儿童游戏不能脱离现实生活，如果没有一定生活经验和关于成人的生活、劳动知识，儿童游戏就不能得到发展。所以，在儿童游戏问题上，不仅要看到儿童与物交往的影响，也要看到人的作用与影响。

3. 皮亚杰在阐述儿童游戏动机和价值问题上，他强调情感发展的价值，但没有看到游戏在认知发展中的意义和作用。毋庸置疑，皮亚杰游戏理论开拓了从儿童认知发展的角度考察儿童游戏的新途径，成为 20 世纪 60 年代以后游戏与儿童认知发展关系研究的直接催化剂。他的研究成为人们进一步研究儿童认知发展关系的起点，引发一系列关于游戏与认知发展的实证研究，极大地丰富了人们对于儿童游戏认知发展价值的认识。

# 第四节　社会文化历史学派游戏理论

社会文化历史学派是苏联心理学学派，也称维列鲁学派。代表人物有维果茨基、列昂节夫、鲁宾斯坦、艾里康宁等。该学派以马克思的辩证唯物主义和历史唯物主义为基础，创造了从根本上区分于西方的游戏理论。这派成员从不同角度证实人的高级心理机能的发展是受社会文化历史制约的，活动在人的高级心理机能的产生和发展中起巨大作用。他们将此观点运用于儿童游戏的研究，形成了苏联活动游戏理论体系，从而在儿童游戏研究领域里，树立了另一面旗帜。

## （一）社会文化历史学派的理论基础

社会文化历史学派的游戏理论是建立在他们关于心理学基本理论的基础上。在苏联的建国初期，心理学家维果茨基进行了建立马克思主义心理学的尝试，提出了人高级心理机能的文化历史发展理论，就此奠定了社会文化历史学派的心理学理论基础。维果茨基认为，儿童心理的发展，是在环境与教育的影响下，在低级心理机能基础上，逐渐向高级心理机能转化的过程。

低级心理机能包括感觉、知觉、机械记忆、不随意注意、情绪、冲动性意志等心理过程。这些低级心理机能是最原始的，是在种族发展过程中出现的，是生物进化的结果。

高级心理机能是人所特有的，它具有以下特征：

（1）它是随意的、主动的，是由主体按照预定的目的而自觉引起的（即心理活动的随意机能），如随意注意等。

（2）它的反映水平是抽象的、概括的（即心理活动的概括——抽象机能），如逻辑记忆、概念思维等。

（3）它实现的过程是间接的，是以符号或词为中介的。以识记为例：动物的识记是建立 A—B 的直接联想过程，而人的识记则以符号或词等精神工具 X 为中介，建立 A—X—B 的间接联想过程。

（4）它起源于社会，是文化历史发展的结果。这主要表现在人的精神工具的形成和发展的历史中。维果茨基认为：人有两种工具。一种是石刀、石斧到现代机器的物质工具，人用这种工具进行物质生产活动，人脱离了动物界；另一种是符号、词等精神工具，人运用这种工具进行精神生产、心理操作。工具越高级，心理机能的水平就越高。人有了这种精神工具，就使自己心理机能发生了质的变化；动物没有这种精神工具，所以它们的心理机能永远停留在低级水平上。

（5）从个体发展来看，高级机能是在人际交往过程中，通过掌握精神工具而产生和不断发展起来的，不是人自身所固有的。

维果茨基的文化历史发展理论在 20 世纪 30 年代，曾一度在苏联国内受到严厉批判，他同伴和学生列昂节夫和鲁利亚等为发展这一学派继续坚持进行大量科学研究，进一步补充和完善了维果茨基理论。最后形成社会文化历史学派。此学派的特点：学派成员从不同的角度进一步证实了人的高级心理机能的发展是受社会文化历史所制约的，活动是人的高级心理机能产生与发展的基础和源泉。

### （二）活动游戏理论的基本观点

社会文化历史学派把自己的社会历史发展的心理学理论运用于儿童游戏的研究中，就形成了与西方心理学有着根本区别的关于游戏的活动理论。活动游戏理论认为儿童的游戏与动物游戏有着极大的区别，儿童游戏的表现形式具有反映论的意义，儿童游戏的机制与高级心理机能有关。儿童游戏的产生不是先天的，是在后天实践中形成的。因此，游戏具有个体发展的意义。社会文化历史学派的活动游戏理论具有以下几个基本观点。

#### 1. 游戏是一种社会反映性活动

活动游戏理论认为，游戏的社会起源，游戏的个体发生，均由社会存在所决定。儿童游戏发展的动力来自他们与周围环境的相互作用，所以，游戏是一种受到儿童与其生活与受教育的社会存在所制约的活动。

社会文化历史学派用儿童游戏的主题和内容来证明游戏的社会制约性。例如，幼儿所玩的"商店""医院""学校""幼儿园"等，尽管幼儿所玩的题材不断重复，而内容是各不相同的，这种不同完全取决于儿童所生活和受教育的那个历史时期的社会生活内容。比如，同样是"商店"游戏，内容不同，所表现商店商品也不同：战前商品贫乏，凭证供应，战后商店游戏内容丰富。这说明，幼儿在游戏中所反映的是他的生活内容，同时展现社会发展的具体阶段所特有的社会现象。游戏的内容是随着时代的发展而不断更新的，幼儿所玩的游戏，就是成人在社会发展的该阶段中所关心的事。可见，游戏是一种对社会生活的积极的反映性活动。

### 2. 游戏是一种有目的、有计划的活动

活动游戏理论认为，游戏是一种有意识、有目的的社会实践活动。在儿童的每一种独立的游戏中，都抱有一定的目的。游戏的过程一是表现个体内部蕴藏的潜意识或能量，二是在于儿童自己所提的出目的。为此，幼儿需要选择实现目的的手段，自己设定计划。所以说，儿童在游戏中的一切动作都是有目的、有方向、有意识和自觉的，并能得到一定的结果。儿童对游戏目的的确定，游戏构思的产生和游戏计划的拟订，是通过语言实现的。

### 3. 游戏是学前儿童主导的活动

活动在儿童心理发展中起主导作用，它有助于促进儿童的心理机能不断地由低级向高级发展。而起主导作用的那一种活动也就是主导活动。阶段不同，主导活动的形式不同，而游戏特别是有主题的角色游戏就是学前儿童的主导活动。因为儿童内在需要和外部需求之间的矛盾，是在游戏中得到表现和解决的，就是这种心理矛盾构成了儿童心理发展的动力，从而推动儿童心理的发展。

### 4. 游戏是一种需要成人指导的活动

社会文化历史学派强调儿童与成人的交往在游戏的发生、发展过程中的决定作用，他们看重成人的教育影响。儿童游戏不会自然而然地得到发展，儿童不是生来就会游戏的。儿童游戏的需要是在成人的教育与要求下，与成人之间的关系发生改变的情况下产生的。为了使儿童掌握游戏的方法，成年人的干预是必要的，所以在一定的阶段上要教儿童做游戏。没有教育的作用，游戏就不会产生，或者就会停滞不前。而儿童游戏的教育价值和游戏本身的发展，取决于成人对游戏的指导。

## （三）维果茨基的游戏理论

维果茨基是苏联社会文化历史学派的主要代表人之一，他的游戏学说奠定了苏联现代游戏理论的基石。他的"游戏是学前儿童的主导活动"的观点，及他对游戏动因、游戏发展规律的看法，被他的同事和学生列昂节夫、艾里康宁等人吸收，并得到了进一步的扩充与丰富。

### 1. 关于游戏的发生

维果茨基主张，对儿童游戏进行分析和考察，应从游戏活动的诱因与动机开始。游戏的发生与个体儿童活动的诱因与动机的变化从一个阶段向另一个阶段的发展有关。他认为，当在发展过程中出现了大量的、超出儿童实际能力的、不能立即实现的愿望时，就发生了游戏。比如，3岁前幼儿一个典型的行为方式是想要一件东西就必须立即

得到它。一件东西如果不能立即得到，他们会发脾气，躺在地上耍赖。延迟满足对他们来讲是件困难的事。3 岁以后，在幼儿不能满足需要和实现愿望时，比如，他想像爸爸一样开汽车，这些愿望在幼儿身上持续的时间很长，不会像一个突如其来的念头稍纵即逝，此时，3 岁前那种迅速满足愿望的倾向依旧存在，于是，游戏发生了。因此，游戏的实质就是愿望的满足。

### 2. 关于游戏活动的特点

维果茨基指出，想象性情境和游戏的规则是任何一种形式的游戏活动属性。幼儿在游戏中创造了一种想象的情境，这种想象的情境是把游戏从其他活动形式中区分开来的标志，这种想象的情境表现在把一个东西迁移到另一个东西上，或者以一种简缩的方式再现现实的生活情境。游戏的情感诱因中已经自然包含了想象情境的某些因素，不能立即得到满足，只能以一种想象的、虚幻的方式实现。

幼儿在游戏中创造了想象的情境，也同时创造了规则。如果没有规则和儿童对规则的特殊态度，也就不会有游戏。比如，当幼儿把自己想象成医生，就得服从医生这一人物的行为规则。在游戏中，只有符合实际生活规则的行为才会被接受。在游戏的想象性情境中仍然保留现实生活的经验要素，并表现为游戏规则。所以，规则来自想象性情境，哪里有想象性情境，哪里就有规则。需要注意的是，游戏中的规则，不同于实际生活中由成人加给他的规则，它是由幼儿自行制定，并乐于执行的一种内部的自我限制。

在分析了游戏的这两点特征的基础上，维果茨基指出，游戏的发展，就是从由明显的想象情境与隐蔽的规则所构成的游戏，发展到由明显的规则和隐蔽的想象情境所构成的游戏。

### 3. 游戏的发展价值

维果茨基认为，游戏在幼儿发展中起着巨大的作用：游戏创造了幼儿的最近发展区。在游戏中，幼儿的表现总是会超过他的实际年龄，高于其日常表现。幼儿在游戏中，总是试图超越他现有的行为水平。

（1）游戏使幼儿的思维摆脱了具体事物的束缚

游戏使幼儿学会了按照对物体和情境的直接知觉和当时影响去行动；根据情境的意义去行动。3 岁前幼儿的思维受具体知觉情境的束缚。例如，当文文坐在一个 2 岁孩子跟前时，让这个孩子重复"文文站了起来"这句话时，他会把这句话改成"文文坐着呢"。进入学前期后，幼儿还不能立即使思维脱离具体事物，他必须利用其他东西为支柱，来帮助他使思维摆脱具体事物的束缚。游戏提供了这种支柱。儿童在游戏中以物代物，正是将意义同直接经验分离。例如，幼儿双腿跨在竹竿上玩骑马游戏时，幼儿已经懂了"符号的间接作用"，即理解竹竿可以表示马的意义，物与物的意义开始分离。这时幼儿动作（骑）来自观念而不是来自于物体。随着幼儿年龄的增长，不太典型物体替代品就日益成为可能，替代物与被替代物越不相似，则越"符号化"了，也就意味着幼儿的思维抽象化了。游戏使儿童的思维逐步摆脱具体事物的束缚，心理机能就是这样从低级向高级发展的。所以，游戏是思维摆脱具体实物的束缚，逐渐内化的过渡阶段。

（2）游戏有助于意志行为的发展

在游戏中，幼儿把自己的愿望和一个想象中的自己联系起来，即把自己所扮演的角色和该角色在现实生活中的行为规则联系起来，心甘情愿地服从来自现实的生活规则，并放弃直接的冲动，从而有助意志行动的发展。幼儿最大的自制力产生于游戏中。

所以，维果茨基认为，游戏不是在幼儿生活中占优势的活动形式，而是占主导地位的活动形式。游戏与发展的关系可以与教学和发展的关系相提并论，但是以游戏为更为广阔的需要和意识的变化提供了背景为前提。游戏是发展的源泉，在游戏中，幼儿做到思维摆脱具体事物的束缚等，所有这一切都出现在游戏中。游戏创造了儿童最近发展区。

### （四）列昂节夫的游戏观点

列昂节夫从心理学的角度论述了儿童为什么要游戏，论证了游戏作为学前儿童的主导活动的理由，从而揭示了游戏的特点和游戏发展规律。

#### 1. 游戏发生于儿童心理发展的矛盾

关于儿童游戏的发生，列昂节夫认为，儿童随着年龄的增长，他们所面临的实物世界越来越广阔，儿童心理发展就表现为对这个广阔的实物世界的认识和掌握。由于儿童的心理特点决定他们还不具有抽象的理性思维，不能进行抽象的静观活动。他们的认识首先就以行动的方式显示出来，通过用手操作物体的行动表现出来，列昂节夫称之为及物行动。当行动的动机不在于结果，而只在于行为过程的那种及物行动就是游戏了。

这种游戏在婴儿时就已出现。婴儿的发展就表现出一对特殊的矛盾：一方面是儿童的动作发展日益复杂，意味着及物行动需求强烈起来；另一方面，他所面临的仅仅是满足基本生活需要的过程。二者不统一，也就是儿童及物行为的需要超出了满足生活的活动。或者说满足他基本生活需要的活动，已经不能满足他的及物活动的需要，他必须将及物活动扩展到满足生活需要以外的活动，这种活动的动机则不在于结果。然而，婴儿期的这种游戏活动还只是一个第二性的活动。非游戏性的及物活动倒是发展的基本途径。

在幼儿期，儿童的及物活动的需求进一步增强，又想做大人们正在做的事，又限于自身的能力不能实现这样的行动，幼儿只能在想象的活动形式中解决这一问题。只有在游戏活动中，才可以用其他操作代替真实活动所要求的操作，用其他实物条件代替真实的实物条件，而且行为的内容保持不便。这时，游戏在儿童心理发展的更高阶段上成为主导活动。所谓的主导活动，是与儿童心理发生最重要的变化有关的活动，而不是主导活动所用时间多少有关。

### 2. 游戏的特点

列昂节夫揭示了游戏的几个特点。

首先，游戏行为的动机在活动过程，不在活动结果。例如，儿童玩积木，是用各种方法去摆弄积木的过程，而不在于要建成什么。当内在的动机不是要玩，而是要玩出点什么来时，游戏就不再是游戏。

其次，游戏过程的操作与行动，是真实的行动，他不是伪造的、幻想的，因为儿童在游戏中想象的只是情境。儿童不是在想象的情境里产生游戏行为，而是操作与行动不相符合时，才产生出想象的情境。所以，游戏行动的条件造成了产生想象的必要，不是想象规定游戏行动。

最后，游戏行为是概括的行为。儿童在游戏中不表现特殊的事件，而是表现那些典型的、一般的事件，所以，游戏才能够在假想的情境中实现。

此外，列昂节夫还分别论述了角色游戏、规则游戏、教学游戏的特点和作用，对后人也有很大的启发。

## （五）艾里康宁的游戏理论

艾里康宁是苏联现代游戏理论的主要代表人物。他的游戏学说，更集中、更典型地反映和体现了社会文化历史学派关于儿童心理发展的理论的主要观点。艾里康宁认为，角色游戏是学前儿童典型的游戏形式，研究儿童的游戏应当以角色游戏为主要对象。他的理论和研究的中心思想是突出强调游戏的社会本质。

### 1. 角色游戏的社会起源

从角色游戏的社会起源来看，艾里康宁认为，游戏是人类历史发展到一定阶段的产物，这是由于社会生产力的发展，导致儿童在社会生产劳动中的地位发生变化的缘故。因为，在原始社会初期，由于生产力处于原始水平，劳动工具非常简单，使儿童不经过专门训练就可从直接参加成人的劳动，所以没有掌握工具的练习，更没有角色游戏。在生产力发展到较高级阶段，儿童需要专门准备，以掌握最简单的劳动工具。训练从用小工具开始，儿童和成人都非常严肃地对待练习，因为这种练习与真正的劳动活动有直接练习。从严格意义上讲，这种练习还不是游戏。当生产力发展到劳动工具的高度复杂化，出现新的社会分工，儿童参加生产劳动的机会减少，小工具的训练已无意义，必须到了一定年龄才能掌握工具的使用。在这种条件下，便产生了儿童的角色游戏。

儿童的角色游戏不是自发出现的，是社会的需要。成人为了使未来的社会成员掌握使用任何工具所必备的能力，如视觉运动的协调、细小而准确的动作、灵活性等。为此，为儿童创设了训练这些能力的专门物体，即玩具。一方面，成人教会儿童使用这些玩具的方法，另一方面，儿童可以凭借这种玩具来模仿他们还不能参加的活动。这一切都说明，游戏就其起源和本质来说，是社会性的，是与儿童生活的一定条件有关的，而不是本能。

### 2. 角色游戏的发展阶段

艾里康宁认为，应当把角色的形成和出现作为研究儿童角色的重点。他认为角色游戏至少有两种象征机能。首先，是以人代人，其次是以物代物。研究应当从游戏的整体结构来揭示象征的机能与其发展。从游戏的整体结构上看，以物代物是被包含在以人代人的象征结构中，即被包含在标志着他的真实活动的游戏活动的系统中。

角色是在成人与儿童的协同活动中发生和发展起来的，角色出现的前提孕育于第二、第三年的实物活动中，成人的教育影响起着决定性作用。所谓实物活动，是掌握和操作物体的社会所规定的用途和使用方法的活动。任何实物的内部结构都是双向的，一方面与实物联系在一起，另一方面它又是人的动作，是与作为动作主体的人联系在一起的。

在儿童实物的活动的发展过程中，最初，儿童只注意到物的社会所规定的使用方法，而且动作是与具体的、特殊的物品紧密联系起来。以后，随着对具体物品的使用方法的掌握、动作的概括化形成，儿童开始注意到作为动作主体的人。于是，开始模仿成人的活动，也就出现了角色。

这一过程可以分为以下三个阶段：

第一阶段，掌握物品的习惯用法。

这是一种与成人的协同活动。儿童随着双手动作的发展，开始摆弄实物，在摆弄中受到成人的直接影响。物品的用法就是由成人教给儿童的。

第二阶段，最初动作的概括化。

成人把物品的用法教给幼儿后，幼儿看到模拟碗等物品的玩具，就会再现这些动作。比如，他用杯子给娃娃喝水，是因为成人正是用这个杯子，或者与此杯子相同的杯子来给娃娃喝水。幼儿在游戏中，只是再现他在与成人协同活动中所掌握的具体物品的使用方法，他的动作不能脱离与它形成联系的具体物品。

第三阶段，进一步的动作概括化。

动作的进一步概括化表现为动作与物体分离，儿童从摆弄和操作物品的动作转向模仿成人的活动，角色萌芽出现。

艾里康宁认，以上这一过程是在成人的引导下实现的，是遵循着这样的规律发展的，即从再造成人的实物活动到再造人之间的关系和成人与儿童之间的关系。

## （六）社会文化历史学派对游戏理论的发展和教育实践的影响

社会文化历史学派游戏理论的最大意义在于，他们强调了游戏的教育价值，揭示了游戏与教育的联系。这种联系表现在：一方面，强调了儿童游戏行为是由成人教给儿童的，这就将游戏作为一种教育内容；另一方面，通过教儿童游戏，模塑了儿童正确的社会性行为，游戏又实现了教育的目的。但他们过于强调儿童游戏应当被成人示范、教导的一面，而较为忽视的是游戏作为儿童天性的一面。儿童的游戏，虽然不能脱离社会生活环境，不能缺少成人的影响，但是，这是否会削弱儿童的自主性、独立性、创造性？这值得我们探讨。

无论如何，苏联的游戏理论的教育意义是有目共睹的。总之，把游戏的理论研究与教育实际联系起来，注重把理论研究的成果运用于教育实践，指导教师组织幼儿开展游戏，这是文化历史学派游戏理论研究的特色和长处。社会文化历史学派的游戏理论，对于苏联学前教育具有重要影响。

# 第五节 游戏的觉醒理论和元交际理论

觉醒理论和元交际理论是近二十年来，在西方国家心理学领域新兴起的两种新的游戏理论。他们体现了近年来不断发展的心理学及相关学科在游戏研究中的延伸和影响。

## （一）游戏的觉醒理论

游戏的觉醒理论也称为内驱力理论，或激活理论。该理论是一种试图通过解释环境刺激和个体行为的关系，来揭示游戏的神经生理机制的假设性理论，由伯来因提出，再由埃利斯等人发展和修正，理论的实质是阐明游戏是一种内在动机性行为。

### 1. 觉醒理论的理论基础：内驱力说

内驱力就是有机体的需要状态，其功能在于引起或激起行为，或给予行为以动力。

传统的内驱力理论一般只讲生物内驱力。这些内驱力是与饥、渴、呼吸、排泄等生理需要状态相联系的，引起的是寻觅食物、水、空气等满足生存需要的活动。这些内驱力经过自然选择而进化，成为有机体生存所必须的机能。例如，体内食物缺乏引起动物的一种不安状态，它就去进行觅食和进食的活动。当它的身体得到补充，内驱力也就降低。不能这样反应的有机体很快就会死亡，它不能生育后代，因而它的种类就可能灭绝。这种内驱力理论根源于达尔文进化论的影响。按照这种理论，人和动物的一切行为都直接或间接地指向于满足食物，解除痛苦等基本的生物需要，指向于降低这些需要有关的内驱力。比如，新行为主义者赫尔（Hull）把这种内驱力（生物内驱力）分为两种：原始内驱力和继起内驱力。原始内驱力是机体与生俱来的需要，如与食物、睡眠、性等有关的。继起内驱力是以习得反应如惧怕等为中介的原始内驱力。例如，被火烧伤是机体的一种痛苦经验，它引起了一种原始内驱力（避免痛苦）。以后，只要看见火，就会害怕地把手缩回来，火就成为引起惧怕这种极具内驱力的刺激。可见，继起内驱力也是以原始内驱力为基础发展起来的。

然而，传统的内驱力理论并不能用来解释人和动物的一切行为。人和动物的许多活动，如探索、调查研究、好奇、游戏、艺术、幽默有趣，显然与饥渴内驱力无关，但是它们对于机体的健康、体内平衡状态的维持，具有同样重要的生物适应的意义。动物研究表明，老鼠为了探索具有新颖性的迷宫，宁肯离开安全而熟悉的洞穴，即使受到电的刺激，也要实现这种探索。人在退休后能活多久，往往不取决于物质生活条件是否优越，而却取决于他们会能否找到有兴趣的事来做。给刚出生的婴儿看各种花样图片，结果发现他们花更多时间注视图案更复杂的图片。因此，人们认为，机体不仅有食物、睡眠、性等需要，还有探索、需求刺激、理解等需要。这样就导致了活动内驱力、探索内驱力等的说法，从而导致了内外动机的区别。即与生理需求相联系的驱动力引发的行为，只是一种为了获得外部奖赏的手段性反应，因而，是一种外部性动机行为；与生理需求无关的活动内驱力，则是一种自身的奖赏，是满足自身活动的需要，因而是一种内在动机性行为。

那么，引起内在动机性行为的生理机制是怎样的呢？于是，一种神经系统觉醒状态的假设被引用，游戏的觉醒理论被提出。

### 2. 觉醒理论的基本观点

"觉醒"（arousal）是游戏理论的核心概念。觉醒是中枢神经系统的机能状态，或机体的一种驱力状态。它与两个因素有关：一是外部或环境刺激；二是机体的内部平衡机制。

伯莱因（Berlyne）最先提出了游戏的觉醒理论，他的观点由埃利斯（Allis）的进一步发展和修正，奠定了该派游戏理论的基础，并成为觉醒理论的基本观点。觉醒理论有两个最基本的观点：（1）环境刺激是觉醒的重要源泉。新异刺激，除了对学习提供不可缺少的线索作用之外，还可能激活机体，从而改变机体的驱动力状态。（2）机体具有维持体内平衡过程的自动调节机制。中枢神经系统能够通过一定行为方式来调节觉醒水平，从而维持中枢神经系统最佳觉醒水平。

当外界刺激作用于感觉器官时，感觉器官对当前刺激进行感知分析。如果当刺激与过去感觉经验不一致，即刺激是新异刺激时，就会使主体产生不确定性，因而导致觉醒水平的增高，机体感到紧张，中枢神经系统有维持最佳觉醒水平的要求，最佳觉醒水平使机体感到舒适，于是，它就采取一定的行为方式来降低觉醒水平；反之，当刺激过于单调、贫乏时，机体就会厌烦、疲劳，觉醒水平低于最佳状态，于是，机体就会主动寻求刺激，增加兴奋性，使觉醒水平由低回复到最佳状态。

有新异刺激——觉醒水平增高时，发生的行为是探究。所谓探究就是直接感知物体，是对物体的知觉属性（形状、颜色等）的反应。它是由刺激控制的行为，回答"这个东西是什么用"的问题。觉醒理论的先驱伯莱因把它叫作"特殊性探究"，这种探究的作用在于获得关于外界物体的信息，消除不确定性，降低觉醒水平，以维持最佳状态。

在缺乏刺激——觉醒水平低下时，发生的行为是游戏。游戏的作用在于寻求刺激，避免厌烦等不良的状态，提高觉醒水平。所以，游戏是机体主动影响环境的倾向，它是由机体而不是由刺激所控制的行为，它回答"我能用他来干什么"的问题。例如，当儿童对滑梯已熟悉，产生厌倦时，滑梯这一刺激对他来说已经很弱，这时，他便变换新的滑滑梯的方式，如倒滑、趴着滑等，以增强这一刺激。伯莱因称之为"多样性探究"。

可见，游戏和探究都是在维持中枢神经系统的最佳激活水平，所不同的是，探索是由外部刺激控制的行为，游戏是由有机体自身控制的行为。

### 3. 对游戏觉醒理论的评价

游戏的觉醒理论作为一种新的游戏理论，对幼儿教育理论与实践有重要的作用。游戏的觉醒理论，把研究延伸到游戏的生理机制这样一个更为微观的领域。同时，由于生理心理的的运用，使得对游戏过程的描述更为精确和严谨。

游戏觉醒理论，提出了环境与人的交互作用原理，启发我们应当重视幼儿园环境的科学创设合理组织。早期教育实践往往强调得更多的是丰富托幼机构环境刺激，而不注意在人与环境交互作用的背景中研究环境刺激的合理性、适当性。刺激缺乏，刺激过多对幼儿发展都是不利的。来自环境的刺激过多，会使机体觉醒水平增高，超出最佳范围，不仅会抑制游戏行为，而且会使探究行为刻板单一，防御性成分增加，幼儿会感到紧张不安、厌恶、退缩。我们在组织幼儿开展游戏时，应当注意从整体上考虑游戏材料的数量、新异性等因素的合理组织。

游戏觉醒理论，对于做好幼儿初入园适应工作也具有指导意义。当幼儿刚入园，全新的环境可使觉醒水平增高，幼儿感到紧张、敏感、害羞、退缩。这时教师应当安排一些镶拼图形之类的独自游戏或其他认知性成分较高的安静性活动，这会更适合幼儿的觉醒状态。

## （二）游戏的元交际（meta－communication）理论

游戏的元交际理论是由贝特森（Bateson）提出来的，他运用逻辑学和数理论的学科原理来研究游戏，试图揭示游戏的意识与信息交流过程的实质。他在一个具有抽象意义的交流表达系统中讨论游戏中的交际，从而揭示了游戏的元交际特征及其意义。

### 1. 游戏的元交际特征

人类的交际不仅有意义明确的言语交际，而且有意义含蓄的交际，即元交际。"元交际"是一种抽象的"交际"，是处于交际过程中交际双方对对方真正的交际意图或所传递的信息的"意义"的辨识与理解。而元交际以来于交际双方对于隐喻的信息的辨识和理解。

### 案例 2-3："不要紧，我不怕烫"

**案例呈现**：一个小饭馆的伙计给客人端面条，碗里的汤装得很满。小伙计黑黑的指甲浸在了面条汤里。客人看到了很不高兴，说："你看，你的指甲都泡在了汤里!"小伙计一笑，回答说："不要紧，我不怕烫。"

**案例分析**：这是一个典型的因"元交际"过程失败而导致交际过程发生"歧义"的例子。在客人所说的"你看，你的指甲都泡在了汤里"这句话中实际上包含了两种不同的或两个层次的"交际"。第一种交际是"显性的"或"外在的"，指出了"你的指甲泡在了汤里"这样一个事实；第二种交际是"隐性的"或"内隐的"，表达了客人的不满和"嫌脏"的情绪。第二种"隐性的"或"内隐的"交际所要传达的才是客人真正想要传达的"意义"或"真正想说的话"。但是，小伙计却没有听出客人话里的"话"或正确理解第二种"隐性的"或"内隐的"交际所要传达的"意义"，反而把它误解为客人对自己的一种"好意"，从而导致了"歧义"现象的发生。第二种"隐性的"或"内隐的"交际就是"元交际"。"元交际"所要传达的"信息"才是客人发起"言语交际"的真正目的。

　　"元交际"的能力也是理解讽刺、反话、幽默、笑话的心理基础。年幼的儿童往往缺乏这种能力，因而往往不能理解说话者的真实意图。教育学理论往往告诫人们不要对幼儿说反话，就是因为幼儿听不懂反话。

　　元交际理论认为幼儿游戏时往往通过动作、表情传递着一种隐含的信息——"这是玩啊"。比如，当一个孩子笑嘻嘻地将水洒向另一个孩子时，他脸上的表情已向对方发出了"这是玩的，不是真的"的信号，对方很快理解了这个信息，两人便玩起了打水仗的游戏来。如果那个孩子没有或不理解这个信息，那么很有可能误解便产生了。可见，元交际是意义含蓄的交际，表现为"不用言传，只可意会"的形式。装扮医生给病人打针的孩子，不用表白，他的"病人"就可以从这个环境中领会"这是假的，不会真的戳疼的"了。活动的背景已表明正在进行的动作，不具有这些动作应该具有的实际意义。可见，元交际的顺利与否依赖交际双方对于隐含意义的敏感性。而这种敏感性往往取决于交际双方熟悉了解的程度和知识背景的相当程度。也就是说，只有参与者双方能够携带"这是玩啊"的信息的信号达成协议或进行元交际，游戏才发生。所以，游戏是信息的交流和操作的过程，元交际就是他的特征。

　　游戏中的元交际隐喻的特征，在人类文化生活中也普遍存在。首先，在一般的人际交往中，人们常常在某些特别的场合需要通过一个眼神、一个动作、一个特殊的表情向交际的对象表达某些不便直接表达的意思。其次，在特殊的文化交流中，元交际特征也比比皆是，如许多风俗习惯就是隐喻了人们的向往、避讳和祝福；宗教中许多仪式和标志也隐喻了某些特殊事物；艺术中的许多形式如漫画、寓言等也都充分运用了隐喻的功能表达一种深刻的含义。最后，我们的语言表征系统更具有一个类似于元交际的结构特征。例如，我们在游戏的元交际中所看到的那层隐含意义，在表示一个肯定含义的同时，也表示了一个否定的含义。但表示"这是游戏"时，同时，就在表示"这不是真的"；"我是假装打你"表达的就是"我不会真的打疼你的"。事实上，所有的人类语言陈述，都具有这一特征，人们在表述"这是什么"的时候，就隐含了"这不是什么"的意思。当人们在谈论某个话题的时候，谈话者都知道什么不是谈论的对象。可见，元交际是一种包含了是什么和非什么的多层次分类系统的结构特征。这种结构特征普遍存在于人类的文化中，存在于人类的表征系统中，这样一种表达机能是游戏中开始习得的。

## 案例2-4：打雪仗

**案例呈现**：一个幼儿在雪地上抓了一把雪，揉成一团，出其不意地向另一个幼儿投掷去；然后停下来，笑着，等待着对方的反应。被雪掷中的幼儿吃了一惊，刚要恼怒，但看到司伴的表情，似乎明白了什么。随即把书包一扔，也笑嘻嘻地抓起一团雪，向对方扔去。于是，两个幼儿玩起了打雪仗的游戏。

**案例分析**：在这里有一个"游戏信号"的发送与理解的问题。第一个幼儿动作的停顿、脸上的表情实际上构成了一个"游戏信号"，它告诉对方："这是玩啊！不是真的打架。"第二个幼儿觉察到了这个信号，把它正确地理解为一种游戏的"邀请"并做出了适宜的反应。于是，发生在两个幼儿之间的社会性游戏就开始了。如果第二个幼儿没有正确辨识和理解出这种"游戏信号"，就很可能会恼羞成怒，两个人可能就会真打起来。

### 2. 研究游戏的元交际特征的意义

（1）在人类有语言之前，人们的交际只是一种意会，即交际双方的沟通是对各自在特定的焦急情境中动作、表情所发出的信息的辨识和理解。这种对隐含意义的理解就是意识的萌芽，它发生在元交际中。随着语言的出现，那些由动作表情来表示的隐含意义就被语言揭示，便出现了意义明确的语言交际。而元交际则来源于游戏。在高等动物的游戏中，它们就已经会用夸张的动作表情，表现出一种"玩相"。当它的同伴注意到这种隐含在"玩相"中的"这是游戏"的信号时，就会做出肯定的应答。可见，在交际的进化演变过程中，先有元交际，后有人类的语言交际，而语言交际又隐含着元交际。元交际作为人类语言交际的基础，既是历史的，也是逻辑的。而意识产生于元交际，游戏又是元交际的来源之一。因此，意识就在游戏中产生。可见，游戏的元交际理论就为这样一种论点提供了依据：沿着游戏发生的历史，可以追溯意识的种族演化史。

（2）游戏的元交际理论有助于对游戏本身价值的认识

贝特森说："游戏是一种途径，通过这种途径，我们习得了什么东西不是什么，掌握了非某物的多层次的概念系统。"他认为，游戏作为一种元交际，是通过人类文化和表征世界的途径和必需的技能，是组成人类文化的现实和基础。若用这种观点来估价幼儿角色游戏的意义，贝特森认为，这种游戏的价值不在于其具体的内容。例如，儿童玩"大主教"的游戏，并不是学习如何做大主教，也不是在学习某个特定的角色或掌握特定的行为方式，而是在学习关于角色的概念，在区分一种角色与其他角色的不同，了解行为与行为背景（如角色与其相应的行为方式，游戏与游戏情景）之间的制约关系。总之，游戏是一种学习，但幼儿在游戏中不是孤立地一个事物一个事物地学习，而是在事物的关系与联系中，即在"非"某物的物体群中学习，学会区分与概括。

关于游戏的作用或意义，从来人们都是把游戏看作发展其他"重要的""有价值"的品质和机能。如守恒、发散思维等的工具或手段。然而，贝特森打破了这种传统观念，认为游戏本身就是进入人类的文化和表征世界的一种必需的机能。贝特森的思路是新颖的，观点是令人振奋的。

本章各游戏理论观点，从不同的立场和角度分别论述了游戏的性质、游戏的功能。大致可以区分三条主要线索：一是偏重情感的线索，以精神分析理论为先驱；二是偏重认知的线索，以皮亚杰理论为先导，强调认知的发展与游戏的关系；三是偏重社会性本质的路线，以苏联的活动游戏理论为核心，强调社会的实践与游戏的关系。每条线展示出各种观点之异同，又多少与其他线上的某些观点有异曲同工之处。每一种观点都是借鉴和扩展前任的理论观点的，正是它们之间的差异和联系，才让我们今天的游戏理论宝库如此精彩丰富。

## 实践活动项目

1. 根据本章的学习，思考讨论：幼儿的攻击性是本能还是后天习得的行为？

2. 尝试使用事件取样方法，观察和记录一个幼儿的 3 个游戏片段，每个游戏片段的时间长度为 5～10 分钟；运用适宜的游戏理论来分析该幼儿游戏事件的特点和意义，提出适宜的教育建议并形成研究报告。

3. 案例讨论：运用游戏的"元交际"理论，分析案例中幼儿的行为，并说明教师这样的做法是否适宜？

案例："明天就看我的了！"

小学一年级老师对全班儿童布置明天有客人老师来观摩教学的事，特地警告了一下她心目中的"淘气"的幼儿："明天就看你的了！"幼儿不会听反话，回家以后非常高兴地告诉家长："明天有客人老师来参观，老师说明天就看我的了！"

# 第三章　幼儿游戏与幼儿发展

**问题导入**

　　游戏是儿童生活中最有魅力的活动，它给儿童带来成长的快乐，也正因有了游戏，才给儿童以幸福的童年。游戏一方面满足了幼儿身心发展的需要，另一方面，游戏也促进了幼儿身心的发展。那么，游戏在幼儿个体成长中何时发生？幼儿游戏的能力是如何获得的？幼儿游戏发生的动因是什么？这些涉及游戏发生、发展的问题是游戏个体发生学研究中的重要问题。

## 第一节　幼儿游戏的个体发生与发展

### 一、幼儿游戏个体的发生

#### （一）幼儿游戏的个体发生时间

　　学者们对幼儿个体游戏发生的时间，有不同的意见。主要有以下两种观点：第一种观点认为游戏在幼儿出生后不久（约 3 个月）发生；第二种观点认为游戏在幼儿 3 岁左右发生。这两种观点分歧产生的根源在于，对"什么是游戏"的看法不同。

#### 1. 出生不久发生

　　这种观点的代表人物是皮亚杰。皮亚杰重视游戏发生的问题，认为它关系到游戏是本能活动还是后天习得活动这个重要的问题。

　　皮亚杰认为游戏发生于"初级循环反应"阶段（2～5 个月），即感知运动的第二阶段。皮亚杰认为游戏不是与生俱来的一种"能力"，而是随着幼儿认知发展逐渐发展起来的认知活动的一种形式，游戏的发生是以幼儿动作能力和心理发展的水平为前提的。幼儿在出生后的第一个月，只有一些还不协调的与营养等基本本能相关的遗传性动作，主客体混沌一体，同化与顺应也是混合的，无区别的，在这个阶段是不可能产生游戏的。皮亚杰认为，在反射练习的基础上，当幼儿杂乱无章的动作偶然产生新的动作，也尝试去重复这一新的动作，并导致循环反应的发生。但循环反应本身并不是游戏，而是一种探究性的适应动作，只有循环反应延续下去，才会出现游戏。由此可见，游戏是在循环反应的基础上发生的。

皮亚杰认为可以从婴儿的表情，判断婴儿行为是探究还是活动。在循环反应的最初阶段，婴儿努力协调自己的动作，试图理解当前的刺激是什么，他的表情严肃、认真，这是一种探究性活动。当婴儿的循环反应不再具有学习的性质，他能理解当前的刺激，并掌握了新的动作图式，并且只是为了"机能快乐"去重复这种动作，他的循环反应就变成了游戏活动。

### 2. 3 岁左右发生

苏联社会文化历史学派持有这种观点。社会文化历史学派着重研究幼儿角色游戏，坚持游戏的社会发生论。社会文化历史学派认为，3 岁前幼儿只有实物活动，没有游戏。借助实物活动，婴儿把物品作为社会性的工具来对待。实物活动是角色游戏出现的前提，成人的教育影响对于角色游戏的出现和实物活动的发展具有决定性的作用。

它们认为真正的游戏即以假装为特征的角色游戏，在 3 岁左右，幼儿开始有参与他还不能胜任成人活动的愿望，但其能力还不能满足幼儿内心这个愿望，在愿望与矛盾冲突下，便产生了游戏。游戏成为解决这种矛盾的最好手段，游戏的实质就是愿望的满足。

由此看出，由于研究者对"什么是游戏"的看法不同，导致了对何时发生游戏的争论。若把游戏概念界定为"轻松愉快""故意取乐"为发生标志，游戏者自身主动控制的活动，那么游戏活动发生较早。若把游戏概念界定为想象的角色扮演活动或"假装"得象征性活动，那么游戏活动发生得较晚。以上两种观点都认为游戏是通过后天学习而获得的能力，而不是生来就有的"本能"。

### （二）幼儿游戏能力的获得

对于幼儿游戏能力如何获得，研究者有不同观点。争论焦点在于：幼儿游戏能力是怎样获得的？是生来就有的"天赋"，还是后天"获得"的能力？如果是后天获得的，幼儿是如何获得这种游戏能力的。

早期的游戏理论认为幼儿游戏能力是与生俱来的、本能的能力。之后绝大多数游戏理论把幼儿游戏看作后天获得的。然而，对于游戏是幼儿与物体的交互过程中自我建构，还是在社会情境下产生的仍有不同意见。

20 世纪 60 年代，主张"自主建构"的皮亚杰的理论一度占据主导地位。皮亚杰认为：游戏自然出现于幼儿认识发展过程中，婴儿与物体的交互作用是婴儿游戏的最初形式，同时，游戏随着认知的发展而发展，从自我中心到社会化。在皮亚杰的"自我建构"理论中，游戏理论仅仅是巩固婴儿独自面对周围环境的孤立的认识活动的产物，游戏被认为是巩固婴儿已学会或获得的动作。

20 世纪 80 年代中期，以维果茨基为代表的苏联社会文化历史学派的理论影响逐渐明显。社会文化历史学派认为早期的假装游戏是一种形成性的活动，直接关系到幼儿更高水平的心理机能的发展。游戏以更高水平的心理机能来源于幼儿和成人的相互作用。社会建构主义观点在当前成为主导观点。社会建构主义者认为：游戏是成人与婴儿之间发生的社会性互动的结果，是作为一种社会性活动存在于早期的社会关系中，幼儿对于社会世界的认识早于对实物世界的认识，社会性关系制约着非社会性关系的建立。

### （三）幼儿游戏的内部动因

关于幼儿游戏的需要，精神分析理论创始人弗洛伊德，认为是由于幼儿需要解决渴望参与成人社会实践活动，与实现能力之间的矛盾，于是，扮演成人的角色、模仿成人的生活活动进行游戏。这种观点认为，幼儿渴望长大成人，做大人能做的事情，这是人生来就有的欲望，具有生物性。苏联心理学家则认为幼儿游戏的需要具有社会性质，是在环境和教育要求影响下形成的。以上两种观点都以角色游戏作为研究对象来解释幼儿游戏的动因，有一定的局限性。

从幼儿身心发展的需要角度看，幼儿首先出现的是自然性的需要，然后才是社会性质的需要。幼儿游戏的需要是社会性和自然性的统一。幼儿游戏的产生和发展同样先天因素和后天因素相结合的结果。从幼儿身心发展的全部方面和全部过程而言，游戏之所以成为幼儿的基本活动，是因为游戏满足了幼儿身心发展的基本需要，能给他们以快乐。

根据马斯洛的需要层次理论和现代动机心理学关于内在动机的研究以及对幼儿行为的观察，幼儿基本需要分为以下三个层次九个方面，如图 3-1 所示。

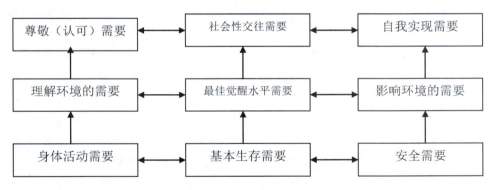

图 3-1 幼儿的基本需要

第一层次的需要是维持生命、安全和机体生长发育的需要。这是人最基本的需要。这一层次包括三种需要，即基本生存需要、身体活动需要和安全需要。其中，基本生存需要是其他两种需要的基础。只有吃、喝、睡等基本生存需要得到满足，机体才能去活动，而幼儿也是首先从基本生存需要的满足上体验到安全的。这一层次的满足使儿童产生对外部世界的最初信任。从幼儿身心发展的过程来看，若这一层次的需要得不到满足，其他层次的需要的形成与发展就要受到影响。

第二层次的需要是认知水平的需要或者说是与外界环境保持平衡与协调的需要，包括理解环境的需要和影响环境的需要，其生理机制是中枢神经系统维持最佳觉醒水平的需要。

当外界刺激作用于感觉器官，感觉器官对当前刺激进行感知分析，当刺激与主体已有经验不一致时，即刺激是新异刺激时，主体在主观上产生不确定性，因而导致觉醒水平的提高，机体产生紧张，产生理解外界环境的需要。而中枢神经系统本身也有维持最佳觉醒水平的要求，最佳觉醒水平使机体感动舒适。于是，它就采取一定的行为方式来降低觉醒水平，这时发生的行为是探究，在兴趣和好奇心驱使下，去获得关于外界物体的信息，努力去理解环境刺激，从而消除主观上的不确定，降低觉醒水平。

当环境刺激过于单调、贫乏时，机体会主动影响环境，寻求刺激，增加兴奋性，从而使觉醒水平由低回复到最佳状态。这时发生的行为带有想象、和创造成分，用各种花样来使用当前物体，表现出控制与影响环境的倾向。

第三层次的需要是社会性和自我发展的需要。具体包括社会性交往需要、自我实现的需要和尊敬认可的需要。其中社会性交往需要是其他两种需要的基础。自我实现与尊敬认可的需要是在与他人的社会性交往过程中发展起来的，同时反过来又影响社会性交往需要。儿童在幼年期由于自我意识的发展，已开始显示出表现自我，获得成功和得到他人好评和认可的明显预期。

这三个层次九种需要是幼儿的基本需要。驱使幼儿去游戏的需要主要有身体活动的需要、与环境保持平衡与协调的需要、社会性交往需要、尊敬或认可的需要和自我实现的需要。其中，自我实现的需要是儿童的最高需要，它在不同游戏中有不同的满足方式。而基本生存需要和安全需要的满足使幼儿的最低需要，是幼儿游戏的前提和基础。

动机是行为的直接内在动因，行为是动机的外在表现，而需要是动机的源泉，需要在诱因的作用下，转化为动机。幼儿游戏的个体发生遵循着"幼儿需要—游戏动机—游戏行为"的基本过程。

在上面三个层次九种需要的基础上，幼儿游戏的动机得以产生，并成为发动游戏的直接动因。常见的幼儿游戏动机类型有：活动性动机，源于身体活动需要和最佳觉醒水平需要的双重驱动。单一动作重复的游戏和运动性游戏主要受此动机的激起，个体在身体运动中获得生理性的满足和情绪性体验。探究性动机，源于理解和影响环境的需要，并以最佳觉醒水平需要为基本内驱动力，智力类和象征类游戏主要由此引发。成就性动机，源于理解—影响环境需要和社会性交往需要，一方面驱动儿童与环境相互作用，引发象征性游戏造型性游戏，另一方面驱动幼儿人际交往，引发规则性游戏。在互动中获得成就感和胜任感。亲和性动机，主要源于尊敬或认可的需要，并以社会性交往需要为基础。集体性或合作性的游戏发生受此支持。各种源于生活需要的游戏动机交互作用，动态性激发或引发幼儿游戏。

可见，幼儿生活的需要滋生着游戏的动机，而游戏的过程中游戏动机的实现又满足着幼儿生活的需要,如此循环往复,幼儿的生活需要在游戏中不断满足,成为童年生活快乐的源泉。

## 二、幼儿游戏的个体发展

游戏在不断成长的幼儿身上,处于不断发展变化的动态。它既表现为游戏类型的**渐次更替**,又表现为游戏内容、结构形式的变化。游戏的发展与儿童身心发展相辅相成,一方面,幼儿的发展要求游戏不断深化;另一方面,游戏的深化又促进了幼儿身心发展。

### (一) 从认知角度看幼儿游戏的发展

幼儿出生的前半年,感知系统已有较好的调节能力,感知觉活动越来越积极主动。他们能够集中注意某些事物,可以用眼睛逐物,能侧耳倾听各种声音,对气味有一定空间定向能力,味觉、触摸觉等感觉都得到一定程度的发展。此时,作为游戏的标志信号——微笑开始出现。比如,当幼儿看到颜色鲜艳并发出音乐的玩具时,幼儿会盯着它看、微笑,这可视作最初的游戏表现,即感觉游戏。这种由外界适宜刺激所引起的游戏,在婴儿两三个月龄开始发生,一旦刺激消失,这种游戏即停止。感觉游戏持续时间一般较短。幼儿从这种游戏中获得生理上的快感,是感觉器官对适宜刺激的机能需要得到满足的结果。

婴儿半岁以后,手眼逐步协调,能够较准确地抓握物体。可以主动地使自己感兴趣的事物和现象持续或重复发生,出现初步的有意识动作。这时,游戏由从前被动欣赏性的感觉游戏转变为主动的感觉运动性的游戏。当幼儿 1 岁以后,体力和动作不断发展,幼儿对活动的需求进一步加强。他开始模仿成人活动,尝试自己用勺子、杯子等一些日常用品,进行日常生活练习的活。当幼儿真正学会独立行走,幼儿便不再满足与成人的共同活动,产生了独立意识和行动的倾向。如我们在生活中看到的:幼儿学会走路以后,不愿让成人抱着,要自己走;吃饭时抢着拿碗,拿勺子自己吃。幼儿玩弄物体的独自游戏开始在婴儿的生活中占据重要地位。

幼儿的感知觉游戏,在感知觉器官和运动系统的发展、成熟过程中不断发展。同时,游戏也不断地促进着感知觉和运动机能的成熟和完善,促进以感知觉和实际动作为基础的动作性思维即认识的发展,继而促进身心的整体发展。幼儿到 2 岁以后,游戏开始达到一个新的发展阶段,象征性游戏以及结构性游戏成为幼儿游戏的主要形式,也就进入了学前幼儿游戏的象征性阶段。

#### 1. 象征性阶段游戏的发展

幼儿从 2 岁开始,进入象征性思维阶段。幼儿开始运用象征性符号进行思维。他们开始运用象征性符号进行思维。由于幼儿有了象征性功能,使幼儿凭借意义所借来象征意义所指的事物,而意义所借和意义所指的分化标志思维的发生,随着幼儿认识的发展,幼儿游戏的性质开始发生变化,从主要由敲打、摇晃、啃咬等动作图式构成的感知运动游戏向模仿真实生活游戏转变。一方面，由于表象活动、想象活动的增加及能力的增强，逐渐出现了以一物体假装另一物体和扮演角色为主要形式的象征性游戏。另一方面，由于幼儿动作技能的发展，游戏从技能型转向建构性，开始出现用各种结构材料建构物体的结构造型活动，即结构游戏。

幼儿在游戏中，把一种东西当作另一种东西使用，如拿椅子当马骑或把冰棍棒当注射器；把自己假装成警察、娃娃的妈妈等。这些是在现实生活中经常看到的象征性游戏的发生。象征性游戏是幼儿靠模仿和想象扮演角色，完成以物代物、以人代人为表现形式的象征过程，用来反映周围生活的一种游戏形式。象征性游戏是学前期典型游戏形式，它随婴幼儿发展变化而趋于成熟稳定，4岁是象征性游戏发展的高峰期。在结构性游戏中，幼儿可运用积木、积塑、沙、雪等建构各种各样物体。进行这种游戏活动需要幼儿在形状、空间知觉上发展到一定水平、有实际操作技能及一定的象征能力。结构性游戏和象征游戏的发展状况共同确定幼儿游戏的象征性水平，使象征性成为学前幼儿游戏在认知上典型的发展特征。

情境转变、以物代物、以人代人是象征性游戏构成要素。这三方面构成要素在婴儿期逐步发生发展，在幼儿时期逐步体系化。这三个结构因素的整合代表着幼儿认知发展的成就。

情境转变指行为脱离它原有真实生活情景即动作脱离真实背景。比如，婴儿靠在成人身上闭上眼睛笑嘻嘻地假装睡觉。这时睡觉的动作因脱离了原有的真实情境而被看作"游戏"。一般认为，象征性游戏发生的标志就是情境转变，情境转变也是以物代物、以人代人得以进行的前提。婴儿最初的象征性游戏也只是对成人动作的简单模仿和自己学习来的动作在非真实条件下的再现，相关表情和姿态的出现也是瞬间的。到了幼儿阶段，由于幼儿动作、语言能力、形象思维能力和社会能力的发展，象征性游戏的内容逐渐丰富起来，情境转变的发生更加频繁，时间的持续增长，游戏范围由家庭生活空间扩展到社会广阔天地。此时，幼儿能把情境假想为公园、超市、电信局、医院等场面，反映了幼儿较为丰富的知识经验和较高的认识水平，把以物代物、以人代人的典型特征突出表现出来。

"以物代物"是用当前物体代替不在眼前的或想象中的物体过程。例如，幼儿用椅子来开车，在这里，椅子是汽车的替代物。以物代物的象征功能是逐渐发展和完善起来的，一般认为，它需要经历两个阶段。

第一阶段，是以动作为中心似是而非的以物代物阶段，主要发生于1.5～2岁年龄段的幼儿。这个阶段的幼儿，随着掌握的动作越来越多，不管那是什么物体，都习惯用学习的动作来摆弄它，在动作中，对不同物体做同样的动作，或对同一物体做不同动作。例如，这一个小椅子，幼儿既会用它做"开汽车"的动作，也会在地上推来推去，或者踩在上面当马骑，表现出"乱用"的特点。再如，2岁前的幼儿用杯子、蛋壳、橘子皮等不同的东西做出同一动作"喝"，但不能说出"杯子"这个符合游戏的名称。严格地说，这种现象不能称为"以物代物"。以物代物是在一定范围内的，按照物与物的客观关系来确定的。这一阶段，幼儿的所谓的以物代物，还没有真正的物的特征，只有动作的象征，幼儿仅仅对动作发生兴趣，只要物体适合于做出某种动作，幼儿就会利用该物做出某种动作。

第二阶段，在幼儿2～3岁，是真正的以物代物开始出现的阶段。这阶段幼儿乱玩现象减少，能够按社会约定俗成的用法或意义使用实物或玩具，而且开始注意到事物间的相似关系，能够把当前物体作为想象中的或不在眼前的原型物体的代替物来使用，也就是当前物体与原型物体而不是动作建立联系。幼儿能够用适合游戏动作的原型物品的名称来对当前的物体重新命名。

在幼儿期，随着孩子的生活经验的丰富和心理活动的随意机能的逐渐发展，以物代物成为幼儿象征性游戏的突出特征。以物代物的象征性活动处于未定的频发状态，幼儿能够根据自己的游戏需要巧妙地利用物体拼凑出所需要的东西。幼儿在选取代替物和游戏玩具材料上，更加灵活多样，其创新意识、创新能力显著增强。

以人代人（即角色扮演）是指幼儿在游戏中通过自己的身体动作、表情、言语等来模仿或假装成他人或某一不属于自己真实身份的角色行为及其特征。它主要包括角色行为、角色意识、角色认知三方面。

角色行为是角色扮演的最基本成分，也是最早出现的成分。婴儿阶段最早发生的角色行为是一种角色动作，多是自我模仿，如用饭勺喂自己，假装"吃"的动作，后来发展为以母亲身份喂娃娃。最初的角色动作由于缺乏角色意识，都是一些零星的姿态或动作。到了幼儿时期，这些零星的动作逐渐以联系的方式组织起来，知道自己是在假装别人，形成比较典型的角色行为。

角色意识是角色行为发生的结果，他是幼儿对自己游戏中扮演的角色，所用替代物及所用动作等方面的意识。婴儿阶段，角色游戏是沿着角色行为—角色意识—角色认识这样的途径发展起来的。

角色认识是角色意识进一步发展的结果。角色认知就是对角色关系的认知，主要表现为互补性角色中，比如以角色关系另一方存在为条件的角色扮演，如有"医生"，就要有"病人"、有"司机"就要有"乘客"就是互补性角色，幼儿能清楚地意识到自己所扮演的角色。有研究表明：3岁左右的幼儿开始了解自己所扮演的角色以及与另一方的关系，到了幼儿中、后期，角色认识高度发展最终的意义巩固。而后，象征性游戏在幼儿后期（5岁以后）则开始呈衰退趋势，这表明幼儿越来越使自己适应自然和社会世界，就越少迷恋象征性的歪曲和转换，因为儿童逐渐使自我服从于现实，而不是使外部世界服从于自我。这样，伴随着儿童认知范围的扩大和认知水平的提高，以及社会性的发展，直接接受游戏中角色数量增加的影响，规则的产生成为可能，象征性游戏就开始变成规则游戏。

### 2. 结构游戏的发展

结构游戏是托幼机构中最常见的一种游戏形式，他在学前期发展比较缓慢。3岁左右幼儿建构目的不明确、不稳定，很难按事先预定的目的进行下去。幼儿的乐趣在于对材料所做的动作，这是一种感觉运动性游戏的延伸。如3岁幼儿往往用积木嬉戏，他或者把单块的积木当汽车，把玩具娃娃在地板上或桌子上移来移去，或者拿着积木敲敲打打；或者是把大小不一、长短不齐的积木堆积在一起，说"大高楼"，然后把它推掉、拍手笑，然后再来建"大高楼"，再推掉。

4~5岁幼儿建构目的比较明确，他会全身心投入地去建构他所感兴趣的物体形象，会努力克服碰到的困难。但仍有些幼儿不会合理地使用结构材料，主要是没有掌握建构的基本知识和技能，妨碍了他们建构物体目的的实现。

在5~6岁的幼儿身上逐渐出现选择恰当的建构材料，建构形象逼真的物体的游戏。如幼儿用各种积塑材料插接各种动物形象：公鸡、小猴子、大象、熊猫等；或插接各种生活用具，如床、椅子、台灯等。这些建构活动不仅具有模仿的因素，而且表现出较高的创造性。在幼儿后期，幼儿可以联合起来开展结构游戏，他们共同设计、选择建构材料，如建构水立方、长江大桥、电视塔、高铁站等大型建构物。进行这些活动时，幼儿彼此之间有交流、合作。在此基础上，幼儿协作的结构游戏的作品，可以成为引发象征性游戏的诱因，若加入角色和情节就可以发展成为社会性表演游戏，幼儿建构的作品可以成为游戏中的玩具或虚拟的情境，结构性游戏融合于统一的实际游戏活动中了。

象征性游戏与结构游戏在学前儿童个体身心发展过程中，既交叉又融合。游戏发展由感觉运动性水平向象征性水平的转化和升华，使象征性成为在幼儿阶段游戏的典型特征。

### 3. 规则游戏的发展

幼儿末期，随儿童认知范围的扩大，知识经验的丰富思维能力及社会化程度的提高，使象征性游戏和结构性游戏开始演变为规则游戏。规则游戏的大量出现发生在学前儿童末期，如带有智力活动特点的下棋、猜谜语、打扑克等，丢手绢、老鹰捉小鸡、捉迷藏等传统游戏。

皮亚杰认为，认知能力的提高与游戏复杂性的增强是一致的，即认知水平与游戏水平是同步的。这种游戏复杂性包括对规则的认识、接受和遵守。儿童对规则理解和对规则遵守的行为水平随儿童年龄的增长而发展起来。在象征性游戏中，规则是蕴含在角色中，其作用在于表现人物（角色）及人物之间的关系，维持游戏中想象的情境，游戏者可以随时按自己的意愿改变游戏中的情节，并改变规则。规则性游戏中，对每个参加者的动作及语言的要求是比较严格和规范化的。规则是保证游戏得以顺利进行的线索，是显而易见的游戏中具体行为表现。规则性游戏反映了幼儿末期开始摆脱自我化的象征性，体现了幼儿游戏在认知发展上的新特征，即规则性。对规则的理解是学前儿童参加规则游戏的前提，学前儿童对规则的获得可以是其他幼儿教给的，也可是成人授予的。

在规则游戏中，学前幼儿比以往参与的游戏更加关注行为的结果。儿童在遵守规则的基础上，克服困难，为取得胜利而积极参与到游戏中，学前儿童末期游戏的目的性、坚持性增强，并通过规则游戏的竞争性体现出来。

### （二）从社会性角度来看幼儿游戏的发展

幼儿游戏是伴随着儿童社会化的进程而发展的。幼儿在游戏中与人（或同伴）交往的行为表现出社会性发展的程度。以社会性行为表现的不同而进行的幼儿游戏的分类即游戏的社会性分类。呈现了以社会性为主线的游戏发展的不同阶段或水平。

#### 1. 独自游戏阶段

独自游戏是指幼儿在游戏中自己玩自己的，即单独玩。学步期或其前后的婴幼儿通常以这种方式进行游戏。这一阶段的婴幼儿以自我为中心，不关注其他人的存在，即使有其他幼儿在附近，他们也是独自玩着自己的玩具，不理会他人。在该阶段中，幼儿游戏还没有表现出明显的社会性特征。

#### 2. 平行游戏阶段

大约从 3 岁开始，幼儿游戏性质发生变化，逐渐具有社会性。3 岁幼儿游戏的社会性发展达到平行游戏的阶段。平行游戏是指幼儿相互模仿，操作相同或相近的玩具或开展相同的游戏活动。在平行游戏时，几个幼儿在一起，各自玩自己的玩具或游戏而彼此没有交流（包括口头语言的沟通和身体语言的交流）。幼儿会觉察其他幼儿的存在，或偶尔看一下别的幼儿，但很快会把注意力集中到自己的游戏中，但他并不设法影响或改变旁边的其他幼儿的游戏活动。在此阶段，幼儿游戏的特点是互相模仿，形成了初步的玩伴关系。

#### 3. 联合游戏

幼儿到大约 4 岁以后，他能够留意身旁其他幼儿的活动，有时会互相借玩具，有时更会加入对方的游戏中，并且相互交谈。交谈会涉及他们共同进行的活动，但没有建立大家一致的共同目标，没有真正的组织者和领导者。在这一阶段，幼儿对于与其他幼儿一起玩表现出较大的兴趣。但他们相互交流的时间不会太长，所玩的游戏也不会持久。幼儿在联合游戏中开始表现出明显的社会交往行为，但每个幼儿在游戏中仍以自己的兴趣为中心。

#### 4. 合作游戏阶段

合作游戏是社会性程度最高的游戏。指幼儿以集体共同的目标为中心，有达到目标的方法，活动有严格的组织，小组有分工，常有较明显的组织者和领导者的游戏。学前儿童 5 岁以后开始出现较多的合作游戏。此时，幼儿已具有较流畅的语言表达能力和较丰富的参与社交的经验，幼儿可以相互商讨，确定游戏的主题、角色的分配、游戏材料的选择，甚至确定共同游戏的规则，有了集体共同的活动目标。例如，6 岁左右的幼儿在合作的角色游戏中，能倾向于建立整体的角色结构，不仅挑选自己感兴趣的角色，也能关心别的伙伴担当什么角色，并为别人出谋划策。如幼儿讲"你当'娃娃家'的哥哥吧"。

总之，学前幼儿的游戏从个人的独自游戏向集体（或小组）的合作游戏的转变是幼儿社会性发展的必然趋势。但在不同儿童身上这种转变所经历的时间长短不一。并非每个幼儿达到某一年龄就一定发展到某一相应的游戏阶段。按社会性发展程度进行的游戏分类所划分的各种游戏类型，在具体的儿童身上的发展是有相互交叉和重叠的。在较早的发展游戏阶段里出现社会性较低的游戏蕴含着以后的社会性较高的游戏的发展倾向，而已发展到后期的游戏阶段的幼儿，也会进行较早阶段的游戏，即一个已经达到合作阶段的幼儿也会进行独自游戏。

## 三、幼儿游戏总体发展的一般趋势

学前期，幼儿游戏的发展是一个多维、复杂渐进的动态过程。实际上，从认知和认知和社会性等发展角度去分析游戏的发展进程，即已演绎出游戏发展的一般趋势。从游戏本身（如游戏内容和游戏形式）的角度看游戏的变化，则可更清楚地、全面地看到游戏总体发展的一般规律。

### 1. 游戏内容的发展

游戏内容是指幼儿在游戏中所反映的现实生活中事物或现象的范围规定。它构成游戏的核心。幼儿游戏正如成人的艺术一样来源于现实，而不同于现实。幼儿所在的环境中一切影响其发展的外部条件（包括人和物）即构成了幼儿丰富多彩的生活，并成为幼儿游戏内容的丰富源泉。随着幼儿游戏生活经验的积累和生活范围的扩大，幼儿游戏内容不断丰富和发展。幼儿游戏内容的发展一方面表现为游戏主题的发展，另一方面表现为游戏情节的发展。

（1）游戏主题的发展

游戏主题是指反映游戏范围的中心议题，常表现为游戏的题目。在婴儿时期特别是 2 岁前幼儿的游戏动机，在于感觉器官对于新异刺激（如鲜艳的彩球等）的满足及运动器官对于活动的需要。游戏内容往往表现为简单动作的重复或练习。常常是模仿成人运用物体的一些动作（如用勺子、碗等做吃喝的动作）。但到婴儿末期，幼儿已不再满足于自我单纯动作的重复。而是力图赋予这些动作以一定的意义，即在模仿动作的同时反映事物之间的关系，带有一定的探索意义。例如，幼儿将小木块按到水里，让它浮起来，再按下去。经过诸多的感觉运动性经验，幼儿开始能运用不同的动作对待不同性质和功能的物体，如排球、摆积木、抱娃娃、吹泡泡、捏泥，改变了以前同一动作对待所有客体的现象。在整个婴儿时期，由于幼儿活动范围的狭小，知识经验少，游戏内容智能更多地反映幼儿自己以及他们所熟悉的抚育人的日常生活中琐碎事物和现象，所以，这一阶段幼儿游戏的主题是不明确的、不明显的。

随着幼儿年龄的增长，活动范围的不断扩大，知识经验逐步增加，三四岁的幼儿已不再局限于家庭生活的小圈子而进入幼儿园等更多的社交场合。与 3 岁前婴儿游戏的内容相比，有了显著变化。无论是有角色表演的游戏还是建构性游戏，都出现较明确的游戏主题。3 岁以后，幼儿游戏主题的意识逐渐增强，游戏主题不断增加，反映更多社会现象范围。如"医院""超市""邮局""干洗店""交通警察""快餐店"等主题成为幼儿最喜欢的游戏内容。特别是，在幼儿对游戏主题定向上表现出有益性逐渐增强的趋势。最初，幼儿往往受眼前的某一或某些玩具启发而产生了游戏的念头。比如，看到听诊器、注射器这类逼真的玩具，受到幼儿主题暗示，幼儿玩起"医院"或"当医生"的游戏。而到了4岁以后，幼儿逐渐能根据自己的兴趣和主观愿望来构思游戏主题，而不再单纯依赖于当前的实际知觉。正是由于生活经验的不断丰富以及驾驭游戏主题能力的增强，幼儿游戏内容才逐渐由反映日常生活为主过渡到反映社会生活和人们之间的一般社会关系方面的主题。五六岁幼儿游戏内容更加丰富，更加复杂，成为具有更多社会意义的主题游戏。此外，在幼儿后期，游戏的发展也反映出较难的智力活动内容的增加，如打扑克、下棋等，此时游戏主题被寓于智力活动之中。

游戏主题就其来源而言，随着幼儿社会生活范围的扩大，主题从熟悉的家庭生活或幼儿园生活扩大到社会生活的各个侧面；随着年龄增长和认知能力及社会性水平的提高，主题由笼统、单一逐渐分化、复杂，由表浅、贫乏逐渐深刻、丰富。主题制约并规定了游戏的基本内容和儿童游戏构成及表现行为。由此，游戏主题的意识性、灵活性、社会性、深刻性渐趋增强。

（2）游戏情节的发展

游戏情节是指贯穿于游戏过程的富有故事性或艺术性的具体情节，是构成游戏内容的基本要素。大多数游戏主要依靠角色扮演展开游戏情节。主题在一定范围内规定游戏的基本内容，而情节在一定主题内表现游戏内容的充实和丰满。情节使游戏内容丰富。

游戏情节在不同类型活动中的作用也不尽相同，以此为依据可将情节分为以下几类。

①趣味性情节

这类情节一般源于幼儿生活中的各种逸事或富有童趣的事件。其基本功能是保证游戏的趣味性。体育游戏和音乐游戏及部分智力游戏多以此情节构成其"可玩性"。例如，在"老鹰捉小鸡"的游戏里，"老鹰"与"母鸡"的对抗中"斗智""斗勇"的情节保持着游戏关系的展开，在一群"小鸡"的衬托下，显得童趣十足。

②故事性情节

这类情节一般源于幼儿文学作品中形象性描述。基本功能是保证游戏的戏剧性。表演游戏基本上采取此类情节来调节和监控幼儿的游戏行为。如经典童话故事"三只蝴蝶"的遭遇及其经过，颇具戏剧性，集语言（对话）和动作（表情）于一体，不仅可以促进幼儿语言交往能力的发展，而且具有较强的道德启蒙意义。

③社会性情节

此类情节一般源于社会现实生活经验的创造性加工。其基本功能在于满足幼儿对社会及神火认识性需要。角色游戏和结构游戏及智力游戏多以此类情节建构主题。角色游戏的情节通过角色及其关系来展开，富有戏剧性；结构游戏的情节多以造型活动及其作品组合来体现，智力游戏则更富有认知性，情节与主题异同被寓于智力活动中。

三类游戏情节的表征方式有一定的差异。但其都经历由简单、片面、不连贯、模仿性发展到复杂、全面、连贯而富有创造性；从特定关系的自由联想发展到一定抽象性的整体活动。幼儿对情节的构思能力主要依存于幼儿的生活经历和认知发展水平。

### 2. 游戏形式的发展

游戏形式是幼儿在游戏中展现于外的一切行为表现的方式，它构成游戏的外壳。任何一种游戏都是通过其外在的形式而变现出来的。游戏的形式受游戏内容（主题）的制约，而最终是幼儿身心发展的程度所决定。幼儿在游戏活动中的具体动作、语言、时间的持续、人数的多少、规则上的遵守程度（场地的选择、玩具的运用）等方面，反映出游戏形式的发展整体状况。

（1）动作的渐次连贯

任何一次实际的具体游戏行为，都是通过一系列的动作（既有真实的，也有假装的）表现出来的。游戏的成熟或熟练的动作是按照某种逻辑顺序先后发生的。幼儿游戏动作的发展经历一个逐渐连贯（即符合一定逻辑顺序）的过程，皮亚杰称为动作顺序化。例如，在1岁左右的婴儿身上，我们会经常看到这种情形：婴儿拿着勺子在这个碗里搅完又到另一个碗里搅；用梳子给母亲梳头，完了又梳自己的头发，或者交替使用两把梳子梳自己的头发。这时，幼儿游戏的动作仅表现为同一个简单动作的连续几次的重复，根本谈不上什么逻辑顺序性。在此基础上游戏动作的进一步发展就表现为两个以上的不同动作的连续出现。这里有两种情况：一种是动作之间无必然的逻辑联系。例如，先喂娃娃"吃饭"，然后再给她梳头。另一种，是不同动作以一定的逻辑顺序出现，例如，先用水壶往杯子里倒"水"，然后端起杯子"喝水"。象征性游戏的角色行为是在动作的序列化完成的基础上，随象征性认知的发展又完成了由零星动作或姿态到以逐渐连续的动作方式的过渡，使角色的行为更为丰富和逼真。在建构性的游戏活动中，随着儿童结构知识和建构技能的增长，其行为由最初的简单堆积、叠高等动作发展到复杂的联合、拼插等动作，同样地反映了游戏在动作上渐次连贯的发展趋势。

（2）游戏语言的逐步发展

游戏语言是反映游戏发展状况的重要指标。幼儿在各种不同的游戏行为中，语言的表现形式与功能都在发生变化。1岁以前，幼儿只能在游戏中用咿咿呀呀的发声活动来表达感知到的新异刺激的兴奋体验。而当婴儿能够说出简单的单词或片语后，以个人为主的婴儿早期游戏一般要经历一个由"出声的外部言语阶段"到"不出声的内部言语阶段"的转变。我们时常可以看到幼儿在早期游戏操作中，有自言自语的现象，能说出简单的单词或短语，以"有声思维"指引和调节动作，甚至确定动作的目的，使操作有明确的指向性。比如，幼儿在玩积木时，一边搭高一边自语："大高楼，大高楼……"在最早出现社会性游戏活动，如与母亲相互嬉戏时，母亲假装打孩子，孩子也一边用手去打母亲，一边嘴里喊着，"打、打……"实际上，这既有引起母亲注意的动机，也带有自言自语的特征。这是婴幼儿游戏语言在感知行动性认知水平上的反映。

在这以后，随着幼儿思维能力的提高，即"有声思维"变为"无声思维"，游戏中自言自语现象就不在出现。而在较高水平的协作性游戏（联合游戏、合作游戏等）中，幼儿的语言也表现的日趋完整、准确。此时，游戏中语言，一方面表现为同伴之间的交流、协商，这类语言可以称为"真实的语言"，如一幼儿向其他幼儿建议"我们来玩娃娃家吧"或"你就来当医生吧"等以对游戏进行安排和调节；另一方面表现为在游戏情境中，幼儿扮演角色的语言，可称为"虚拟的语言"，如儿子扮演妈妈以母亲的语气对玩具娃娃说："好孩子，听话，别乱动。"虚拟的语气成为游戏本身的具体内容或情节，并随年龄的增长日趋形象逼真。总体而言，幼儿的游戏语言发展反映了幼儿语言发展的一般过程。游戏语言是由最早的有意识的"咿咿呀呀"重复发生到简单的只言片语，最后发展到连贯、准确的语言表达。

（3）游戏的时间逐渐增长

幼儿随年龄增长，其游戏时间也逐渐延长，游戏时间的长短反映了幼儿对游戏目的的坚持性水平。婴儿时期的幼儿游戏的发展是感知运动性的认识水平，幼儿没有明确的目的性，游戏发展时间短暂，游戏的发生和结束常在片刻之间。小班幼儿只能大体规划自己将要采取的行动，也容易受到外界刺激的影响而改变游戏目的和游戏主题，保持个人游戏时间也只有5～10分钟。中班幼儿游戏目的性进一步增强，在实现个人活动目的的过程中时常离开游戏目的的现象基本不存在。在中班后期，幼儿游戏时间平均可达15～25分钟。而到大班末期，幼儿保持个人的同一游戏的时间可增加到35分钟以上，并能在合作游戏中为达到目的而共同努力，克服困难。

（4）游戏的规则日益明朗化

游戏的规则是指游戏中大家必须遵守的某种规定。幼儿对游戏规则的理解和遵守程度是逐步发展起来的。在幼儿游戏的发展过程中，游戏的规则呈逐渐明朗化的趋势。婴儿在最初的游戏中只满足于单纯动个人动作，经常用同一动作作用于不同物体，或者对待同一物体用不同的动作。

婴儿晚期，婴儿逐渐能够针对不同性质和功能的物体，施以相应的符合现实要求的动作（如对玩具小汽车做推或拉的动作，对玩具枪做打的动作，对杯子做喝的动作）。幼儿初期、中期、规则是内隐的。规则包含在游戏中，幼儿后期，象征性游戏逐渐被规则游戏所取代，游戏规则逐渐明朗化，规则成为游戏开展的保证。规则从偶尔游戏的发展中可见，游戏规则由内隐转为外显这种状态，不仅反映出游戏重心的转化过程，而且也反映出幼儿在规则遵守上的不断自觉化。

（5）游戏的活动不断的社会化

随着学前儿童生活范围的不断扩大，人际交往技能以及言语能力的不断发展，幼儿的独立性逐渐提高，幼儿在游戏中，越来越不满足一个人活动，而趋向于群体活动。从独自游戏、平行游戏到联合游戏，最后到合作游戏的发展过程，清楚地勾勒出幼儿在游戏中的活动社会化程度不断提高的趋向。

此外，幼儿游戏形式的发展，还表现在空间的延伸（由室内到户外，由家庭到幼儿园等），游戏玩具或材料选择范围的扩大和选择的随意化，活动机制和性质上由大肌肉活动到小肌肉活动，由侧重身体的动作到侧重心智活动的倾向等诸多方面。游戏形式的不同侧面的发展变化，都体现了游戏的发展。

# 第二节　游戏与幼儿发展

游戏是幼儿生活的重要内容，是学前儿童基本活动，对于学前儿童的身心发展具有不可替代的重要价值。

## 一、游戏在幼儿身体发展中的作用

身体健康是幼儿全面发展的基础。人的身体发展包括三方面的基本内容：一是人体各系统器官的生长发育，包括形态结构与生理机能的发展变化，可用身高、体重、头围、脉搏、血压、肺活量作为测量指标。二是运动能力的发展，包括身体基本活动能力与身体素质的发展，可用走、跑、跳、投掷等动作以及动作的协调、灵敏、速度、力量等作为测量指标。三是适应能力，包括机体对各界环境的各种变化（如冷、热、湿、干、噪声）的适应能力以及机体对各种疾病的抵抗能力。

游戏促进了幼儿各大系统器官的生长发育。游戏既有全身运动，也有局部运动，有头部运动，也有躯干、四肢运动，这些游戏活动加速了机体的新陈代谢，使幼儿身体的各种生理器官和系统都得到活动，促进骨骼和肌肉的成熟，也有利于呼吸、消化、循环、排泄、内分泌和神经系统发育。

游戏也促进了幼儿运动能力的发展。游戏是幼儿自发的运动形式，在游戏中，幼儿身体的各种器官都得到活动。生理成熟是幼儿动作发展的重要前提，当神经系统控制的某一部分肌肉、骨骼充分成熟，与这部分成熟的骨骼肌肉有关的动作就会自动产生。刚萌发的动作要以成熟和发展，需要一定量的练习，游戏这种自发形式正好能满足动作的成熟和发展，运动能力就是在游戏的反复不断、自发使用的过程中发展起来的。游戏为幼儿提供了多种形式的练习。

幼儿在户外进行的攀爬、追逐、跳绳、走平衡木、滑滑梯等运动性游戏，锻炼了幼儿大肌肉群的运动能力和技巧，促进对于肌肉运动的控制和协调。而他们在室内进行的插塑、积木、穿珠、泥工、折纸、剪贴等结构造型游戏，发展了幼儿手部的小肌肉群的协调能力。其他各种游戏活动中都不同程度地包含了大肌肉运动和小肌肉运动的内容。比如，"老虎醒不来"的游戏，幼儿练习了轻轻跑、轻轻走，训练了幼儿大肌肉群的运动能力。在"钓鱼"的游戏中，幼儿发展了手部小肌肉群和手眼协调能力。"老鹰捉小鸡"的游戏，幼儿练习了躲闪能力和动作协调性。幼儿根据自己运动能力的发展水平，选择适合自己的游戏活动，又在这种游戏活动中发展了运动能力，再根据已经提高了的运动能力变化游戏内容的难度，进一步发展其运动能力。

在户外游戏中，幼儿可以接触充足的阳光、呼吸新鲜空气，增强了幼儿对外界环境变化的适应能力以及对各种疾病的抵抗能力。游戏给幼儿带来愉快和满足，以及轻松愉快的心态，又保证了幼儿身体的健康。游戏的内容和形式丰富多彩，灵活多变，又能引人入胜。幼儿喜欢游戏，在游戏中心旷神怡，富有积极、愉快的情绪、情感，这对于幼儿身体健康具有重要意义。

## 二、游戏在幼儿智力发展中的作用

　　游戏是促进幼儿智力发展的有效手段。游戏促进幼儿智力发展，可以归纳为以下几个方面。

### （一）游戏可以促进幼儿感知能力的发展

　　感知觉是幼儿认识外界事物、增长知识的主要途径。对于处在直觉动作思维阶段的幼儿，用各种感官接触事物，对事物进行直接感知，对事物留下一定印象。对幼儿而言，游戏就是通过操作物体来感知事物的过程，在游戏中，幼儿接触到各种性质的物体，并动用各种感官参与其中，通过眼看、耳听、口尝、手摸，了解各种事物的特性，大大加强感官的感受性，促进感知能力的提高，同时丰富知识经验。例如，在"玩水游戏"中，幼儿感知并认识水的流动、溶解、浮力等特性，以及水桶、水壶等工具与水的关系。在玩"滑梯游戏"中，通过爬上、爬下的身体运动，感受高低变换，理解"高""低""上""下"等概念。在摆弄物体时，幼儿感受并发现球体与圆的区别。而不再将"球"和"圆"混为一体。幼儿在游戏中通过对游戏材料的操作，发展着各种感受能力，同时获得知识经验。

### 案例 3-1："扔"的意义

　　**案例呈现**：婴儿在学会了"扔"这个动作以后，常常会把身边能拿到的东西都扔出去。成人捡起来给他（她），他（她）还是照扔不误，乐此不疲，形成了以一种亲子游戏的形式发生的"扔与捡"的练习性游戏。

　　**案例分析**：练习性游戏是感知运动时期婴儿主要的游戏活动形式。这种"扔与捡"的练习性游戏的意义在于：（1）帮助婴儿练习"扔"等新学会的动作技能；（2）使婴儿有机会认识各种物体的性质特点，形成"物理经验"（例如，皮球掉下去可以跳动，而木块则不能）；（3）理解关于事物和现象之间的关系，形成"数理逻辑经验"（例如，用劲扔物体，物体会落到较远的地方；敲击可以发出声响；推和拉可以使玩具走向不同的方向等）；（4）了解行为规则，获得"社会性经验"（例如，什么东西可以放在嘴里，什么东西可扔着玩或不可以扔着玩）。

　　**拓展性阅读**：经验的分类

　　皮亚杰把幼儿在与周围世界的交往中获得的经验分为三类：（1）物理经验。即关于事物本身性质的知识，如物体的形状、大小、质量、密度、色彩等；（2）数理逻辑经验，即关于事物之间关系的知识，如数的概念（事物之间的数量关系）和空间的概念（事物之间的空间方位关系）等；（3）社会经验，即关于在社会生活中行动的规则。

### （二）游戏促进幼儿语言的发展

在幼儿游戏中，发展着自己的口头语言。幼儿在与同伴就游戏内容所进行的交流中，可体现幼儿语言组织及表达能力的锻炼过程。幼儿通过语言进行协商、计划、设计，完成对游戏（主题、情节）、角色、玩具或材料、规则、背景的安排。例如，在角色游戏中，建议他人："你当医生吧，我来演病人。"在幼儿共同建构一个模型时，稍大的孩子会事先讲出自己的游戏计划，年龄小的也会表达自己的愿望。在游戏（特别是角色扮演游戏）进行中，幼儿以假装的身份，更可以充分显示自己的口头表达能力，而不必担心自己讲的对不对，需不需要矫正。如在模仿中，一个5岁小女孩可以假装出老人的声音、语调和动作。她可以认为这是老人在说话，而不是她在说。

游戏为幼儿语言的实践提供了机会，幼儿语言发展的关键就在于使幼儿有机会以各种方式练习说话。此外，通过书面语来建构幼儿智力同样显示在游戏中。如在玩具城中，将文字引入游戏用"走"和"停"的牌子，可以让幼儿对文字意义有初步的理解，而像拼音游戏、数数游戏等则直接锻炼幼儿对书面文字的理解能力。

### 案例3-2：自我反馈的语言活动

**案例呈现：**梦醒（女，3岁8个月）边走边说："那谁，那婉心（女，4岁1个月），今天我们开，今天我们开会去了，不回来了，就不回来吃饭了，就你们俩吃饭，我们就不回来吃了。"

婉心、汉农均未吭声。

梦醒："今天我们俩不回来吃。"

范睿（男，4岁2个月）探过身子："那带到会里吃。

梦醒："开什么会吗？我也不知道今天什么会，瞎开呗，就我们，开会了我们今天。

汉农（男，3岁9个月）在一旁小声说："瞎开也行啊!"

**案例分析：**梦醒说的话较长，有时说第一遍时说不完整，但自己马上意识到了，第二遍马上补充完整；有时先将谓语说出，表达了主要意思，再补充主语，造成句子倒装。这是自我反馈和调整的例子。

### （三）游戏促进幼儿思维能力的发展

积极参与游戏的幼儿要不断地思考，思维一直处于活跃状态中，并解决一个一个问题。例如，在有角色扮演的游戏中，幼儿要首先确定游戏的主题和情节。他们要互相商量是玩"过家家"，还是"捉迷藏"。确定了主题、情节后还要分配角色，选择用什么物品来代替什么用具；若没有现成的，要想办法去寻找或制作。在特别强调需要幼儿动脑筋的智力游戏中，幼儿思维的积极性更是突出，计算游戏、猜谜语、下棋等游戏明显有利于幼儿思维的发展。

任何一种游戏活动的进行都蕴含着锻炼和发展幼儿思维能力的条件，游戏的经验也蕴含着思维活动的内部操作经验，并能够迁移到解决问题的策略中去，从而有助于提高幼儿解决问题的能力。心理学家们关于游戏经验对于解决问题的效能研究，证实了游戏经验有助于幼儿的创造能力的发展，有助于集中性思维和创造性思维的发展等结果，都从不同侧面反映了游戏与幼儿思维能力发展之间的密切关系。

### 案例3-3：怎样才能把娃娃包起来呢？

**案例呈现**：小姑娘依依想用娃娃的小被子把娃娃包起来。可是，如果把被子横着包娃娃，则被子不够长，娃娃的脚露在外面；如果竖着包，则被子不够宽。怎么办呢？小姑娘探索着，尝试着各种方法……十几分钟过去了，小姑娘终于发现了最佳的包娃娃的办法，即用被子的对角线作为长度把娃娃包起来，这样就可以把娃娃全身都包进去了。小姑娘包好了娃娃，如释重负般地长长地出了一口气。

**案例分析**：没有努力的游戏不是好的游戏。发现问题和解决问题是游戏的组成部分。游戏的魅力正在于它对幼儿各方面能力（包括思维能力）构成的挑战性。通过游戏过程，幼儿既可以学会利用线索与策略，动手动脑解决问题；又可以学习克服困难，锻炼意志。问题的解决，还可以使他们发现与体验自己的能力，产生胜任感与成就感，有利于自信心与进取心的培养。如果小姑娘依依不是通过自己的努力，而是由老师来告诉她怎么来解决问题，她可能就体验不到解决问题之后产生的那种轻松愉快的感觉。

### （四）游戏促进幼儿想象力的发展

在生活中，我们可以看到，幼儿的想象力比成人的想象力更加丰富、更加新奇（因为成人的知识较广，不免处处受到现实常规的约束），这与幼儿的主要活动游戏有关，因为游戏就是假想。幼儿的想象力是在游戏中逐渐发展起来的。

第一，游戏中对物的想象是从无意到有意，从被动到主动的。开始时，幼儿总是用一种东西代替另一种东西，然后才会按游戏的需要给这些东西取名字。我们发现，年龄小的幼儿的想象力总是同某种特定的事物联系的，他开始游戏时，总是用他看到过的，玩得顺手的东西来代替所需要的物品，比如瓶盖和果核总是用来"做饭"，倒卧的那棵树总是当汽车来玩，肥皂总是用一块方形积木来替代。说明这种替代想象完全受物的暗示，由物引起的。随着游戏的发展，由于游戏的需要，一种事物可以有多种用途，一种东西可以代替多种东西，那块方形积木有时是洗衣服的肥皂，有时是吃的蛋糕，有时又是听诊器，这时物的替代可以随幼儿的意愿而变化多端，想象日益主动化和有益化。

第二，幼儿的想象力从不稳定到稳定。一开始幼儿根本不按一定的命题行事，不会想好了再干，而是边干边想。而是游戏引导他们的想象向着一定需要的方向发展，使他服从于一定的目的。如果说 3 岁的幼儿还是毫无目的地想象，看见什么玩什么，积木搭成什么是什么的话，那么 4～5 岁的幼儿则不然，他们的游戏需要角色和情节，这种游戏可以为创造性想象发展提供广泛的条件。在角色游戏中，幼儿不仅以物代物，而且扮演角色，就得想象出十分复杂的活动，周密地设想角色此时干什么，下一步干什么，推动游戏的发展。游戏使幼儿的想象具有朝一定方向发展的功能。

第三，游戏又能使想象力逐步脱离外在生活状态，向内在活动转化。我们经常可以看到，幼儿仅仅通过在桌面上，边摆弄几样玩具边用语言表达，就可以进行一场情节丰富的游戏；儿童还可以看着云彩的变幻，想象丰富的情节；可以用笔画出连贯的故事情节；可以用语言编出离奇的故事。这种情况确是随着游戏的发展而发生的。想象从外在活动状态向内在活动转化，又使想象服从一定的构思，情节按预定的计划发展，这就表明了幼儿创造的主动性。于是，就会出现各种各样的文学作品，正是在这个意义上说，幼儿是天生的小作家，天生的小诗人。如果我们与儿童生活在一起，注意去收集一下的话，不时可以听到幼儿的口头创作，其想象力会令人惊讶，这一切都是在游戏中发展起来的。

### 三、游戏在学前儿童社会性发展中的作用

一般而言，社会性是指人们进行社会交往，建立人际关系，理解、掌握和遵守社会行为准则，以及人们控制自身行为的心理特征。学前幼儿正处于自然人（生物人）向社会人转变的时期，是社会性发展的关键阶段。游戏作为学前幼儿的基本活动，是早期社会性发展的重要途径，它使幼儿获得了更多的适应社会环境的知识和处理人际关系的态度和技能。

#### （一）游戏有助于幼儿社会性交往技能的提高

交往技能是发起、组织与维持交往活动的能力。游戏是幼儿交往的媒介。通过游戏活动，特别是伙伴游戏活动，幼儿与同伴之间有更多的交往机会，使幼儿学习与掌握各种社会交往技能。

合作是重要的社会交往技能。幼儿在游戏活动时，要就游戏的主题、情节、规则、玩法进行交流。协商由谁来扮演什么角色，怎样来布置背景和使用玩具等来共同完成游戏活动。游戏中这种幼儿之间的交往活动，构成幼儿实际的社会关系网络，使幼儿逐渐熟悉、认识周围的人和事，了解自己和同伴的想法、行为、愿望和要求，理解他人的思想、行为和情感、逐渐掌握人与人之间的交往规则。学习与同伴分享、互相谦让、合作等人际交往技能。比如，在角色游戏"娃娃家"中，幼儿商量分配角色，爸爸、妈妈、爷爷、奶奶分别由不同幼儿担任，每个幼儿各尽其责，形成一个小集体的共同活动。在这个过程中，幼儿学习相互配合，发展了同伴之间团结友好的关系。

在游戏中，幼儿有时会遇到人际交往问题。例如，如何加入伙伴的游戏，如何解决冲突、纠纷，等等。为了成功进入他人的游戏，幼儿往往会采取一些策略，如提出

请求、进行评论、提供玩具、提出建议等。在这样的尝试中，也发展了他们与他人交往的能力。幼儿有时会碰到一些因玩具或角色分工而引起的纠纷。如两个幼儿同时想玩同一样玩具，自己想去玩别人手里的玩具，或者别的小朋友想要自己手里的玩具玩，这就要求幼儿学会与同伴分享玩具，学习与小朋友协商、互相谦让、有礼貌等人际交往的基本技能。教育实践表明，通过成人的教育和引导，幼儿在游戏时是能够掌握这些基本技能的。例如，会用商量、有礼貌的口吻向他人借玩具，当别人借给自己了，会说"谢谢"；愿意和别的幼儿一起玩心爱的玩具，不独占玩具等。

### 案例3-4："两个人推，船走的更快！"

**案例呈现**：小雪（女，6岁2个月）和一个男孩各站在荡船的两头，你推过来我推过去推荡船玩。又来了一个男孩，他跑到雪儿旁边伸手就推起了荡船。这是一种不恰当的强加入他人游戏的方式。他的行为引起小雪的不满："荡船只能一个人推！"男孩说："也可以两个人推，两个人推，船走得更快！"小雪接受了这种解释，于是给男孩腾出了地方，游戏继续。

**案例分析**：在游戏中幼儿往往以游戏的方式或口吻来解决冲突。男孩加入他人游戏的方式虽然是不恰当的，但是他以合理的解释修改了雪儿的"游戏规则"，产生了新的可以让人接受的"游戏规则"，于是以游戏双方的协商、妥协为基础，解决了游戏双方的矛盾。

### （二）游戏有助于幼儿克服"自我中心化"，学会理解别人

幼儿思维的典型特征是"自我中心"，即往往从自己的角度出发看问题，以自己的想法、体验、情感来理解周围现实的人和事。例如，幼儿能够说出自己有两个兄弟，但却回答不出他的兄弟有几个兄弟。而游戏是幼儿克服自我中心思维的重要途径。

在角色游戏中，幼儿处于角色的需要，他必须以别人的身份出现，把自己当作别人来意识。此时，幼儿既是"别人"，又是自己。在这种自我与角色的同一与守恒中，幼儿学习可逆性思维，从不同角度考虑问题，发现自我与他人的区别，使自我意识得到发展。自我意识的发展，与"人"—"我"意识的发展是相互关联的，知道别人与自己不同，也才能够理解别人，学会从别人的角度去看问题。例如，当幼儿在角色游戏中扮演"妈妈"的角色时，一方面，他清楚地知道自己不是"妈妈"，但是，另一方面，他又能够从母亲的角度看问题，这样，就比较自然地学会改变自己看问题的角度，逐渐克服"自我中心"的观点和思维的片面性，学会较客观地看问题。

角色游戏中，幼儿发现自己的观点与别人不一致的情况，这要求幼儿学习协调和接受别人的想法。例如，两个幼儿在玩开车的游戏，车坏了。一个幼儿提议："让我们把车送到店里去修吧。"另一个幼儿反对："不，我爸爸的车坏了都是自己修的"。两种不同的修车方法，来自两个幼儿各自生活经验。这种认知冲突既可以丰富幼儿的经验，又可以使幼儿有机会学习协调自己的想法与别人的想法，克服思维的自我中心倾向。

研究表明，游戏中的角色扮演帮助学前幼儿由以自我为本位的社会认知向以他人为本位的社会认知过渡，从而为理解他人、助人为乐、宽容、友好等良好的品质形成奠定了心理基础。

### （三）游戏有助于增强幼儿社会角色扮演能力

社会角色是随着社会生活的范围的扩大而出现的，如在家里是儿子，在幼儿园是小朋友，进入学校后是学生，长大后会成为丈夫、爸爸、教师、经理等。一般而言，社会角色的承担者（或扮演者）的行为要符合社会规定或认同的标准，就要有一个学习和掌握的过程。如果社会角色的学习不良，就会导致个体与其角色不相符合的非角色行为，就难以适应社会生活。

游戏是幼儿学习和掌握社会角色的一个途径，当幼儿扮演同一性别的成人时，他（她）就在思想上对自己和同性别的成人角色之间的关系（相似）进行了概括，实现了认同。在扮演角色的过程中，通过对于成人的行为、态度的模仿，逐渐习得与自己性别相适应的行为方式，性别角色的社会化过程就开始了。

幼儿在游戏中，既是自己，又是"别人"，一个人同时可以扮演几个不同角色，一会儿是娃娃家里的"爸爸"，一会儿又是公司的"经理"。这种自我与别人、角色与角色之间的同一、交叉与守恒，可以使儿童在角色的多样化与稳定性的理解和体验中，锻炼扮演角色的技能，有助于现实生活的角色扮演和转换，从而增强社会适应能力。

### （四）游戏有助于幼儿掌握社会行为规范

游戏是现实生活的反映，游戏中蕴含着人与人交往的基本规则。幼儿在内容健康的社会性表演游戏中，通过扮演角色，模仿社会生活中人们的行为准则，可以缩短幼儿掌握道德行为规则的过程。例如，在玩"乘公交车"的游戏中，乘客很多，车里很拥挤，扮演司机的小朋友不时提醒乘客"不要挤，请给老人和抱小孩的乘客让座位"。在玩"娃娃家"的游戏中，"爸爸"下班回来了，扮演"孩子"的就说"爸爸辛苦了，您去休息休息吧，您先喝个茶"。在这些活动中，幼儿模仿着关心他人，尊敬长者。通过模仿，幼儿在游戏中熟练地掌握社会道德行为规范，会迁移到现实生活中去，有利于掌握现实生活中道德行为规则。

在无拘无束的游戏中，幼儿可以潜移默化地懂得什么是应该做的，什么是不应该做的，通过对是非、善恶、美丑、真假的判断，掌握文明的行为规范，形成良好的品德。在这个过程中，需要成人正确的引导，因为幼儿游戏的许多内容来自社会生活现实，而现实生活中积极因素和消极因素都不可避免地反映到幼儿游戏中来。例如，幼儿园里有些幼儿在玩过"乘公交车"的游戏后，会问老师："为什么我们玩这个游戏，上车要排队，和我们参观时不一样。"于是老师就组织他们做了一次讨论：为什么有些叔叔阿姨上车乱挤、不排队？这样做对不对？若不对，我们应该怎么做？帮助幼儿分析看到的现象，明确正确的行为标准。所以游戏的开展是与日常的各项教育活动相互促进，相互补充的。教师对幼儿提出的内容健康的游戏主题要给予支持，对其中一些思想内容不够健康的主题，可以采取商量、建议或适当转移的方法加以引导，不要打击、挫伤幼儿游戏的主动性和积极性。

### （五）游戏有助于锻炼幼儿的意志

意志是个性的重要构成因素。在现实生活中行动的果断性、对无意义行为的自我控制能力、遵守规则、克服困难等意志品质，是幼儿社会的自我控制能力、遵守规则、克服困难等意志品质，是幼儿社会性构成的重要方面。

幼儿自制力差，意志行动尚未充分发展。在游戏中，游戏对幼儿是有吸引力的，幼儿却表现出较高水平的意志行为，游戏能培养和锻炼幼儿的意志。游戏中，幼儿乐于抑制愿望，使自己的行动服从游戏的要求，遵守规则。在角色游戏中，角色本身包含着行为准则和榜样，幼儿扮演角色的过程就是锻炼意志的过程。正因为如此，幼儿在游戏条件下，能够抗拒诱惑，延迟满足。例如，几个幼儿在玩"指挥车辆"的游戏时，扮演"交警"的男孩，看到扮演"司机"的男孩都在玩诱人的小汽车，但他必须学会控制自己，站在那里指挥来往"车辆"。玩"老狼老狼几点了"的游戏，扮演"老狼"的幼儿在回答几点时必须管住自己不能回头看，其他幼儿只有听到"老狼"说天黑了，才能往回跑，游戏为幼儿提供了大量锻炼意志的机会。

苏联心理学家马卡连柯曾做过"哨兵站岗"的实验，要求幼儿在空手的情况下，保持哨兵持枪的姿势。有两种情境：一种是非游戏情境——其他小朋友在一边玩，让他在一边以哨兵持枪的姿势站着；另一种情境——实验者以游戏方式向他提出要求，告诉他其他小朋友是工人，他们正在包装糖果，你来当哨兵，为保护工厂而站岗。结果表明，游戏情境下，幼儿当哨兵站立不动的时间远远超过非游戏情境下哨兵站立不动的时间。

## 四、游戏在幼儿情绪情感发展中的作用

游戏是一种轻松、愉快、充满情趣的活动，它不仅能够给幼儿以快乐，而且也可以丰富和深化幼儿的情感，从而陶冶幼儿的情感。学前期是幼儿情绪情感发展的重要时期。作为早期经验的主要内容，幼儿在生活中获得的各种情绪情感体验对成年以后的心理生活的健康及人格的完善程度都有至关重要的影响。游戏给幼儿以快乐与满足，它作为幼儿生活中重要内容对于幼儿情绪情感的发展具有积极的意义。

### （一）游戏常使幼儿获得积极情感体验

游戏的内容和形式丰富多彩、灵活多样，幼儿在游戏中通过扮演角色体验着各种积极的情绪情感。如在"娃娃家"游戏中，扮演成父母的幼儿体验着父母对幼儿的关心和呵护，体验父母对孩子所做的每一件事，给孩子做饭、喂饭，为孩子穿衣服、盖被子，给孩子洗澡，送孩子上学。当幼儿用游戏材料做出了成果时，会体验到自豪感、

增强自信心。幼儿在游戏中，出现的情绪情感永远是真实的，孩子不会假装，也不会装出样子，"妈妈"真心爱自己的孩子，"交警"由衷做到指挥来往车辆。

随着游戏主题和构思的发展和复杂化，幼儿的情绪情感体验更丰富、更深刻。在"医院"游戏中，幼儿会像医生一样认真给"病人"听诊、开药，嘱咐"病人"按时吃药。当"护士"的幼儿不仅耐心给"病人"量体温，打针，还主动搀扶病人，让"病人"好好休息。在"美发店""超市"中当服务员的幼儿，尽职尽责地为"顾客"服务，客人的感谢使他们的满足溢于言表。在表演游戏中，幼儿深深体验着故事中人物的喜、怒、哀、乐。在竞赛游戏中，幼儿经历着紧张，体会着紧张后的放松。游戏使幼儿体验各种情绪情感，学习表达控制情感的不同方式，而且丰富情绪情感的体验，也对幼儿产生潜移默化的影响，发展他们的友好、同情、责任心、爱憎分明等积极情感。

### （二）游戏有助于幼儿消除消极的情绪情感

人在生活中不仅有正向的、积极的情绪情感，也有负向的、消极的情绪情感。人的各种情绪情感（如生气、愤怒、绝望、悲哀）如果长期受到压抑而得不到释放，就会影响人的心理健康。而游戏（尤其是角色游戏）自己为幼儿提供了表现各种情绪的机会。许多心理学家都认识到游戏的这种价值。以弗洛伊德为代表的精神分析学派认为游戏是幼儿精神发泄的重要途径，可以弥补现实生活中不能满足的愿望，可以缓解心理紧张，减少忧虑。游戏可以消除幼儿生活情境中产生的忧虑和紧张感，使幼儿向自信和愉快的情感过渡。皮亚杰把游戏看作幼儿自我表达的工具，它可以使幼儿通过同化作用来改造现实，满足自我在情感方面的需要，是幼儿解决认知和情感之间冲突的一种手段。辛格夫妇（J. L. Singer；D. J. Singer）认为想象游戏的主要的优点在于它能提供一个新的刺激场，它能使幼儿逃避不愉快的现实环境和气氛，使他们产生愉快、肯定的情绪体验，改变受挫的情绪状态，从而间接实现对行为的控制。班尼特发现游戏确实可以帮助幼儿降低焦虑和紧张，具有情绪的修复功能。正因为游戏有助于宣泄消极情绪，有助于幼儿消除或缓和不愉快的体验，因而，游戏被认为具有治疗的作用。

### （三）游戏有助于幼儿的高级情感的发展

游戏作为一种充满情绪情感色彩的学前期基本活动，可以发展幼儿道德感、美感和理智感。

道德感主要指评价自己或别人的行为是否符合社会道德行为标准时产生的内心体验。游戏是对现实生活的反映，角色的行为无不表现了道德行为。例如，幼儿在玩乘公共汽车的游戏中，幼儿扮演给老人让座的乘客。在医院的游戏中，幼儿扮演了同情和护送病人的朋友的角色等。当幼儿游戏中角色行为经常和道德行为相联系的时候，对角色行为的体验也就常常充满着道德情感的体验，长此以往，就有助于形成稳定的道德情感。同时，游戏的开展需要同伴之间的协作、谅解和帮助，游戏中，能力弱的幼儿常常需要能力强的孩子的帮助，这种帮助是被游戏的需要所促发的，被帮助的幼儿会体验友好，表示感激之情，助人的行为得到肯定。此外，在小组竞赛游戏中，还会发展起一种集体的荣誉感和责任心。友爱、同情、荣誉等许多道德情感的体验产生于游戏之中。

美感是对事物的审美体验，是人们在领略美好事物时产生的。在环境和教育的影响下，幼儿逐渐形成审美标准，能从音乐、美术作品等多种形式中体验到美，不仅能感受到美，而且能够创造美。游戏就是幼儿感受美、创造美的一种特殊审美活动。例如，在角色游戏的扮演形式使他们陶醉，结构造型活动使他们陶醉，漂亮玩具让他们爱不释手，他们在用材料装饰、美化自己的游戏环境时，从中得到审美快感。在结构游戏折纸、剪贴、搭积木等活动中，幼儿用自己的创造、智慧，展示造型物的平衡、和谐、对称的特点时，幼儿感受到创造美的乐趣。幼儿在大型户外游戏如攀爬、追逐、荡秋千等活动中，幼儿的勇敢和力量以一种超乎寻常的和抗拒外界威力的举动表现出来，幼儿会用"真带劲"表达对美感的内心体验。

在角色游戏中，幼儿以物代物、以人代人的活动中，幼儿的想象和意境以一种似真非真、似假非假的滑稽形态呈现出来，表达了幽默感的内心体验。可见，游戏总是和美感联系在一起的，幼儿通过游戏激发了审美的创造性。

理智感是与幼儿的认知活动、求知欲、好奇心和解决问题等需要是否满足相联系的内心体验。对幼儿来说，在进入正规的学习之前，是游戏帮助他们发展了理智感。幼儿理智感的源泉也是游戏，幼儿的求知欲在游戏中表现得最充分，他们看、摸、动、拆、提出问题，自发地去寻求答案，解决问题后会感到一种极大满足和愉快。幼儿对每次掌握新的游戏技巧、探索中懂得的道理，会发出由衷的欢呼，这种求知欲的满足正是幼儿理智感的表现。

综上所述，游戏不仅满足学前幼儿在身心发展过程中的各种需要，而且对学前幼儿身体、智力、社会性和情绪情感等各方面发展具有积极而全面的促进作用。游戏之于幼儿发展的特殊价值，使游戏成为幼儿不可剥夺的正当权利，幼儿应当充分享用儿童期的生活，拥有快乐的游戏。游戏是幼儿童年幸福与快乐的砝码，也是儿童成长的阶梯。

## 实践活动项目

1. 根据本章的学习，思考讨论：为什么要保障幼儿游戏的权利？

2. 观察和记录一个幼儿的两个游戏片段，每个游戏片段的时间至少为 5 分钟；分析该幼儿游戏活动的特点和意义。

3. 案例讨论：运用本章所学内容，分析案例中幼儿获得了哪些社会性行为？

案例："小卖部游戏"

某幼儿园大班的自选游戏中，童童和她的伙伴们在玩"小卖部"的游戏。在游戏中，童童热情而有礼貌地对待每一位"顾客"。教师以顾客的身份参与到游戏中，"买"了一些日用品，一摸口袋焦急地说："我急需这些东西，可我今天忘了带钱了，怎么办呀？"童童一脸稚气地笑着说："阿姨，刷支付宝、或微信也行！"在游戏中，童童还和同伴一起摆整理货架、摆放货品……

# 第四章　幼儿园游戏与教育、课程的关系

**问题导入**

游戏是幼儿在幼儿园生活的重要内容。幼儿园的游戏和幼儿在自己家的游戏一样吗？幼儿园的游戏有哪些特点呢？游戏是自然、自发的活动，那么幼儿园是有目的、有计划地对幼儿进行集体教育的机构或场所，当游戏这种自然而然、自发的活动进入"幼儿园"这种教育现场，又会受到教育价值观怎样的影响和规范呢？游戏什么时候进入学前教育领域？幼儿园的游戏是怎样的，有哪些类型？游戏对于幼儿重要性、游戏与幼儿园教育、幼儿园课程有着怎样的关系？

游戏是自然、自发的活动，幼儿园是有目的、有计划地对幼儿进行集体教育的机构或场所，当游戏这种自然而然、自发的活动进入"幼儿园"这种教育现场，必然受到教育价值观的影响和规范。游戏什么时候进入学前教育领域？幼儿对于幼儿重要性、游戏与幼儿园教育、幼儿园课程有怎样的关系？

## 第一节　游戏在我国幼儿教育中运用的历史

我国幼儿游戏的理论研究和实践的真正开始时在以托幼机构为主体的我国现代学前教育制度创立之后。1903 年湖北武昌创办我国第一所官办学前教育机构即湖北武昌幼稚园，标志我国学前社会教育机构的诞生。当时的幼稚园以日本幼儿教育为模仿对象，游戏也作为幼稚园课程内容之一，这意味游戏开始进入我国幼儿教育领域。

从我国幼儿教育机构建立早期，受福禄贝尔、蒙台梭利幼儿教育思想影响较大，从清代的蒙养院到民国时期幼稚园课程标准，都设有"游戏"一项，具体游戏项目包括感官游戏、体操游戏、节奏游戏和表演游戏，但自然游戏较少。同时，由于我国传统文化的影响，在当时幼稚园游戏活动开展的并不多。我国幼儿教育领域中游戏理论与实践的发展可以大致分为四个阶段。

第一阶段，从 20 世纪 20 年代左右至中华人民共和国成立初期。这一阶段，在介绍和引进西方游戏理论（主要是经典的游戏理论）的基础上，开始了我国儿童游戏研

究的工作。主要代表人物是我国著名的幼儿教育家陈鹤琴先生。从1920年起，陈先生以自己的孩子为研究对象，进行了长期的、连续的儿童发展研究（包括儿童游戏研究）。在1925年出版的《儿童心理之研究》一书中，他不仅介绍了当时国外的儿童游戏理论，还详细描述了一个孩子从出生后第82天到2岁多（808天）游戏的发展与变化过程，提出了自己对于游戏的看法。

陈鹤琴先生认为，儿童之所以游戏，与两个方面的因素有关。一方面与儿童游戏的力量（体力）和能力（动作技能）的发展有关，另一方面与儿童好动的天性和游戏能够给孩子以快感有关。游戏给孩子的快感包括生理的、心理的和社交上的快感。从儿童身心发展的角度去考察儿童游戏的原因与游戏的发展变化是陈鹤琴先生关于儿童游戏看法的核心思想。

陈鹤琴先生主张让儿童游戏。他认为，游戏有益于儿童的身体、智力和道德的发展，要发展儿童活泼的精神，非让儿童游戏不可。游戏就是儿童的生活。关于游戏的重要发展价值，陈鹤琴先生指出："游戏从教育方面说是儿童的优良教师，他从游戏中认识环境，了解物性，他从游戏中强健身体，活泼动作，他从游戏中锻炼思想，学习做人。游戏实是儿童的良师。所以，幼儿教育，尤其应当给孩子充分的游戏机会，依照他们的年龄，给予各种游戏材料，"实行游戏性教育"，使他们得到完美的游戏生活。陈鹤琴先生关于游戏与教育的观点，对于以反对成人化的儿童观为指导的摧残人生、压抑儿童天性的封建的旧教育，扭转几千年蔑视儿童游戏的传统观念，无疑是具有进步意义的。

陈鹤琴先生的思想和研究，奠定了我国儿童游戏研究的基础。游戏成为幼儿园课程的重要组成部分。在1928年颁布的教育部制定的幼稚园课程标准中，把游戏规定为幼儿园课程的重要内容，以顺应幼儿"爱好游戏的天然性向"，确定了通过游戏活动应达到的教育目标，如"发展粗大筋肉的联合作用，并训练感觉和躯体的敏活反应；训练互助协作等社会性"。幼儿园的游戏内容包括记数游戏、故事表情和唱歌表情的游戏、节奏的和舞蹈的游戏、感觉游戏、应用简单用具（如秋千、滑梯等）的游戏、模拟游戏（如小兵操、猫捉老鼠等）以及我国各地固有的各种良好的传统的游戏，并且对幼儿游戏能力提出了"最低限度"的要求。在幼儿园"工作"内容中则包括画图以及手工活动等。在组织幼儿进行各种活动时，主张尊重儿童意愿，"可由儿童个人所好，自由活动，"但同时亦注重教师的指导，包括小组的、个别的指导。

这一时期幼儿园教育的总的特点是注重幼儿的实际生活和游戏，让幼儿在实际生活和游戏中获得各种经验。

第二阶段，从中华人民共和国成立初期至"文化大革命"之前。这一阶段我国教育界、心理学界全面学习苏联的心理学和教育学理论。在幼儿教育领域中，幼儿教育的理论与实践也全面"苏化"。学习和引进苏联的幼儿教育理论，对于奠定我国学前教育理论的马克思主义理论基础，提高学前教育的理论与研究水平具有重要意义。在幼儿园游戏的理论与实践上，也同样如此。以社会文化学派的心理学理论为基础的游戏理论对我国幼儿游戏理论与幼儿教育实践发展产生了巨大影响。这种影响迄今为止依然存在。苏联心理学家对于儿童的游戏有这样几个主要的或基本的观点。

1. 活动在儿童心理发展起着主导作用。在不同的发展阶段，主导活动的类型不同。在学前期，游戏，尤其是有主题的角色游戏，是学前儿童基本的主导活动。所谓主导活动，是这样的活动，"它的发展制约着本阶段儿童的心理过程和个性心理特点最主要的变化"；是儿童的心理过程在其内部不断发展，不断向新的高级阶段过渡的活动。

2. 强调游戏是社会的本质，反对本能论。认为"儿童的游戏，无论就其内容还是结构来说，都根本不同于幼小动物的游戏，它具有社会历史起源，而不是生物学的起源，社会形成和推进游戏的目的，是教育和培养儿童参加未来的劳动活动"。

3. 强调成人的教育影响，强调儿童与成人的交往在游戏的发生、发展过程中的决定作用。儿童游戏的需要是在成人的教育要求下，与成人之间的关系发生改变的情况下产生的。3 岁以后，一方面是儿童独立性与能力的增长，另一方面是想参与他还不能胜任的成人活动的愿望，于是，在能力与愿望的矛盾冲突中，就产生了游戏，游戏成为解决这种矛盾的最好手段。但是游戏不会自然而然得到发展，幼儿不是生来就会游戏的，"没有教育的作用，游戏不会产生，或者就会停滞不前"。为了使儿童掌握游戏的方法，成年人的干预是必要的，"因此需要在一定的阶段上教幼儿游戏"。

苏联的游戏理论只注意研究儿童的游戏，研究主题角色游戏，在幼儿园游戏活动的组织与指导中，强调成人对儿童游戏的指导和干预。主题角色游戏的组织上分成开始—进行—结束三个阶段，即领导游戏的"三段式"的方法模式。在开始阶段，教师的任务是了解幼儿游戏的愿望（扮演什么角色），帮助幼儿布置游戏环境；在游戏进行过程中帮助幼儿扩展游戏情节；在游戏结束时对幼儿的游戏与游戏中的行为表现进行总结性评价。由于过分强调对游戏有计划、有目的地指导，往往导致教师导演与指挥幼儿游戏，按照成人的想法让幼儿游戏的情况。

利用规则游戏的形式编制教学游戏也是苏联幼儿园教学活动模式的一大特点。教学游戏成为教师传授知识技能的辅助手段。这种教学方式自 20 世纪 50～60 年代传入我国以后，被我国教师普遍比较熟悉掌握，在编制教学游戏服务于各学科教学方面积累了一定的经验。

4. 在这一阶段，我国建国后的第一批学前教育工作者在引进和介绍苏联游戏理论和实践模式的基础上，也注重进行了自己的研究和实践探索。我国著名幼儿教育家卢乐山教授就是杰出的代表。20 世纪 50 年代中期，她在《对"游戏报告"的分析》一文中就详细阐发了游戏作为 3～7 岁幼儿全面发展教育的重要手段的意义，以及如何在教育中发挥游戏应有的作用的问题。卢教授在 1957 年教育部颁发的《幼儿园教育工作指南》的总论中，把游戏列为幼儿园教育工作的首要手段，指出幼儿园应把创造性游戏、活动性游戏及教学游戏作为教育工作的重要内容来实施，提出游戏就是幼小儿童的学习方式。

　　总体而言，这一阶段儿童游戏理论与实践基本处于移植阶段，且带有照搬照抄和机械模仿的倾向，没有能够形成具有我国特色的儿童游戏理论体系和深入开展与进行我国儿童游戏的研究工作，游戏中国化的研究不足。另外，引进苏联理论的同时，否认与排斥了来自欧美的儿童游戏理论与实践，这并不利于我国儿童教育理论"博采众长"的基础上进一步发展。当然这与当时所存在的历史条件分不开的。

　　第三阶段，是"文化大革命"时期。在这一时期，儿童心理与教育研究受到毁灭性的破坏，其发展基本处于停滞状态，儿童游戏的研究同样也不能幸免于难。但这时，国外儿童游戏研究迅速发展的时期，也是国外幼儿园教育理论与实践迅速发展的时期。因此，我国的儿童游戏心理前与教育研究在这一阶段的停滞拉大了我国与国际先进研究水平的差距。

　　第四阶段，"文化大革命"后至今。在这一阶段，我国儿童游戏研究得以重新起步。这一阶段的特征是，在对历史进行反思的基础上，广泛注意国外儿童游戏研究的进展和动向，本着事实求是的态度，一分为二地对各种理论进行分析评价，取其精华，去其糟粕，博采众长，体现"洋为中用"的原则。在引进和介绍国外研究成果的同时，重新开始一些关于儿童游戏研究与指导方面的专著、研究文集以及散见于各种刊物上的相当数量的论文。

　　1. 研究著作显著增多。这其中，较有代表性的著作有北京师范大学陈帼眉、梁志燊的《游戏》（1982年），刘焱的《儿童游戏的当代理论与研究》（1988年）和《幼儿园游戏教学论》（1999年），张燕等人的《幼儿园游戏指导》（1996年），南京师范大学吴也显的《小学游戏教学论》（1995年），东北师范大学李淑贤、姚伟的《幼儿游戏理论与指导》（1996年），华东师范大学华爱华的《幼儿游戏理论》（1998年），湖南师范大学的曹中平的《儿童游戏论》（1999年），山东师范大学丁海东的《学前游戏论》（2001年）等。在该时期，教育领域对儿童游戏的研究取得了一定成绩。一方面展示我国对儿童游戏热度持续增加，研究团队和人员不断壮大。另一方面呈现我国儿童游戏发展取得成就，但在总体上与国外研究状况相比，还存在着差距。

　　2. 对待"儿童游戏"的理念渐深入人心。自20世纪90年代以后，我国学前教育从观念到实践都发生了较大的变化，以幼儿园课程改革为核心的学前教育改革蓬勃发展，尊重儿童的理念，包括尊重儿童独立与权利，尊重儿童学习的主动性和积极性，创造性，培养与发展幼儿主体性等正在被越来越多的幼儿园教师所接受，并且不断让更多幼儿家长等其他社会群体接受游戏对于幼儿发展的价值。例如，2017年全国"学前教育宣传月"，以"游戏——点亮快乐童年"为主题，旨在全社会树立尊重儿童，尊重规律理念。引导社会充分认识游戏是幼儿的天性，是幼儿特有的生活和学习方式，也是基本权利。让更多民众认识到游戏的价值。

　　学前教育的理论与研究工作者正在常识建立我国自己的学前教育理论体系，出现了学多有特色和有影响的理论与实践研究。如江苏省的课程游戏化项目、浙江的安吉游戏等。

2001 年颁布的《幼儿园教育指导纲要》、2016 年正式颁布的《幼儿园工作规程》，提出，幼儿园"以游戏为基本活动"。这一命题反映了幼儿教育的基本原理与普遍规律，对于纠正我国在幼儿园存在的"重上课、轻游戏"的现象具有积极引导作用。因此，总的来说，我国幼儿园教育的改革与发展，为我们建构中国特色的学前教育实践，提供了相应的理论与研究指导。对幼儿园教育改革中出现的许多好的做法与经验进行了较好的总结，并在理论上总结与提高。

# 第二节　游戏在我国幼儿园活动体系中的地位

《幼儿园工作规程》（2016 年 3 月）规定，幼儿园有"以游戏为基本活动，寓教育于各项活动中"。确定了游戏在我国幼儿园教育活动体系中的地位。

## 一、关于活动的理论

人的行为构成活动，活动是人生命的标志，也是身心健康的标志。人在活动中生存与发展，幼儿在活动中生长、成熟。人类的活动极其丰富多彩，年龄不同，活动也有区别，成人与儿童的活动不同，年龄较大的儿童与年幼儿童的活动也不相同，这是由活动的诸要素所决定的。

### （一）活动的要素

人的活动包含三要素，即活动的主体、活动的对象、活动的过程。

#### 1. 活动的主体

即从事活动的人。活动主体在活动中表现出主动性、独立性的特征。

#### 2. 活动的对象

包括活动的环境及活动所涉及的物或人，活动对象是活动的客观条件，对活动主体发生影响。

#### 3. 活动过程

即活动主体与活动对象发生接触与使用的过程，它是活动的体现，由活动主体的动作、操作、语言等构成。活动主体作用于活动对象，经历活动过程，获得活动的满足和活动的结果，幼儿对活动过程非常关注，幼儿正是在参加活动的过程中获得发展的。为此应格外重视幼儿的活动过程。

### （二）活动理论

20 世纪初至 30 年代，由杜威及其学生克伯屈提倡以活动为中心的课程理论。杜威提出，一切知识、经验是在人与环境相互作用的过程中得来的，是通过活动获得的。杜威的实验学校中以儿童感兴趣的活动为课程的中心，在学校中实行"从做中学"的教学方法。

20世纪30年代后，苏联心理学家维果茨基、列昂节夫、鲁里亚等人提倡历史文化学派的活动理论，认为人的活动是历史的、社会的产物，是人类反映自然、改造自然的特殊形式；认为活动还是智力行为发生的源泉。艾利康宁将人的主导活动划分为七个阶段：情绪交往活动（0~1岁）→操作活动（1~3岁）→游戏活动（3~6岁）→学习活动（7~11岁）→学习与交往活动（11~15岁）→学习与职业活动（15~17岁）→劳动活动（18岁以后）。

皮亚杰认为活动是行为与心理统一，提出认识的建立，不是外界客体的简单重复，也不是主体内部预先形成的结构的集合，即图式→同化或顺应→平衡（新的认知结构的建立）的活动过程。

从各种活动理论中可以得出共同的结论，即活动是人与客观世界建立联系的必要形式，儿童在活动中发展，停止活动便停止发展。

## 二、幼儿园教育活动概念

《幼儿园工作规程》（2016年版）分别从教育活动内容、教育活动组织、教育活动过程对幼儿园教育活动加以说明。

幼儿园应当为幼儿提供丰富多样的教育活动。

教育活动内容应当根据教育目标、幼儿的实际水平和兴趣确定，以循序渐进为原则，有计划地选择和组织。

教育活动的组织应当灵活地运用集体、小组和个别活动等形式，为每个幼儿提供充分参与的机会，满足幼儿多方面的发展，促进每个幼儿在不同水平上得到发展。

教育活动的过程应注重支持幼儿的主动探索、操作实践、合作交流和表达表现，不应片面追求活动结果。

另外，广义理解"教育活动"，认为幼儿园的教育活动包括生活活动、游戏活动和教学活动。幼儿在"上课"时学习，也在生活活动与游戏活动中学习，且这些学习对于幼儿身心发展与社会化过程来说也是必需的，这正是学前教育阶段幼儿学习的特点。幼儿园的教学渗透在幼儿的一日生活之中。

此外，根据幼儿园课程内容，把幼儿园教育活动分成健康、社会、科学、数学、语言、艺术等不同领域的活动。幼儿园教育活动是教师与幼儿多种形式的相互作用的总和。各领域的内容相互渗透，从不同的角度促进幼儿情感、态度、能力、知识、技能等方面的发展。

### 三、幼儿园游戏活动特点及分类

游戏是幼儿园教育活动的重要组成部分，游戏是自然、自发的活动，幼儿园是"学校"或"教育场所"。当游戏这种自然自发的活动进入"幼儿园"这个教育场景中，必然受到教育价值观的影响和规范。幼儿园游戏是教师根据幼儿园教育目的，利用幼儿游戏的"可再造性"的特点，通过创设一定的游戏环境与条件，"再造"出来的游戏，这种游戏与自然条件下幼儿的游戏相比较而言，具有明显的受控制性或"教育性"。在这样的条件下，认识幼儿园游戏的特点，是合理安排幼儿在园生活，正确处理游戏和幼儿园教育关系的前提。幼儿园游戏与幼儿自由开展的游戏既有相似之处，又有不同之处。

#### （一）幼儿园游戏的特点

**1. 多样性**

幼儿园游戏活动的种类丰富多样，幼儿园的游戏活动，既有以幼儿自由选择、自主决定为特征的自由游戏活动，也有教师组织幼儿进行的游戏活动。如在户外进行的规则游戏和幼儿园一日生活的过渡环节中教师组织幼儿进行的唱游、手指游戏等。

**2. 群体性**

幼儿园的游戏使幼儿和同伴一起玩，满足幼儿与同伴交往的需要。同时，使幼儿"处于一定的社会关系中"。幼儿园游戏的社会性背景要求幼儿在游戏中意识到并学会尊重他人的存在与权利，学会与伙伴分享、协商与合作，并学习遵守一定游戏规则。这种社会性游戏蕴含着促进幼儿社会性发展的条件。游戏给予幼儿实践生活、与人交往、走向社会的情境，锻炼和发展了幼儿的社会行为能力。

**3. 教育性**

教育性是幼儿园游戏的鲜明特征。幼儿园游戏的教育性表现在以下几个方面：幼儿园游戏环境是教师设计的、安排的，材料是经过教师选择的，教育设想是教师规划的，教师希望通过对游戏环境的设计与安排（包括游戏材料的投放、游戏空间的结构等）。

此外，从幼儿园游戏内容看，幼儿园游戏内容是经过教师选择的。作为教育工作者，幼儿园教师会根据幼儿发展需求、园所教育目的、个人价值观去选择、鼓励幼儿玩"好的"，"有益的"游戏，对幼儿游戏施加影响。

游戏是一种复杂的现象，由于人们研究的视角不同，对游戏的理解不同，分类所依据的标准各异。对一事物进行分类，是为了更好地认识事物本身。

#### （二）幼儿园游戏的分类

在诸多幼儿园游戏分类中，典型的主要有以下几种。

### 1. 按游戏的认知分类

皮亚杰是认识发展学派的创始人。立足于幼儿认知发展的角度，以幼儿认知发展的不同发展阶段及其各阶段认知特征在游戏中的不同表现，对游戏类型进行划分即游戏的认知分类。依照这种方法，幼儿游戏可以分为四种，即练习性游戏、象征性游戏、建构游戏、规则游戏。

（1）练习性游戏

练习性游戏是在个体发展过程中最早出现的，对新习得但还不熟练的动作进行练习的活动形式，为也称机能性游戏、感知运动游戏。

它是在感知运动发展阶段出现的，主要是2岁前的婴幼儿进行的游戏，是婴幼儿最早出现的游戏形式。其游戏主要由简单的重复动作或运动所组成，婴幼儿游戏的动因在于感觉或运动器官在活动过程中所获得的快感。练习性游戏有助于练习与巩固新习得的动作技能，使幼儿体验到自己的力量与技巧，增强自信心。如幼儿反复拍击盆子里的水，或对悬挂着的玩具感兴趣，一会儿拉一会儿放开，体验运动游戏在运动过程中的快感，反复练习新获得的运动机能。

练习性游戏伴随我们的一生，只要有新的技能学习的发生，就有可能出现这种游戏。例如，不管多大年龄的人学骑自行车，可能都会经历一个"练习性游戏"阶段。这个阶段是刚刚学会骑，但仍不熟练的时候。

（2）象征性游戏（符号游戏）

是学前幼儿典型的游戏形式，又称"想象游戏""假装游戏"等，把一种东西当作另一种东西来使用，把自己假装成别人，完成象征的过程。在象征性游戏中幼儿以模仿或想象扮演角色，完成以物代物、以人代人的表现形式的象征过程，反映周围现实生活的一种游戏形式。

幼儿在象征性游戏中可以脱离当前对实物的知觉，以表象代替实物做思维的支柱，进行想象，并会用语言符号进行思维。通过"假装"，幼儿按照自己的想法和愿望改造现实、转变情境，在想象中满足自己在现实生活中不能实现的想法和愿望。例如，幼儿用积木假装打电话，假装是"妈妈"或"大灰狼"等。这种对于现实的改造虽然是"孩子气"的，但是却为幼儿提供了一个他们自己可以掌控的想象空间，使他们能够无拘无束地表现自己对于周围世界的认识和体验，宣泄自己的各种情绪情感，有利于幼儿身心健康和成长。

（3）建构游戏

建构游戏是幼儿按照一定的计划和目的来组织游戏材料或其他物体，使之呈现出一定的形式或结构的活动。如用积木、积塑、泥、沙、雪等不同的结构材料来建构物体的游戏。例如，搭积木、插积塑、用泥捏小动物、用纸折花、用雪堆人、用沙筑碉堡等。建构游戏大致发生在2岁。

（4）规则游戏

规则游戏是两个以上的游戏者在一起，按照预先规定的进行的、具有竞赛性质的游戏。如下棋、打牌、拔河等。规则游戏是以规则为中心，摆脱了具体情节，用规则来组织游戏。在这种游戏中，参加者必须意识到至少两个人一起玩。

规则游戏是一种在相互交往中以规则为目标的社会性的游戏。幼儿在规则游戏中对规则的遵守，为幼儿在日后生活打下遵守社会准则和道德规范的基础。个体对规则游戏的兴趣并不随年龄的增长而淡化或消失，而伴随人的一生。

### 2. 按游戏的社会性分类

社会性发展是幼儿心理发展的一个重要方面。以社会性发展为线索对游戏进行分类主要以帕顿为代表。帕顿（Parton，1932）通过观察托幼机构中幼儿游戏，根据在游戏中幼儿社会性行为的不同表现以及参与游戏的幼儿之间的相互关系，将游戏分为以下六种。

（1）无所用心的行为或偶然的行为。幼儿缺乏目标，东游西逛，注视偶尔引起自己兴趣的事，或者自己无聊摆弄自己的身体，从椅子上爬上爬下，到处走走转转，或者坐在一个地方东张希望。这种行为不属于游戏。

（2）旁观的行为。幼儿在近处观察同伴的活动，听同伴谈话。或者向游戏的参加者提出问题和建议，甚至明确地观察某几组幼儿的活动，观看所发生的一切，但没有主动地加入游戏。

旁观与无所事事的不同之处在于旁观者会针对特定的群体进行观察，而非无目的的看。例如，有的幼儿在看别人下棋时非常投入，帮同伴出主意，替别的幼儿担忧，幼儿的情绪会随游戏者变化。旁观者可能是在游戏，也可能不是在游戏。

（3）独自游戏。幼儿独自、专心地操作玩具，且使用的玩具与其他幼儿的不同。很少注意或关心他人游戏，也没有接近其他幼儿的尝试。学步期及其前后的婴儿通常是以这种方式进行游戏的。独自游戏是幼儿游戏发展的初级阶段。

（4）平行的游戏。幼儿玩着与身边其他幼儿相同或相近的玩具，相互模仿，但不与其他幼儿交流，各玩各的。没有在一起的倾向，也无意去影响或改变别人的游戏活动。

例如，3～4个幼儿在玩插塑玩具，他们之间相互靠近，并意识到彼此的存在，有眼光的接触，除自己摆弄材料以外，还会看别人的操作，甚至模仿别人的活动或动作，但彼此之间没有互动。有人形象地称这类游戏为"集中中的单干"。

平行游戏是2～3岁幼儿游戏的社会性参与状况的典型表现。是社会性游戏的初级形式。教师可以通过适宜的方式方法引导、促进处于平行游戏阶段的幼儿学习交往和合作。

（5）联合游戏。和同伴一起做游戏，谈论共同的活动，但没有围绕具体目标进行组织，也没建立起集体的共同目标。虽然幼儿处于一个集体之内，且时常发生借还玩具行为，但每个幼儿仍然是以自己的兴趣和愿望为中心。如果一个幼儿退出游戏，其他人还可以继续下去而不受影响。在联合游戏中小组成员的变换非常频繁。

联合游戏是继平行游戏之后出现的，教师可以通过适当的引导，启发幼儿的合作意识，学习合作的具体方法。

（6）合作游戏。以集体共同的目标为中心，有达到目标的方法，活动有严格的组织，小组里有分工，有明显的组织者或领导者。有组织意识和共同遵守的规则。这类游戏离开了游戏者的相互配合则无法完成，通常在幼儿 3 岁以后才会产生，5～6 岁得到发展，这是幼儿的社会性日益成熟的表现。例如，玩"过家家"游戏，有的幼儿当"爸爸"，有的幼儿当"妈妈"，做"爸爸"的幼儿"抱孩子"，做"妈妈"的幼儿"做饭"等。

实际上，在以上的六种游戏行为中，真正属于游戏行为的只有后面四种。所以后来又许多研究者，采用这种分类方法，将游戏只划分单独游戏（独自游戏）、平行游戏、联合游戏、合作游戏四种。其中前两者由于没有货较少表现出游戏的社会性特点，故合称为非社会性游戏，而后两者则合称为社会性游戏。这种游戏分类可较明显地看到不同游戏类型中幼儿社会性发展和表现差异。

### 3. 按游戏的活动形式分类

（1）运动性游戏

这是一种以大肌肉的机体运动为活动方式的游戏，由走、跑、攀、爬、投等基本动作构成的身体运动，以动作的协调力、对肌肉的控制力、机体的平衡力以及力度和耐力所带来的运动器官的快感为满足，这是最早出现的游戏，也是持续最久的游戏，不仅贯穿于整个幼儿期，还延续到童年期、青年期。

（2）智力性游戏

这是一种运用脑力进行的游戏活动，在游戏时，需开动脑筋进行积极的思维活动，以获得心理上的满足。智力性游戏是比较复杂的游戏，需要一定的思维发展水平为基础，因此，出现比较晚。在幼儿阶段，这种游戏通常借助于感觉运动的表达，伴随着操作，依赖实物和形象来进行。

（3）装扮性游戏

这是一种通过扮演角色，以假想现实生活中或文学作品中的各种人物形象的动作、语言、表情和事件，来满足其模仿需要，获得想成为大众的心理满足。装扮性游戏从 2 岁开始萌芽，4～5 岁达到高峰，6 岁以后逐渐下降。因此，它是学前幼儿特有的一种游戏形式。

（4）操作性游戏

这是一种以双手动作作为活动方式的游戏，这种活动主要体现为手指的灵活操作。幼儿通过操作使各种材料在手里变幻无穷，从而满足其想象和创造的需要，并在创造中获得一种喜悦。幼儿在游戏过程中，从简单操作到能够产生不同水平的"成果"，从无意识地摆弄到有目的地探索，幼儿获得极大的认知和审美情趣的快乐。

（5）接受性游戏

这是一种作用于传播媒体的游戏形式，主要通过看电视、听收音机、阅读画册以及操纵电子游戏机等，从而使幼儿感到趣味的一种活动。

1 岁以后，幼儿开始注意各种媒体信息，并对媒体形式表示好奇，但没有作用于媒体的能力。2岁后，幼儿开始对广播、电视的特定节目感兴趣，随之喜欢听故事。阅读画册的兴趣出现稍晚，4～5岁开始直至整个童年期。

### 4. 按游戏的活动内容分类

这种分类形式与活动形式分类是一种对应交叉关系，从对应角度来说，是形式对应内容；从交叉铁度来说，形式不能完全对应内容。

（1）动作技能性游戏

动作技能性游戏包括两个方面，一是指表现粗大动作为内容的游戏，这类游戏一般在户外较大的空间进行的，如滑滑梯、荡秋千、投掷、追逐奔跑等。二是指表现精细动作为内容的游戏，如穿珠、挑游戏棒、弹豆子、穿绳、拍纸牌、剪贴等，通常是在室内的桌面上进行的游戏。

（2）认知性游戏

认知性游戏是幼儿在活动过程中以获得知识，发展智力为主的游戏，科学小实验、拼图、讲故事、念童谣等，让幼儿在愉快的玩弄过程中、掌握知识、提高认知能力。

（3）社会戏剧性游戏

社会戏剧性游戏指幼儿在活动中模仿成人生活的游戏。幼儿扮演成老师、医生、司机、营业员、爸爸妈妈等角色，把他们在社会生活中所看见的、所经历的、所体验的事件，概括性地反映出来。这种游戏更多地体验的是一种社会关系和人际交往。

（4）结构游戏

结构性游戏是通过双手操作进行的造型活动，通过想象和操作能将一些无意义材料变成有意义的成果。例如，搭积木、插积塑、折纸、小制作、捏橡皮泥等，这是幼儿的一种创造性活动。

### 5. 按照游戏的教育作用分类

苏联的幼儿教育理论中，强调游戏在成人的教育与要求下产生发展的，重视游戏的教育作用，因此，也是按照游戏的教育作用或目的对游戏进行分类。长期以来，由于受苏联游戏理论的影响，我国也常采用这种方法对游戏进行分类。在1981年教育部制定的《幼儿园教育纲要》（试行草案）中，把幼儿园游戏分为创造性游戏与规则游戏，即按照这种方法而进行的游戏分类。

（1）创造性游戏

创造性游戏是指较多地体现了幼儿主动的、创造的主体特征，突出游戏是幼儿自主自愿的、创造的游戏活动。包括角色游戏、结构游戏、表演游戏等。

角色游戏：以模仿和想象，通过扮演角色创造性地反映周围现实生活的游戏。

结构游戏：利用积木、积塑、沙、泥等结构材料进行建造的游戏。

表演游戏：按照童话、故事中的角色、情节和语言进行创造性表演的游戏。

（2）规则游戏

规则游戏是指教师创编为主，具有明确规则的游戏。在游戏中幼儿的行为受到限制，即幼儿在游戏中必须服从规则所要求的步骤、玩法进行活动，游戏的结果是幼儿在游戏中要努力达到的目的。这类游戏包括智力游戏、体育游戏、音乐游戏等。

体育游戏：以促进幼儿身体正常发育和机能协调发展为主要目的的游戏。

音乐游戏：是在音乐伴奏或歌曲伴唱下进行的游戏。

智力游戏：以生动有趣的形式，使幼儿自愿与愉快的情绪中，增进知识，发展智力的游戏。

### 6. 按照游戏与教学关系的分类

根据在学前教育实践中游戏的组织与教育教学任务的结合程度，可以将游戏分成以下两类。

（1）本体性游戏。是幼儿自主自愿的活动，其目的隐含于游戏活动本身，或者说游戏本身即目的，所以也称为目的性游戏。这种游戏主要强调游戏本身的价值，认为游戏是幼儿可以主动支配、自主决定、自由参加的游戏，如角色游戏、结构游戏、表演游戏、自由游戏等。

（2）工具性游戏。工具性游戏是指作为教育教学活动手段的游戏，亦称为手段游戏。此类游戏的目的是促进教育教学活动的顺利进行和教学任务的顺利完成。在幼儿园的教育教学活动中，此类游戏最为常见，如音乐游戏、智力游戏、体育游戏等。

在游戏开展中，本体性游戏注重强调幼儿的主体性，工具性游戏注重强调教育的目的性。实际上，无论上述哪种游戏形式，最终都是为了促进幼儿的全面发展。因此，手段和目的之间是内在统一的，为了促进幼儿全面健康的发展，既要发挥幼儿的主观能动性，又要发挥教育者的指导作用。

# 第三节　游戏与幼儿园教育的关系

幼儿园是幼儿生活的主要场所，幼儿在幼儿园的一日生活成为他们生活的重要内容。幼儿在园的生活质量既影响幼儿的身心健康发展，也影响他们今后的学习与发展。科学合理地安排幼儿在园的一日活动，使幼儿每天在园度过愉快的时间，协调教育要求与幼儿身心发展的需要，是幼儿教育工作者面临的挑战。

## 一、游戏与幼儿的幼儿园生活相适宜

幼儿园的一日活动是指幼儿从来园到离开园的所有活动。对于这样的活动如何分类，存在不同的观点。

### （一）幼儿园一日活动分类

依据教育活动的不同特征，可以把幼儿一日活动分成来园、盥洗、进餐、睡眠、收拾整理、离园等常规性的生活活动。其活动的时间、内容、组织方式及进行过程变化不大，表现出较强的规律性和一定的自主性。

依据活动的性质，幼儿园的一日活动可以分为生活活动、游戏活动和集体教育教学活动。

依据活动参与的人数可以分为集体活动、小组活动和个体活动。

依据幼儿选择的可能性，幼儿园的一日活动可以分为幼儿自选活动和教师规定参加的活动。

## （二）关于"幼儿园以游戏为基本活动"的价值

1996 年《幼儿园工作规程》中，"游戏是对幼儿进行全面发展教育的重要形式。"2016 年颁布的《幼儿园工作规程》明确说明"以游戏为基本活动，寓教育于各项活动之中"。2001 年颁布的《幼儿园教育指导纲要（试行）》再次强调幼儿园应"以游戏为基本活动"。幼儿园以游戏的方式组织教学活动，或者让幼儿在活动中得到游戏般的体验极其重要。幼儿园"以游戏为基本活动"体现了幼儿园教育的特点，和对于儿童游戏权利和幼儿身心发展的年龄特点的尊重。

### 1. 什么是基本活动

基本活动是指对一个人来说最经常、最适宜也是最必需的活动。对幼儿而言，游戏就是这样一种活动。

（1）游戏是幼儿最喜爱的活动。在幼儿的生活中，游戏的时间最长、游戏的频率最高。这主要表现为幼儿的大部分时间是在游戏。即便幼儿在进行学习、劳动、生活等活动，幼儿也是以游戏的形式来进行的。所以，游戏是幼儿最经常的活动。

（2）游戏是符合幼儿身心特点的一种活动。游戏是幼儿不成熟、不完善的心理机能的反映，游戏的水平自然地与幼儿身心发展水平同步，幼儿在游戏中，更多选择与自己的需要、自己能力可驾驭的、与自己相适应的内容、材料、同伴和活动方式来进行游戏。

（3）幼儿的身心发展是在游戏中实现的。游戏是具有一种对萌芽状态的动作和心理发展以自发练习的功能，并使这些动作和心理不断成熟。同时，幼儿在游戏中往往不满足于现有发展状态的表现方式，会以略高于现有发展水平的表现方式去行动，使身心发展的变化发生在游戏中，所以，游戏是幼儿必需的活动。

幼儿园是教育机构，其主要任务是实施教育。而教育的对象是幼儿，游戏是其基本活动，所以，幼儿园教育必须与游戏结合起来，幼儿园的教育必须通过游戏来进行。幼儿园的基本活动有两类游戏，一是幼儿的自发、自主游戏（主体的游戏），二是教师组织的教学游戏（手段的游戏）。

### 2. 幼儿园以游戏为基本活动的价值

幼儿园以游戏的方式组织教学活动，或者让幼儿在活动中得到游戏般的体验极其重要。幼儿园以游戏为基本活动体现了以下价值。

（1）保障了幼儿游戏的权利

游戏是幼儿的基本活动，也是其发展权的基本体现。幼儿园是否以游戏为基本活动？幼儿是否有游戏的时间、空间？幼儿的游戏是否得到支持和指导？承认游戏是幼儿身心发展的需要，保障这种需要满足并使之成为幼儿的基本权利，就是幼儿园对幼儿游戏需要和游戏权利的尊重和保障。

对幼儿游戏需要和游戏权利的尊重与保障需要社会、家庭和幼儿园的共同努力，尊重幼儿身心发展规律和特点，承认游戏对幼儿发展的独特价值，以游戏为基本活动，促进每个幼儿身心全面、健康、和谐地发展。

（2）保证了一个适宜幼儿的幼儿园生活

幼儿园自诞生之日起，把幼儿的幸福成长作为追求的目标。事实上，幼儿园教育只有把幼儿现阶段的生活看作有价值的，帮助幼儿从现在起，积极在现实中学会生活、学会做人，才能使他们真正有准备参与未来的社会生活。"儿童不能只为将来活着，他们也为现在而生活，他们应当充分享用儿童期的生活，拥有快乐的童年。"早在20世纪20年代，陈鹤琴先生就主张对儿童进行"游戏性教育"，给儿童"充分的机会"，"使他获得完美游戏的生活"。

而真正快乐童年不在物质生活的丰富与否、掌握知识的多寡。快乐的童年生活中一定有游戏。当前，随着都市化进程的加快，以儿童为纽带构成的庭院儿童团体和文化正在解构与消失，儿童的游戏正经受着游戏空间日益狭小，游戏状态越来越静态化、智能化和功利化的挑战。幼儿园是现代社会幼儿重要的社会生活场所，幼儿园也是现代学校教育体系中可以最大限度地保护幼儿游戏权利的机构。幼儿园应为幼儿创造既符合教育目标要求，又符合其身心发展的生活。通过鼓励、支持和引导幼儿游戏，使幼儿在自由平等交往的基础上，在"儿童社会"中学会与同伴相处、学会生活，使正在消失的、以游戏为特征的庭院文化得到延续，使幼儿在快乐游戏生活中愉快学习，健康成长。

（3）确保了幼儿生动活泼、主动地学习

幼儿的学习不同于成人和中小学生。幼儿好动好奇，注意力容易分散，不适宜长时间"静坐"；幼儿思维处于具体形象思维时期，他们需要通过实际活动获得直接的感性经验来帮他们理解周围环境。

游戏是幼儿主动的、有意义的学习。在游戏中，有丰富多样的玩具和游戏材料，通过操作，幼儿可以获得丰富的感性经验，发现和理解事物和现象之间的关系，学习解决问题。游戏满足了幼儿好奇好动的需要。在游戏中，幼儿能够根据自己的兴趣自主选择、积极探索，表现出较强的注意力、坚持性。幼儿在游戏中真实、自然的表现为成人提供了了解幼儿的窗口，通过观察幼儿，成人可以了解幼儿真正的兴趣和学习特点，给他们提供个别化的帮助和指导。此外，与同伴在游戏互动中，可以相互模仿、帮助、支持，获得社会性方面的成长。同时，从成人那里获得反馈、个性化的帮助。

总之，幼儿园以游戏为基本活动，不仅满足幼儿游戏的需要，保障幼儿游戏的权利，而且为幼儿创造了生动活泼、主动学习的环境，鼓励、引导和扩展幼儿在游戏中主动学习，为幼儿终身学习与发展奠定了良好的素质基础。

## 二、游戏与幼儿园教育的有机融合

游戏在幼儿园一日活动中占有举足轻重的地位，教育与游戏结合，成为幼儿园教育的必然选择。然而，游戏与幼儿园教育是两种不同性质的活动。游戏没有任何功利目的，它强调的是"过程""表现"和幼儿自主的活动，它能在最大程度上顺应幼儿的自然发展；教育则是一种有目的的、有计划的、由教师对幼儿施加影响的活动，它承担着促进幼儿成长、文化传递任务，更强调教师的作用。二者在结合时，呈现游戏性和教育性的强弱程度不同，针对幼儿园教育与其他教育阶段不同，幼儿园教育游戏化，让幼儿在轻松愉快的活动中发展个性，以游戏的特征来组织教学，在教学中谋求游戏般的乐趣。

### （一）幼儿园教育游戏化含义

幼儿园教育化是把游戏置身于一个大的幼儿园教育背景中，即在教育教学的实践过程中，尽可能淡化教育目的，强化游戏的手段与精神。轻结果重过程，在轻松的游戏氛围中，让教学活动有趣。游戏活动作为教育的手段，是游戏之于教育的形式价值的集中实现。

幼儿园教育游戏化包含两层含义：其一，基于游戏是幼儿的一种活动形式或类型，以之作为幼儿园教育的组织形式或手段。其二，基于游戏作为一种童年精神的存在，让游戏精神成为贯穿和融入整个幼儿园教育的灵魂或主线。

### （二）幼儿园教育游戏化组织形式

幼儿园教育实施中，游戏是以两种形式存在的。一种是幼儿自发的游戏，另一种是教师直接组织的游戏，即自选游戏和教学游戏。

#### 1. 自选游戏的组织形式

自选游戏的组织形式注重幼儿自选、自由地开展游戏，以幼儿为发展主体，充分发挥游戏的自主性特点，激发幼儿内在活动动机，使之产生积极体验，通过轻松愉快的活动过程，促使其身心得到发展，实现游戏本身的发展价值，这类游戏也称为目的性游戏或本体性游戏。

自选游戏注重主题的确定、材料和玩伴的选择、语言的运用、动作的展示等游戏过程的各环节的自然进行。因此，往往被认为是幼儿真正严格意义上的游戏活动的实施。自选游戏强调把游戏作为幼儿园内容来实施，强调把游戏作为幼儿的基本活动的体现。教育目标在游戏过程中是内隐的，幼儿在不自觉的游戏状态下，接受教育者意图的影响。自选游戏在活动组织上强调以个别形式、小组形式来进行，游戏类型主要有创造性游戏，如角色游戏、结构游戏、表演游戏等，幼儿在自选游戏中更适合，更倾向于玩发挥自主性和创造性的游戏。

### 2. 教学游戏的组织形式

教学游戏的组织形式，实质是以游戏的形式开展活动实施教学，完成特定的教育教学目标，即教学游戏化。如上课或练习教学活动中注意采用游戏的形式与手段，激发幼儿的兴趣，从而促进教育效果的提高。所以，此类组织形式下的游戏，也称手段性游戏。

教学游戏是结合特定的教学或主题活动进行的，教师的控制程度较大。幼儿需要按教学要求活动，自主的空间不大。这种组织形式游戏往往被认为不是真正意义上的幼儿游戏。但是这种组织把游戏作为教学手段，是避免成人化的重要途径，而且游戏的实施是为了完成和实现一定的、明确的教学目标和任务，所以教学游戏可被视为显性课程的重要组成部分。

教学游戏常以集体的形式开展，教学游戏的组织类型往往表现为成人编定的、具有一定规则的游戏，如智力游戏、体育游戏、音乐游戏等。

总之，自选游戏和教学游戏作为幼儿园游戏教育实施的两种组织方式，在教育实践中，紧密相关，相得益彰，既不可以相互代替，又不可以各自独立。在教育集体情境中可灵活转变，既不能只重视自选游戏的组织，导致游戏实施的放任自流；也不能只注重教学形式的游戏，导致影响幼儿自由游戏的主体性的发挥。

# 第四节　游戏与幼儿园课程

游戏意味着"玩"，课程意味着"教"，怎样认识"玩"和"教"的关系是幼儿园教育中理论与实践问题。什么是幼儿园课程？幼儿园课程有哪些特点？如何理解课程和游戏的关系？能否实现游戏和课程的融合，既能满足幼儿游戏的需要，又能使幼儿在游戏中愉快地学习。

## 一、幼儿园课程的概念和特点

从窥视课程概念的变化，了解课程本质变化，加深对课程本质的理解，从而深刻理解幼儿园课程的概念。几种具有代表性课程概念。例如，"课程即学科，或者指学生学习的全部学科，或者指某一门学科"；"课程是指列入教学计划的学科及其在教学计划中的地位、开设的顺序和时间分配"；等等。如"课程是个别的学习者在一项教育方案中获得的一切经验"；"课程不是学科群，而是儿童在教师指导下所获得的所有经验"。例如，"课程是学校所负担的所有预期的学习结果"，还有"课程是一种学习计划"。

如同课程概念一样，有关幼儿园课程概念依然有多种不同的定义。一般来说有以下几种观点。

（1）课程是幼儿园所设的科目，即期望幼儿学习的内容。这些内容被划分为学科或领域。如在 20 世纪 50 年代，我国幼儿园课程进行了第二次改革，受苏联学前教育理论和经验的影响，当时幼儿园课程的主导定义为"幼儿园课程即幼儿园所设科目，如体育、语言、常识、计算、音乐、美术等六科，这些科目及进程安排构成了幼儿园课程的总体，多采用上课形式。《幼儿园教育指导纲要》把幼儿园课程分为健康、社会、艺术、语言、科学等"领域"。

这种观点更多强调"我们应当教什么"，强调学校教育中有计划、有组织地实施的"正式课程"或"显性课程"。

（2）程是幼儿在幼儿园获得的有益的经验。"经验"是主观的、依从于个体的。是个体主动建构的产物。幼儿在幼儿园获得的所有经验的总和，强调了幼儿学习的主动性，幼儿在园里经历的一切都是"学习"，幼儿在建构自己的"经验"。因此，幼儿园不仅重视"学科"或"领域"组织起来的"显性课程"，也应该重视幼儿园整个环境（包括物质环境、人际关系等）对幼儿可能的影响，即非预期的或非计划性的知识、价值观和态度。显性课程和隐性课程共同构成了幼儿园课程的全貌——"幼儿实际获得的经验"。

（3）课程是幼儿园为幼儿有目的、有计划地安排的各种活动的总和。一方面要注意幼儿在园所中建构幼儿自己的经验，另一方面看到"期望幼儿学习的内容"在具体活动中体现、落实。通过教师有目的、有计划地来组织各种活动呈现给幼儿，期望通过"活动"整合、贯通显性课程（预期的学习经验）与隐性课程（非预期的学习经验）。

幼儿园课程既应该包括预期的有意的学习活动，同时也应当包括保证幼儿获得有意学习经验而计划和组织的"各种活动的总和"。"经验"和"活动"构成了幼儿园课程内容。也就是说，幼儿园课程应当以我国教育目的和幼儿园教育目标为依据，根据幼儿身心发展的特点，有目的地选择"期望幼儿学习的内容"，这些学习内容可以按照"主题""单元""学科""领域"等结构组织起来，通过感性的、具体的、各种各样的活动和幼儿在活动中的主动学习和建构的，最终转化为幼儿的"经验"

## 二、幼儿园课程的特点

幼儿园课程在目标、内容、结构和实施等方面都具有不同于小学课程的特点。

### 1. 基础性和全面性

"学前阶段是人生发展的最初阶段、重要阶段"，学前教育为人生发展奠定最早的基石。为保障儿童未来发展和人生的健康幸福，学前教育应当为幼儿在身心发展各方面奠定良好的发展基础，促进他们身心全面、健康、和谐地发展。

学前教育的全面发展的教育，课程是实现幼儿教育目标的手段。幼儿园课程在目标、内容的选择、计划和组织上避免片面化。例如，防止把幼儿园课程目标狭隘地确定为为入学做好学业知识、技能方面的准备，把幼儿园课程单纯看成小学学业课程的提前开始，避免只注重计算、识字、英语等知识的学习和技能的简单重复训练。

### 2. 综合性和整体性

幼儿园课程内容以不同领域形式存在，各领域内容相互联系、彼此渗透，更有利于幼儿理解和学习迁移。所谓综合，就是使不同领域或学科内容相互之间有机地联系，让幼儿能感知为一个整体，从而理解学习的意义。幼儿园课程不是按照学科的逻辑，而是以幼儿生活为中心来组织的。幼儿园的环境、幼儿的一日生活本身就是一个整体。

例如，在"中秋节"的主题活动中，可以请每位幼儿从家里带来一块月饼，向小朋友介绍自己月饼的特点（如风味、口感、制作食材、形状等）；然后将月饼分成两份、四份、八份，相互品尝、感受比较月饼的味道等。在这个活动中，包含了幼儿语言的倾听与表达、科学观察与比较、饮食健康知识的积累、数学等分的感知、同伴交流分享等不同领域的学习内容。在这完整的生活情境中幼儿可以获得多方面的生活经验，课程和生活自然融为一体。

### 3. 启蒙性和浅显性

学前阶段是人生的启蒙阶段，这时期的主要任务是开蒙启智，帮助幼儿适应人类社会的生活环境，学习和掌握人类的基本语言、生活和行为模式，完成初步的社会化的过程。学前教育的启蒙的特点决定了幼儿所接触学习内容的广泛性。

此外，幼儿的思维发展水平和学习特点决定了幼儿园课程内容在认知水平上的浅显性。幼儿通过感知、动作和表象来认识周围的世界，通过直接感知、亲身体验、实际操作进行科学学习，学习活动的特点带有显著的具体形象性。幼儿园课程内容应该剥离开抽象的概念或原理、不按照学科逻辑概念体系组织起来的系统化的学科知识。在学前期，应注重幼儿实际生活经验、直观体验的感受的积累，为后期学习乃至终身学习打好基础。并注重贴近幼儿生活，拓展幼儿经验。

### 4. 生活性和活动性

幼儿园课程内容的浅显性和启蒙性决定了课程实施过程中要注重生活性和活动性，要贯穿于幼儿园一日生活的各个环节之中。对幼儿而言，只有在活动中的学习才是有意义的学习。我国幼儿教育家张宗麟指出"幼稚园课程者，由广义说之活动也"。

在幼儿园实践中，幼儿要借助具体的情境、具体的事物来学习，在实际的探索和交往活动中学习，只有他们在活动中意识到问题并产生兴趣，在积极探究和交往的过程中，学习对于他们来说是有意义的，他们才会成为学习的主人。幼儿园课程的生活性、活动性必定要求注重幼儿的游戏，游戏是幼儿生活的基本内容，也是幼儿主动学习的基本活动形式。所以，在幼儿园课程实施中，在于为幼儿创设有利于幼儿主动学习、积极交往、在游戏中学习的活动环境和机会。

### 三、游戏与幼儿园课程的融合

游戏作为幼儿童年不可或缺的生活经验，理应成为幼儿园课程内容的重要组成部分，游戏是幼儿园课程实施的重要途径。

#### 1. 游戏与幼儿园课程关系

幼儿园课程的根本目的在于帮助幼儿获得有益的学习经验，促进幼儿身心全面和谐发展。幼儿在游戏中探索、发现、思考、行动，积极主动建构自己的经验。游戏有意于幼儿健康成长和全面发展，游戏成为幼儿园课程实施的重要途径。

（1）游戏是幼儿园课程的重要组成部分

游戏是幼儿最喜爱的活动，也是他们重要的学习内容。幼儿学习游戏，通过游戏学习。在游戏中一方面，通过游戏，幼儿可以获得有意身心全面发展的各种经验；另一方面，幼儿也在游戏中学习各种技能，提升游戏经验。

例如，在建构游戏中，包含幼儿学习建构游戏，幼儿通过建构游戏学习。学习建构游戏指幼儿需学习和掌握建构游戏的基本技能等；通过建构游戏来学习指幼儿可以获得有益于身心各方面发展的认识经验。例如，幼儿通过建构游戏认识物体的性质、大小、形状、高度、长度、面积等，学习分类、顺序、配对、平衡，进行探索、计划、观察、试验，学习与伙伴交往合作，整合和表现自己对社会生活和环境的认识与理解等。

（2）游戏是幼儿园课程实施的重要途径

游戏是幼儿园生活不可或缺的重要内容，也是幼儿积极主动、真实自然的学习活动。幼儿的身心发展特点要求幼儿园课程实施"以游戏为基本活动"。

幼儿游戏是自主自发的、由幼儿内部动机支配的。幼儿可以根据自己的兴趣自由选择活动内容，决定自己活动的方式。游戏满足了幼儿好奇好动的年龄特点。

幼儿游戏活动中有丰富多样的材料，可以为幼儿学习丰富的、有变化的事物提供刺激，幼儿在摆弄操作材料过程中，发现事物的特性，体会理解事物之间的关系。游戏活动中蕴含着学习的要素，在游戏中的学习是综合性的、整合性的。游戏中学习符合幼儿直觉行动性和具体形象性的特点。

幼儿游戏中，幼儿可以按照自己的兴趣、速度和方式方法与材料、伙伴、成人互动，在交往对象那里获得反馈和支持。游戏活动有利于教师幼儿提供个性化的指导。游戏对于幼儿而言是快乐的、愉悦的，相比较集体性教学活动而言，在游戏中，幼儿表现出较高的坚持性。

游戏活动是适合幼儿特点的，幼儿园课程实施"以游戏为基本活动"。

#### 2. 游戏和幼儿园课程的融合

预成性课程和生成性课程是建构和形成幼儿园课程的基本方法。课程生成游戏，游戏生成课程是融合游戏和幼儿园课程的基本途径。

（1）课程生成游戏

课程生成游戏，是指在设计预成性课程方案时，按照课程的目标与要求，为幼儿创设与课程内容相关的游戏（学习）环境，精心选择、设计与组织专门的游戏活动，在游戏中支持、促进和引导幼儿的学习与发展。

预成性课程是教师按照教育目标和幼儿园课程大纲的要求，有计划、有目的地选择和组织课程的内容，设计并按照预定的步骤实施教学活动方案。预成性课程的目的在于确保所有的幼儿都能获得成人认为重要的、必须掌握的知识经验。教材或教案是预成性课程呈现的形式。

预成性课程强调教学活动的计划性与目的性，要求教师对即将展开的教学过程的每一步骤或环节精心设计，形成教学活动方案。教学过程就是教案或预先结构好的课程的实施或展现过程。

在预成性课程方案的设计过程中，可以根据课程目标与要求，为幼儿创设适宜的游戏活动环境，以课程生成游戏。

## 案例 4-1：幼儿园大班主题活动——中国茶

### 1. 主题说明

"开门七件事，柴、米、油、盐、酱、醋、茶。"茶是幼儿在日常生活中经常接触到的事情，但他们对于茶的认识是一种模糊的知觉。

中国是茶树的原产地，中国茶文化博大精深。有必要在原有的日常生活经验的基础上进一步引导幼儿认识茶叶的生长和生产过程，初步体验我国的茶文化。

### 2. 有益的经验

（1）了解茶叶的来源，萌发热爱大自然、保护大自然的情感。

（2）认识茶叶的种类、名称和功能等，了解泡茶、品茶的基本方法和茶与人们生活的关系。

（3）学习从多种途径获取有关茶文化的知识，萌发对我国茶文化的情感。

### 3. 环境创设

（1）请幼儿收集各种茶具（茶壶、茶杯、茶盒等），在生活区布置"茶苑"。

（2）与幼儿一起将收集的各种茶叶在角色游戏区"茶叶店"布置成茶叶展，标上名称，相互介绍认识。

### 4. 活动区活动

（1）角色游戏区——茶叶店：提供茶具、茶盒等，开展"买卖"茶叶的游戏。

（2）生活区——茶苑：提供茶叶、茶壶喝水，让幼儿学习沏茶、品茶。

（3）美工区：提供橡皮泥让幼儿学习做茶壶；装饰茶盘；用已学过的或自己想象出的花纹来装饰茶盘。

### 5. 集体教学活动

（1）谈话：茶叶的来源、种类、名称和功能。

（2）欣赏茶壶：欣赏茶壶的各种造型，能从茶壶的外形、图案中感受美。

（3）参观茶园，观赏茶艺表演。

（4）韵律活动：采茶舞。

（5）体育游戏：去采茶。

### 6. 家园共育

（1）家长园地：介绍主题网站及主要活动安排。

（2）建议家长帮助孩子收集有关中国茶文化的资料，并与孩子共同收集茶具等。

（3）带孩子参观茶叶店，观察茶叶店的室内布置。

（4）在家中和孩子一起喝茶，并向孩子介绍泡茶、喝茶的相关知识。

主题教学活动安排参见表 4-1。

表 4-1

| | | |
|---|---|---|
| 第一周 | 参观茶园访问茶农 | （1）让幼儿知道茶叶是茶树上摘下来制成的； |
| | 集体谈话：说说我知道的茶 | （2）认识茶叶，指导茶叶又不同的种类和名称；<br>（3）了解茶叶的制作工序；<br>（4）分享和交流参观茶园的感受和体验 |
| | 活动区活动 | 角色游戏区：与幼儿一起用收集来的各种茶叶等布置"茶叶店"，标上名称 |
| | | 美工区：装饰茶盒 |
| | 韵律活动：采茶舞 | 模仿练习采茶动作；<br>随音乐有节奏地采茶 |
| 第二周 | 观看茶艺表演 | 了解泡茶、品茶的程序和动作以及喝茶的益处，初步体验茶文化 |
| | 集体活动：欣赏茶壶 | 欣赏茶壶的各种造型，能从茶壶的外形、图案中感受美 |
| | 活动区活动 | 美工区：学做茶壶 |
| | | 角色游戏区：茶叶店 |
| | | 生活区：在"茶苑"沏茶、品茶 |
| | 体育游戏：去采茶 | 学习在有间隔的物体上平稳地行走 |

**分析：**

"中国茶"是一个很有特色的园本课程，对于帮助幼儿了解我国的茶文化很有意义。我国许多地方都出产茶叶，茶又是幼儿在日常生活中很容易接触到的事物，因此，该主题活动又具有很强的可行性。从活动设计来看，非常注意利用社区和家庭资源，不仅让家长参与活动，而且带幼儿外出参观茶园、观看茶艺表演等；活动内容非常丰富，充分利用幼儿在活动中获得的经验来开展各种丰富多样的活动，包括外出参观活动、集体谈话分享活动、活动区活动（角色游戏区的"茶叶店"游戏，生活区的"茶苑"沏茶，品茶活动，美工区做茶壶、装饰茶盘活动），并且带领幼儿利用在参观活动中获得的经验创编了韵律活动"采茶舞"和体育游戏"去采茶"等，为幼儿提供了形式多样的活动和学习机会，较好地把游戏和主题活动融合在一起（参见表4-1）。

　　游戏既是幼儿喜闻乐见的活动，也是适合幼儿身心发展特点的学习方式。把游戏融入预成性课程，以课程生成游戏，可以增强预成性课程发展适宜性。例如，在案例4-1"中国茶"主题活动中，为幼儿创设"茶叶店"的角色游戏区，还可以选择、改编或设计适当的游戏，并在户外活动、集体教学活动或环节过渡时组织幼儿玩这些游戏。

　　（2）游戏生成课程

　　游戏生成课程，是指关注、追随、支持和引导幼儿在游戏活动中表现出来的学习兴趣和需要，通过师幼互动的过程逐渐形成和发展起来的课程。

　　生成性课程有一定的灵活性和适宜性。游戏是课程形成的源泉。教师对幼儿学习兴趣和需要充分了解的基础上，在与幼儿互动过程中敏锐地观察幼儿的兴趣与需要，采取适当的行为来适应、满足和支持他们的兴趣和需要，包括调整预定的教育计划和方案。游戏是幼儿真实自然的学习过程，这个过程是个自然而然的发生过程。

　　所以，生成性要求教师掌握教学目标、课程大纲的要求，但不要求教师预先设计即将展开的教学过程的每一步骤与细节；需要教师充分发挥教育机智，适时捕捉幼儿兴趣点。

## 案例 4-2　"超市"游戏

　　幼儿在玩"超市"游戏。老师发现幼儿开的"超市"空荡荡的，"商品"严重缺乏；幼儿对于顾客与商场、买与卖的关系也不清楚：当"顾客"付完钱后，"小营业员"还跑过来把东西往"顾客"筐里放。于是，教师决定和幼儿一起开展关于"超市"的项目教学活动，帮助幼儿丰富有关"超市"的经验。

　　在游戏结束部分，教师组织幼儿讨论，让每个幼儿都来谈谈自己对于"超市"的经验，向幼儿提出了有关"超市"的一些问题。例如，超市里一般都有哪些商品？它们是怎样摆放的？人们怎样在那么大的超市里找到自己想要买的东西？你怎样才能知道你买的东西的价格？你到哪里去付钱？怎样付钱？超市里都有哪些工作人员？他们要做哪些工作？超市和普通商店有什么不同？许多幼儿虽然都去过超市，但对于这些问题却不能准确全面地答出来。接着，老师和幼儿一起列出了他们想知道但不清楚的问题。老师建议幼儿周末让爸爸、妈妈带他们去超市仔细观察和了解，并向家长说明了这项活动的意义，请家长予以支持。

　　当幼儿带着自己的研究心得返回幼儿园，与大家一起交流分享时，有幼儿提出来："我们现在的这个超市太小了，我们应当办一个真正的大超市。"这个建议立即得到了大家的响应。于是幼儿纷纷回去收集各种包装盒和商场里的用品，按各种物品的性质对进行他们分类、摆放，并制作物品的价签……

**分析**：这个案例展现给我们的课程生成过程是一个由游戏到观察、调查研究再到游戏的过程，不仅丰富了幼儿有关超市的知识经验，扩展了课程的内容，而且也为幼儿开展游戏奠定了经验基础，丰富了游戏本身活动。

综上所述，幼儿园课程的建构或形成，应当采取"预设"和"生成"相结合的方法。课程生成游戏，游戏生成课程，是融合游戏和幼儿园课程的基本途径。只是课程与游戏融合，才能解决课程内容与幼儿学习兴趣之间的"相称"或"匹配"问题。

要实现课程游戏之间良性互动，不断把幼儿兴趣和需要纳入课程中来，使幼儿园课程既具有计划性又具有灵活性。

## 实践活动项目

1. 根据本章的学习，思考讨论：幼儿园怎样做到以游戏为基本活动？

2. 依据幼儿游戏的社会性分类，观察和记录幼儿游戏片段，每种游戏片段的时间不超过3分钟；并说明幼儿游戏行为。

3. 案例讨论：运用本章所学内容，讨论问题。

**案例**："为什么牛皮纸折成的小船不容易沉？"

老师准备了几种不同种类的纸，有牛皮纸、白纸、油光纸、彩色皱纸等，让幼儿自取折小船玩。先吃完点心的幼儿先取。结果彩色的纸先拿完了，后来的幼儿只好拿剩下的难看的牛皮纸。小船折好了，幼儿提出到水池那里去放小船玩。老师也同意了。各种各样的小船放到了水里。这时幼儿惊奇地发现漂亮的纸船——沉下水里去了，唯有最难看的牛皮纸折成的小船还浮在水面上。幼儿七嘴八舌地议论起来。

为什么牛皮纸折成的小船不容易沉？"对待这样一个问题情景，不同的教师可能有不同的处理和回应方式。如果你在现场，你将怎样做？你认为在这种情境下教师适宜的回应方式是什么？

4. 研究性学习项目：设计一个游戏和课程融合的主题活动，并与同伴分享。

实践篇

# 第五章　幼儿园游戏教育活动的组织与实施

**问题导入**

　　为幼儿创造良好的游戏活动条件，满足幼儿开展不同游戏活动的需要，支持幼儿在游戏中主动的学习，是幼儿教师的基本技能之一。怎样为幼儿创设良好的户内区域环境？以区域游戏出现的户内游戏有哪些类型？不同类型的区域游戏有哪些功能？户外的传统游戏场和现代游戏场为幼儿发展提供了哪些条件呢？如何为幼儿准备一个适宜发展的户外环境呢？

　　游戏是幼儿的基本活动，但是只有在教师的帮助和指导下，才能有效发挥游戏在促进幼儿身心和谐发展的价值。通过教师创设游戏环境、制订游戏计划、对游戏进行观察并有针对性地对幼儿游戏行为进行指导，来保证幼儿园游戏教育活动的顺利进行。

## 第一节　幼儿园游戏环境与条件的创设

　　为幼儿创设良好的环境及条件是科学、全面地开展各类游戏活动的前提和基础。实施和开展幼儿园游戏活动，首先应考虑环境和条件创设问题。只有具备良好的物质条件和精神氛围，并处于最佳身心状态，幼儿才能够积极主动地参与到各项游戏活动中，游戏活动的开展才会更加丰富多彩、生动活泼，以更好地发挥游戏的教育作用，促进学前教育全面发展目标的实现。

　　教师作为游戏活动的设计者，首先要为幼儿设计良好、健康的游戏环境。游戏环境是指为幼儿游戏活动提供的条件，包括物质环境和心理环境两个方面。物质环境主要指幼儿园游戏空间和场地、游戏材料、游戏时间等；心理环境是指活动中的人际关系及心理氛围，包括师幼关系和幼儿与幼儿之间的同伴关系以及宽松、自由的游戏氛围等。创设游戏的环境及条件，实质上是教育者将教育意图客体化于环境之中，以潜在影响和间接方式引导幼儿的行为和活动。教师应将游戏环境及条件的提供和创设作为有效促进游戏的开展、影响幼儿行为、促进其身心发展的重要途径和手段。

　　创设幼儿园游戏环境和条件应主要包括以下几个方面。

## 一、创设游戏场地应遵循的基本原则

游戏场地是为幼儿设计的学习、发展和接受教育的场所，表面看来是为幼儿开展游戏提供的物质条件，实际上也承载着丰富的社会文化信息。它既为幼儿游戏活动提供空间，也对幼儿发展本身具有重要价值。

创设游戏场地，应遵循以下基本原则或精神。

### 1. 安全性原则

游戏场地必须是舒适的、保健的、可靠的。游戏场地必须排除危及幼儿身心安全与健康的危险因素。游戏场地环境和一切设施以及游戏过程都要排除任何危险存在。保证幼儿安全是创设游戏场地的第一基本原则。

按照创造游戏场地的基本要求，游戏场地不应该只是发展幼儿体力的场所，而更应该是发展幼儿想象力、自信心和创造精神的场所，应该成为对幼儿进行全面发展教育的重要场所。

### 2. 促进幼儿身心发展的原则

幼儿是自身能力发展的探索者，他们总是寻找挑战，以提高自己的技能和能力系统。游戏场地为儿童提供了探索的环境、发展创造性行为的环境、满足幼儿发展需要的环境。为此，游戏场地和游戏设施应当能够促进幼儿知识经验的丰富，应当使婴幼儿能体验到令人兴奋的各种不同的游戏机会，激发其对周围事物的兴趣与探索的欲望，是富有吸引力的、挑战性的游戏环境，加速婴幼儿心理的、体力的和精神上的发展。足见，富有挑战性、探索性的游戏场地也应当是整体联系的，能够将环境中多方面的影响因素加以合理配置和组织建构，形成活动的动态与静态、身体与精神的最佳结合，发挥教育影响的综合整体效应。

### 3. 富有变化性

幼儿园游戏场地具有多功能性，教师可根据活动的需要，在不同的场地、不同的时间起到不同的作用。如同一活动区域可以同时是语言活动或认知活动的场地；积木区的大型材料需占用较大的地方，可以临时扩大场地；天气晴朗时可以把表演、美工等活动安排在户外进行；设置这种可变性强的游戏场地，可以让幼儿参与到更为广泛的学习活动中去。

### 4. 培养幼儿的自信心

游戏场地应有助于培养婴幼儿的自信心，特别是应有助于培养幼儿运用新东西的自信心，即所谓"自我效能感"。它指的是人对自己能够进行某一行为的实施能力的知觉或判断。面对游戏场地结构性强，技能、技巧性强的和一些较复杂的电动和设备玩具，自我效能水平高的幼儿自信心强，并易于成功，能够进行反复尝试。自我效能水平低的幼儿会怀疑自己的能力，容易放弃尝试和努力。所以，游戏场地上要有适合不同自我效能水平的设备和物品，以及能促进幼儿不断提高自我效能水平的、增强自信心的游戏材料和玩具。幼儿所做的主要取决于他们所拥有的技能和对该情境的自我信念。当幼儿自我效能水平高时，他们总是设法使游戏结果达到最理想的效果。我们必须认识、保持和支持儿童自我效能行为，一定要为他们提供一个适合想象、操作的游戏环境，创造和谐、丰富、有趣的立体游戏场地，让幼儿充满自信地获得信息和锻炼。所以，场地的设置要考虑幼儿的特点，考虑其生活经历、已有知识经验及兴趣和能力等。另外，还要保证场地环境必须是适度的，既不应过于单调，又不可太过于琳琅满目。

## 二、环境对幼儿游戏行为影响的研究

环境对人的情绪体验和行为有很大的影响。研究表明，环境的安排和组织方式可以影响幼儿的游戏行为。幼儿游戏的方式方法、活动的内容与环境影响（如空间密度、空间安排或结构、材料与器械的数量和性质等）之间有密切的依存关系。

### 1. 空间密度

空间密度通常是指单位面积内幼儿人数的多少，是衡量室内环境拥挤程度的指标。空间密度可以用下列公式来计算：

空间密度＝幼儿人数／（房间面积－不可供幼儿活动用的空间面积）

注：不可供幼儿活动用的空间面积包括家具所占的面积、狭窄的过道等。

有研究表明，当每个儿童的活动空间从 25 平方英尺降为 15 平方英尺时，攻击性行为明显增加。

### 2. 活动室空间结构

空间的不同结构是空间的不同安排造成的。不同的空间结构可能会对幼儿的游戏行为发生影响。

有研究表明，把大的空间分割成小型的活动区域，较之大型的不加任何分割的空间，更有利于幼儿产生认知性和认知方面较高的游戏行为，以减少粗暴行为的发生。小空间比较有利于引发幼儿的角色游戏和建构游戏，而大空间有利于引发幼儿奔跑、追赶等大动作、吵闹的活动。

游戏材料可见与否，也会对幼儿使用游戏材料发生影响。如果因为幼儿由于视线被柜子或其他物品所挡，看不到游戏材料，幼儿不清楚哪些材料可以使用，幼儿就不能更多地去使用材料。教师可将材料相近、可进行联合活动的区域（如娃娃家和积木区）设置在一起，以鼓励两种游戏的统合。

### 3. 材料和设备

玩具是幼儿游戏的材料。材料和设备的数量、种类、性质（复杂性、新颖性）等可以影响幼儿的游戏行为。

材料和设备的数量是制约幼儿游戏行为的一个因素。当玩具或游戏材料增多时，幼儿之间因争抢玩具引起的纠纷将减少，同时社会性交往也可能减少。研究表明：无论是户内还是在户内，当设备和游戏材料的数量减少时，幼儿之间的积极的社会性交往行为增多，攻击性行为减少。当设备和游戏材料的数量减少时，幼儿之间积极的社会性交往行为增多，独自游戏的情况减少，平行性游戏增多，但攻击性行为也同时增多。

玩具和游戏材料的数量和种类与幼儿年龄之间也存在着一定的相互作用的关系。对于年龄较小的幼儿来说，相同种类的玩具或游戏材料的数量要多，以满足幼儿相互模仿、平行游戏的需要。受使用代替物进行象征性游戏的能力不足的限制，年龄较小的幼儿宜用真实性程度较高的模拟实物的玩具来游戏。

玩具和游戏材料或玩具的不同种类或性质也会影响幼儿的游戏。某种特定的游戏材料和玩具可以引发某种特定的游戏。例如，积木、积塑等游戏材料可以引发幼儿的建构活动；娃娃、家事玩具或医疗玩具等可以引发幼儿进行想象的角色扮演活动。游戏材料或玩具不仅可以影响幼儿游戏的方式，也可以影响幼儿的认知方式和社会性交往活动。

# 第二节　幼儿园户内游戏场地的创设

## 一、户内游戏场地的创设要求

幼儿园游戏场地分为户内游戏环境和户外游戏环境。在托幼机构的历史发展过程中，形成了以游戏为基本活动、以活动区为空间基本结构的托幼机构教室的组织形式。创设户内游戏环境，是按照活动区的形式建构和组织教室的室内环境。

在托幼机构中，户内游戏环境涉及班级的室内全部环境，包括活动室、睡眠室以及楼道、走廊等。原国家教育委员会和建设部1988年颁布的《城市幼儿园建筑面积定额（试行）》中有明文规定，如果活动室与寝室分设，活动室的使用面积不小于54平方米。如果寝室与活动室不分设，则活动室面积为90平方米。按每班30名幼儿计，每名幼儿应占3平方米（包括家具、设备占地面积）。

为高效地利用和发挥室内游戏环境或场地的教育功能，室内游戏活动区的设置应符合以下基本要求。

第一，根据各类游戏活动的教育功能与特点设置游戏区。

教师应结合学前儿童发展实际，认真分析各类游戏教育功能的基础上，设置有利于其身心全面发展的各个活动区。例如，有的教师在设置游戏区时，提供了绘画区、粘贴区、泥工区、编织区等，这些游戏区的设置对促进幼儿操作能力、培养幼儿美感起到一定作用，但仅设置此类活动类型显比较单一，不利于幼儿全面能力和兴趣的发展。此外，教师在设置活动区时，还要考虑各类活动的特点及其适宜的条件。例如，美工区、语言阅读区、科学区等应设在光线明亮、相对安静的区域；积木区场地要宽敞，方便幼儿进行建构活动。

第二，游戏活动区设置应体现连续性和层次性。

首先，应根据幼儿的年龄特点和实际需要设置游戏区。小、中、大班活动区的设置各不相同。例如，在小班环境设计上应充分考虑注意家园之间的连续性和过渡性。教师可运用地毯、安乐椅、垫子和靠枕、床垫、帆布袋、地板垫、布帘和墙饰等柔软的材料为幼儿营造一个舒适、温馨，类似于"家"一般的幼儿园环境。

这样的环境能帮助幼儿尽快适应幼儿园生活。又如，小、中、大班设置"糖果区"，小班材料种类少，糖果个体大，色彩鲜艳；中班糖果材料丰富，有幼儿自由操作材料；大班操作材料丰富、糖果形体、色彩可由幼儿自由决定。这一活动区的设置体现由于幼儿年龄阶段不同，同样内容游戏区材料投入、玩法上体现一定层次性。教师应关注幼儿游戏，有计划地逐步投放或更换游戏材料，变换玩法，不断激发幼儿发展的新需要。

第三，游戏活动区的设置应做到因地制宜、巧用空间。

在托幼机构的一日生活中，有集体活动、个别的和小组的活动等不同形式的活动组织形式教师应根据本班活动室场地条件，因地制宜地设置活动区。为不同组织形式的活动创造条件，保证不同形式的活动都有可能进行。比如，活动室的空间比较大，可以把活动区设置在活动室的四周。这种活动区边缘的设置的方法可以为集体活动提供开放的、能够和各活动区形成良好互动的中心场所。如果活动室空间比较小、或形状不规则或者是由几个小房间构成整个班级的活动空间，需考虑不同活动区的结构方式。例如，可将积木区或美工区等的位置材料固定放置，活动时在依需要，搬开桌椅，腾出空间，开展游戏活动。

第四，赋予环境一定的自治因素。

在创设自选游戏环境时，教师还要注意探索并赋予环境一定的自治因素，发挥环境的暗示、引导作用，规范、协调和控制幼儿的行为。例如，用小脚丫图案告知幼儿进入活动区的方向。在一些需要限定人数的区域上设有相应的标记，用帽子图案，引导幼儿自动调整人数；小班玩具架有相应材料的标记指导幼儿按类收放。同时，结合环境创设，注重引导幼儿建立和执行游戏规则。例如，在小班图书区墙上布置了两个娃娃一起看书的形象，暗示和引导幼儿能共享材料，安静认真阅读。自选游戏环境的创设并不意味着全部由老师创设，可以考虑将环境的创设作为教育的过程，作为教育活动的组成，引导幼儿与教师共同参与创设。

第五，室内游戏环境要发挥整体效益，实现整体效益最大化。

教师设置活动区时，还需要考虑各区域及活动之间如何相互适应和协调的问题。需要注意调整各活动区的相互关系。活动区的分布要考虑活动之间的相互协调和互不干扰；每一种活动所需的空间的大小。例如，幼儿喜欢上下楼梯或坡道并把楼梯和坡道当作游戏区玩，教师可以架设阁楼、坡道等把层高较高的空间变成多层空间。既增加了幼儿游戏的情趣又有效利用了空间，保证游戏整体空间最大效益。

同时，教师在空间的分割和活动区的安排上要考虑"交通"问题。经过分割后的空间要方便幼儿在活动室内行走，幼儿能自由地来往于各活动区。幼儿从一个活动区到另一个活动区时，不必横穿其他活动区。例如，去厕所的通道要经过积木角，那么，幼儿的建筑物可能会被经过那里的幼儿碰倒。可以用较矮的分割物来隔离空间，既使活动区受到保护，又使幼儿意识到对他人活动的尊重。

## 二、室内游戏活动区的整体规划与布置

游戏活动区的室内整体规划与布置是游戏区设置实现整体优化，发挥整体效应的核心要求，也是创建合理有效的室内游戏场地整体结构的最关键环节。教师在具体规划和合理布置众多区域时要考虑以下问题。

### 1. 各活动区的界限性

在划分界限时，除要考虑美观、漂亮外，教师还要注意从教育的角度出发来设计。活动区的界线要划分清楚、明确，便于幼儿开展活动和教师进行管理。活动区之间的界线可有以下三种形式的表现或划分。

平面界线的划分。教师通过地面的不同颜色、图案或性质来划分不同区域。如在积木区的地面上铺上地毯、在娃娃家的地面上刷上温暖的红色，这样幼儿可一目了然，很快就会记住不同的区域。

立体界线的划分。教师运用架子、柜子或其他物体隔离划分出不同的区域，形成封闭或开放的空间。需注意的是，教师运用的隔离物不可太高，最好适合幼儿的视线和高度，以便他们能够清楚地辨认区域，也便于教师观察，控制幼儿在活动区的活动。

悬挂张贴不同的标牌或装饰物。教师可以用写有相关活动区的文字、图片或装饰物帮助幼儿区别各个区域。

各活动区在清楚划分各区域的同时，还要注意在活动室内留有足够的便于幼儿进出的通道，以保证活动区活动的顺利开展。

### 2. 各活动区的相容性

所谓的相容性是指布置活动区时要考虑各区域的性质，尽量把性质相似的活动区安排在一起，以免相互干扰。根据美国的学者布朗把活动区归为下述四类：静态、用水——科学观察区、手工区、美工区；动态、用水——玩沙区、玩水区、娃娃家区；静态、不用水——图书区、数学区；动态、不用水——音乐区、益智操作区、积木区。教师应把性质类似的活动区放在相邻的位置，如把阅读活动区和观察为主的科学活动区放在一起，这两类活动都需要相对安静的环境。把积木区和娃娃家放到一起等，便于幼儿操作和互动。

### 3. 各活动区之间的转换性

所谓转换性即教师在考虑划分各个区域的同时，也要考虑幼儿可能出现的将一个活动区的活动延伸转换至其他活动区的需要。例如，幼儿在娃娃家的角色游戏活动，

可能会延伸到积木区；幼儿在科学区观察小植物生长的状况活动，可能会延伸到美工区，把小植物生长的状况画出来。教师应该预见幼儿可能出现的延伸活动，在活动区的设置上要尽量满足幼儿这一兴趣和需要，并适时调整活动区的种类和数量。

创设良好的室内游戏场地是以游戏活动区的设置为核心的，当然活动区的设置还要与室内其他空间甚至室外场地或空间相互配合、协调，从而营造出和谐适宜的游戏活动场地。

## 三、户内游戏场地构成与材料

在托幼机构历史发展过程中，形成了以游戏为基本活动，以活动区为空间基本结构的托幼机构教室的组织形式。我们通常把一个结构合理、内容丰富的活动区看作一个良好的户内游戏环境的表现形式。通常教师可以根据班级的空间、幼儿的人数、幼儿园办园的实际条件为幼儿创设活动区。

### 1. 积木区

积木游戏所需的空间较大，因此留给积木区的空间应足够开阔。通常积木区应当远离通道，以使幼儿能够不受干扰地全身心进行建构活动，同时也可以避免幼儿的建构物被来往的其他幼儿碰倒。

积木区亦可以用作集体活动的区域。积木区的建构活动往往也可能演变为象征性游戏，角色游戏区的幼儿可能需要用的积木或其他替代物。因此，教师可以考虑把积木区设置在角色游戏区的旁边或对面，让幼儿可能同时使用两个区域而不影响其他区域幼儿的活动。

幼儿在积木区的活动可以分为安静和吵闹的两种不同的性质。有条件的幼儿园，可以在户内和户外分别设置积木区，以便满足不同倾向幼儿在不同地方玩。例如，有的幼儿在积木区玩赛车和医院等游戏，这些游戏往往吵闹，所占据的空间也很大。有的幼儿在积木区玩安静的游戏。为避免相互干扰，可设置两个积木区。

供幼儿建构的积木为原色的中型单元积木为好。如果室内空间较小，可以把大型的空心积木放到户外去。可以积极添加木板等以支持幼儿建构活动。

积木可以摆放在低矮的架子上，积木架可以作为积木区的自然边界。把小的、多种颜色的积木放在配有图片、照片的篮子或桶里。

在积木区应当铺设地毯，可以减少噪声，也有助于把积木区和其他活动区分开来。

### 2. 角色表演区和表演游戏区

角色表演区和表演游戏是幼儿喜欢的游戏。由于，这两种游戏都涉及角色扮演，因此，教师可以让幼儿利用同一区域开展角色游戏或表演游戏。如以家事为主的"娃娃家"游戏，游戏能反映幼儿熟悉的生活内容，能有幼儿更多的经验支持。"娃娃家"游戏是作为幼儿园最基本的角色游戏，同时也为幼儿提供一个安全的、熟悉的环境，给幼儿带来一种亲切感、温馨感，为幼儿自我创造了更好的发展机会。

娃娃家的设置要注意适当的私密性或半封闭性。开放式的"娃娃家"容易使幼儿的游戏受到干扰。低矮的玩具架、与幼儿身材高矮差不多的"冰箱""衣柜"等可作为"娃娃家"的自然隔断。

"娃娃家"的布置,"娃娃家"的配备材料,可以按照"家"的基本概念来准备,如在桌子上铺上色彩明亮的桌布,放上一些花等;为幼儿配备烹饪和进餐的用具等。也可为幼儿提供各种真实的从事家事活动的用品和工具,如打蛋器、削皮器、米、面粉和各种量具等。还可以为幼儿提供各种真实的家事活动(如叠衣服、卷袜子等),使幼儿的日常生活技能渗透在游戏中。

空间的组织也可以模仿"家"空间结构设置。老师在各种家庭生活用品的存放模拟家庭存放这些用品的方式,如把干净的折叠好的衣服放到柜子里,把锅、刷子、漏勺等挂到墙上。

在各年龄班,教师也可以根据幼儿的兴趣和愿望把角色游戏区改造为表演游戏区。随着幼儿生活经验的丰富,可以在"娃娃家"游戏的基础上,逐步扩展角色游戏和表演游戏的主题和内容,围绕多个主题设置多个角色游戏区以激发幼儿更高水平的角色游戏,扩展他们对于周围社会生活的认识和理解。

### 3. 美工区

对幼儿来说,涂鸦绘画、折纸做手工等同样也是游戏。通过绘画、制作模型等活动,幼儿表达自己对周围世界的理解、想象和愿望。

美工区通常设置在自然采光条件较好的地方,如窗户边。由于一些美术活动需要用水,如混合和清洗颜料、因此如果条件允许,应当把美工区设置在靠近水源的地方。

美工区需要的设备包括画架、放置美工材料的开放式的柜子、供绘画、做手工的桌子等。美工区可以利用各种回收的包装盒、装订工具和材料等。例如,超市卖牛奶用的包装盒可以让幼儿学习立体涂色。教师应当和幼儿家庭合作,回收各种可用的材料并且分类存放这些回收物品,以方便幼儿寻找自己需要的材料。

美工区应当铺设容易清扫的地面。在设置美工区时,还应当同时考虑为幼儿提供展示作品的空间和晾干物品的空间与设备。

同样,在美工区应当为幼儿提供各种可供选择的材料,让幼儿自主决定用什么材料来做什么,体验和发现不同的材料和工具的性质和功能。

### 4. 益智玩具区

幼儿园还有一些益智类玩具,这类益智玩具包含一定的问题或任务,要求幼儿在游戏过程中解决问题、完成任务,如各种拼图等。益智类玩具属于比较典型的教育性玩具。教师可以把这类玩具和材料集中起来,专门设置一个益智玩具区。

益智玩具区游戏环境应相对安静,要为幼儿提供足够的空间让他们不受干扰地来探索和思考。益智玩具区远离角色(表演)游戏区和积木区。应设置在摆放益智玩具的玩具柜旁,方便幼儿去放玩具。可以为幼儿提供桌子,也可以让他们在地毯上玩。

益智玩具区的玩具柜应当是开放的，以便幼儿能够容易地看到有哪些玩具。玩具应当放在开放式的或透明的容器中，并用实物或图片做成标签贴在容器上。

### 5. 阅读区

在学前期帮助幼儿掌握前阅读技能，培养幼儿的阅读兴趣，对幼儿的终身学习具有非凡的意义。幼儿园应当重视阅读区的创设。

阅读区应当设置在安静且自然采光条件良好的地方。阅读区应当有幼儿读物、供幼儿阅读时所用的设备如桌椅或地毯、靠垫等。阅读区应该给幼儿舒适感，并成为教室最吸引人的地方。

供幼儿阅读的材料包括各种买来的、手工制作的图书和杂志、相册等。在选择图书时，要注意图书在形式和内容上的年龄的适宜性。

阅读区可设置在美工区附近，以便幼儿在阅读图书的过程中，萌发自己创作、或用图画表达自己对故事等阅读的理解。

图书要平放在开放式的书架上，书的封面要对着幼儿，以便让幼儿很清楚地看到有什么书。

### 6. 音乐舞蹈区

音乐舞蹈是幼儿喜欢的活动，除正规音乐舞蹈课外，应当为幼儿提供"玩"音乐的机会。

由于音乐舞蹈区的活动比较吵闹，音乐舞蹈区应远离阅读、美工区等安静的活动区。同时，要注意把该区域放在离电源插座较近的地方，便于放音乐。

音乐舞蹈区的材料包括：儿童打击乐器、收音机及表演和舞蹈所用的道具。这些材料可以放在低矮的桌子上和开放式的架子上，并贴上标签。

### 7. 沙水区

沙水游戏是幼儿喜欢的游戏活动之一。在有条件幼儿园创设沙水区。沙水桌是创设户内区的适宜的设备。如果没有条件购买沙水桌，可以把大型的塑料盆（如婴儿浴盆）作为替代物，放置在低矮的桌子上或地板上。沙水区应放在离水比较近的地方，方便幼儿取水。若沙水桌靠墙摆放，可能会限制参与游戏的幼儿人数。如果把沙水桌摆放在离较远的地方，可以使至少 4 个幼儿同时游戏。

沙水游戏材料包括洁净的沙水；可以装、倒、舀、灌、刷的容器、工具和玩具（如可供幼儿洗的橡皮娃娃）；可以让幼儿学习沉浮、溶解、转动等概念的材料和玩具；防水用品如围裙、护袖和清扫工具。存放沙水游戏材料和玩具的最简单的方式是把它们归类放入带标签的桶里。也可以把一些材料直接挂在墙上。

沙水区的地面要便于清扫和不怕谁。可以把厚塑料地毯等铺设在地板上。由于幼儿总是面对沙水桌玩，所以沙水桌周围可以不设置隔断。

### 8. 电脑区

电脑已经成为现代幼儿的学习工具和玩具。从小让幼儿适当地接触电脑，有益于提高幼儿对现代社会环境的适应性。在教室里创设电脑区有助于幼儿的社会性交往和经验的分享。

电脑区可视班级幼儿的多少和教室空间的大小，提供可容纳 1～3 台电脑的空间。每台电脑要配有大小、高矮适合幼儿身材的电脑桌椅和适合幼儿身心发展特点的软件材料。供幼儿游戏和或活动时使用。有条件的班级可配置彩色打印机。

# 第三节　幼儿园户外游戏场地的创设

户外游戏场地是幼儿户外活动的场所。幼儿在户外游戏，可以接受空气的温度、湿度、气流的刺激和阳光的照射，呼吸新鲜空气，能增强对外界环境的适应能力，加强机体的新陈代谢，促进生长发育。幼儿在户外奔跑追逐、攀登钻爬跳跃，使身体基本活动能力得到锻炼，可以提高身体活动的协调性、灵敏性、柔韧性等。户外游戏活动对于幼儿的健康发展具有重要意义。我国《幼儿园工作规程》规定：在幼儿园，幼儿每日户外活动的时间不得少于 2 小时，寄宿制幼儿园不得少于 3 小时，高寒地区在冬季可酌情减少。

## 一、户外游戏场地的基本要求

由我国城乡建设环境保护部、原国家教育委员会颁布的《托儿所、幼儿园建筑设计规范》规定："托儿所、幼儿园室外游戏场地应满足下列要求：一、必须设置各班专门的室外游戏场地。每班的游戏场地面积不应小于 60 平方米。各游戏场地之间宜采取分割措施；二、应有全园共有的室外游戏场地，其面积不宜小于下列计算值：室外共有游戏场地面积（平方米）＝180＋20（N－1）（注：180、20、1 为常数，N 为班数，乳儿班不计）。"

## 二、户外游戏场地的种类

游戏场地经过 100 多年以来的发展，形成了不同的游戏场地类型。根据弗罗斯特等人的理论把游戏场地分为四种类型：传统的游戏场地、现代游戏场地、冒险性游戏场地和创造性游戏场地。

### 1. 传统游戏场地

传统的游戏场地是指在平坦的地面上放置可供幼儿活动的器械，如跷跷板、滑梯、秋千、攀登架和旋转椅等。这些器械通常功能单一，幼儿在这种游戏场上进行的游戏多数是练习性游戏。这种游戏场地在结构上不强调"设计"，器械和设备一般随意地摆放在空地上，用水泥加以固定，围以栏杆或篱笆。这种游戏场地更多的只是为满足幼儿运动的需要。因注重器械和设备在使用寿命上的耐久性和维修的方便，因此器械和设备往往是铁质的而且是不可移动的。

但传统游戏因不能刺激幼儿的想象力和创造性、不能满足和支持幼儿进行各种不同类型的游戏，低使用率、低水平的游戏和高意外伤害率而受到批评。

### 2. 现代游戏场地

"现代游戏场"亦被称为"设计者游戏场"，由专业设计师或建筑师设计，由昂贵的木质器械、金属器械等构成，通常包括木质的攀爬台、滑梯和爬梯、轮胎阵、吊桥、滑轮缆绳、轮胎秋千、平衡木、隧道等，强调美感、多样化功能设备和不同功能游戏区域的联结。其具有如下特征。

现代游戏场运用"联结"的原则，把单独的器械或设备结合在一起，增加了游戏器械与设备的复杂性与趣味性。在现代游戏场上，游戏器械和设备被结合成大型的组合运动器械，增加了游戏器械和设备的可探索性。例如，攀登台、轮胎阵、吊桥、爬梯、滑轮缆绳、滑梯、轮胎秋千、平衡木等。同时，现代游戏场地注重为幼儿提供多样化的游戏和学习经验。此外，现代游戏场地往往包括不同的活动区域，以支持和丰富幼儿不同类型的游戏和学习活动。

### 3. 冒险性游戏场地

冒险性游戏场地是一种非正式的游戏场，利用自然环境和各种各样的废弃物开展活动。游戏场地中除了储物架和储藏室外，各种设施都是临时的，由儿童们自己建筑，用木材、绳索、缆绳轴、轮胎、砖块等进行各种创造性活动，可以不断地拆掉重建。

冒险性游戏场地整合了儿童自由探索和对创造性的追求，儿童成为游戏场地真正的"主人"。儿童利用自然环境（如池塘、花园、防空洞等）和自然材料（如泥土、木材、轮胎、绳索等）以及工具（如锤子、锯子、钉子等）来建构和游戏。儿童可以进行包括建造、拆卸、炊事、挖掘、种植、养殖等多种多样的活动。在冒险性游戏场地儿童可以表达他们对世界的想法，可以自己动手来制造自己想要的东西或"世界"。

冒险性场地最大的意义在于"不确定性"。"传统游戏场地"和"现代游戏场"由成人为儿童所规划、设计；其情境和意义是固定不变的、不可改变的。儿童在"冒险性游戏场"中可根据自己的想法来创造自己的"世界"，可以自己来建造游戏环境，这些帮助儿童长生对游戏场的主人翁感、责任感和成就感。同时，在建造的过程中，使儿童获得许多实际的生活技能。冒险性游戏场地安全问题备受争议和关注。

### 4. 创造性游戏场地

创造性游戏场地一般经过一定的设计和规划，提供多种游戏设施，旨在引发儿童多样化游戏经验。创造性游戏场倡导因地制宜、经济适用和鼓励儿童创造。场地多使用废弃物。创造性游戏场地通常是在游戏场专家的协助下，由家长、教师和儿童自己规划和建造的，而现代游戏场则由专业的游戏场专家设计制作的。创造性游戏场地倡导因地制宜、经济适用和鼓励儿童的创造性，其设计理念比较适合于幼儿园和学校的游戏场。

我国幼儿园的户外游戏场地，大多数仍然属于传统的游戏场地，游戏场本身缺乏"结构"和设计；重"人造"轻"自然"，形式上"儿童化"。在当前城市化迅速发展的背景中，如何为幼儿创设和保留亲近自然的机会和条件，使游戏场在促进幼儿全面发展、尤其是身体素质的发展中发挥应有的作用和功能。这应该是一个值得广大幼教工作者深思的问题。

## 三、户外游戏场地的组成与设计

一个好的户外游戏场地应当具有探索性和挑战性，能满足幼儿运动和游戏的需要，能激发幼儿的探索与想象，能促进幼儿身心各方面的发展。

### （一）户外游戏场地的基本构成

户外游戏是幼儿在园生活和学习的重要环境。一般来说，每个幼儿园应当拥有自己的户外游戏场地。户外游戏场不仅仅是在一块空地上放上几样大型的活动器械或设备，而应当有"结构"。成人应当带着"童心"和"童趣"来为幼儿设计一个安全有趣的户外游戏场地。

根据沃尔德指出户外游戏场地，至少首先要考虑游戏场地的几个基本部分：地面、游戏区的划分及其设施的提供，他指出一个好的游戏场地应该可以增加幼儿的游戏强度，鼓励幼儿各种游戏行为如身体游戏、社会游戏、建构性游戏以及规则游戏。

#### 1. 地面

应该有不同的游戏地面以促进不同游戏类型。

平坦的草地或泥土地——适合开展一些迅速移动身体的游戏，如跑、追逐等，都需要有一片开阔的场地以及一个相对较软的地面以防摔倒受伤。大片草地是最理想的地面，其次是水泥地，但较易发生伤害。如果没有草地，可以铺上体操毯供孩子们跑跳滚爬。

硬地面——混凝土或沥青地面最适合自行车、四轮车以及脚踏车在上面行驶，也可以作为通向不同游戏区的通道，游戏方便坐轮椅的幼儿，也可用于开展艺术活动和球类活动。幼儿通过使用这些道路可以熟悉路标人行道以及停车场。

跌落区——在所有设施下面两米见方范围铺一层柔软的有弹性的地面（由沙子、木屑、橡胶垫、轮胎等构成）。

#### 2. 游戏区的设施

游戏场地应该包括各种设施和游戏区，以促进各种游戏行为。

身体游戏：

攀爬器械，如绳索、轮胎网、梯子、台阶、爬杆以及轮胎秋千；

平衡能力游戏区，如平衡木、竖在地上的短杆或汽车轮胎；

抓握器材，如秋千链、扶栏、梯子横栏、用于沙地游戏的工具；

爬行区域，如隧道或各种管道；

推拉器材，如秋千，三轮车、四轮车、大卡车及有轮的沙地玩具；

挖掘区域，如沙箱；

跳跃器材，如四周铺着沙子的平衡木、下面铺着软物的低平台或台阶。

社会游戏：

要求或鼓励多个幼儿参与器材，如三轮车、四轮车、球类运动、跳绳、大木版条箱、沙箱、旋转秋千以及传统秋千；

鼓励幼儿聚在一起进行交谈的空阔的平板和隔离物。

建构游戏：

沙箱和玩沙器材，如铲子和耙子；

木工工作台、木块、工具以及紧固器如螺杆、螺母及钉子；

散件，如轮胎、缆绳轴、木制或塑料板条箱、大块木制或塑料积木以及不同长度的木质板；

艺术活动，包括颜料黏土、手工艺以及涂人行道用的大彩色粉笔；

花园布局，种植工具以及种子。

戏剧游戏：

可以当作房子、城堡、船只、飞机、学校及医生办公室的建筑物和封闭物。

规则游戏：

球、跳绳以及其他游戏设施；

进行规则游戏的硬地面；

画出边界和外形的粉笔。

## （二）户外游戏场的游戏区域

### 1. 大型组合运动器械区

大型组合的运动器械是幼儿户外游戏场地上的主要设备。它可以为幼儿练习各种基本动作提供机会、促进大肌肉动作的发展。

对于正在学习控制身体运动的幼儿来说，户外的大肌肉运动非常重要。练习爬行、走平衡木、滑滑梯、攀登、骑脚踏车、爬坡等各种各样的活动，可以促进幼儿的身体运动能力，提高身体运动的灵活性、敏捷性、协调性，增强身体的力量、耐力、速度等。

大型的组合运动器械应包括可供幼儿练习基本动作的各个组成部分。在大型的组合运动器械下面应注意铺设柔软的地面材料。如沙、木屑、碎木块、树皮等。

在组合器械中，攀登架的高度应有不同水平的变化。可以由高度不同的木质平台组成，以使幼儿能够在不同的高度和角度观察事物和景观的变化。在户外游戏环境中，还可以利用自然环境条件让幼儿练习攀登，如台阶、弯道、梯子、滑梯、绳梯、桥和滑杆等。这些设施可以增强幼儿上臂肌肉的力量，使手的抓握动作和腿的运动协调起来。

高低不同的树桩所形成的"脚踏石"或"梅花桩"、平衡木或圆木、攀爬的梯子等都可以促进幼儿平衡能力的发展。

秋千有利于刺激幼儿前庭器官的发育，促进感觉统合能力和平衡能力的发展。秋千也促进幼儿决策和计划能力的发展。例如，幼儿需要决定如何坐进秋千里去和如何下来，如何来控制秋千的运动等。

### 2. 车道

车道可以让幼儿玩带轮子的工具。通过上坡、下坡，在不同坡度的地面上汽车和避免碰撞，可以促进幼儿身体动作的协调和对运动与速度的控制能力的发展，增强幼儿的观察能力和反应的灵敏性，增强幼儿的自信心。车道可沿着游戏场的自然地形修建，以造成不同的坡度。在车道上设置桥、坡度可以增加骑车的挑战性和趣味性。

### 3. 玩水区

在户外游戏场中可以为幼儿提供玩水的机会，包括适合于不同年龄幼儿的涉水区、水桌和瀑布/水车工作系统。玩水区可以使幼儿学习湿与干、沉与浮、冷与热、浸入与倒出、重与轻、满和空、干净与脏等丰富的概念。同时，玩水游戏也可以使幼儿喜欢水、不害怕水。

在我国气候寒冷的北方地区，在冬天可以把玩水区变成玩雪区。通过玩雪活动，幼儿可以接触到湿、干；热、冷；固体、液体等不同概念。玩雪活动包括，做雪雕、用雪建构、乘雪橇和滑雪运动。可以通过提供塑料铲子、提桶、勺子和其他开放性材料来促进幼儿游戏活动的发展。

### 4. 玩沙区

沙和水都是充满魅力的自然材料。沙和谁不仅给幼儿带来快乐，而且可以为幼儿提供有益的学习经验。成人和幼儿都喜欢沙和水。

玩沙游戏可以为幼儿提供丰富的感官刺激。沙子富有多变化的物理特性，是令幼儿着迷的操作材料。幼儿可以使用铲子和勺、筛等工具，进行舀、筛、推、挖、拍、灌等多种动作，学习用沙塑造模型。玩沙游戏可以使幼儿的精细技能得到联系，亦可促进幼儿认识沙子的基本物理特性，为幼儿提供学习测量的机会和进行创造性表达的机会。所以，幼儿园应为幼儿提供玩沙的多种多样的工具和器皿，鼓励他们的探索和表现活动。

玩沙区可以设置在玩水区附近，以便幼儿把两个区域的活动结合起来。可以在玩水区设置沙箱、沙坑以及水管或手动的水泵等。沙箱可以有帆布顶或盖的，以便在不用的时候把它盖上，保证沙子的清洁。有条件的幼儿园可以设置浅沙池。浅沙池是最自然的户外玩沙区。幼儿可以在浅沙池旁挖渠、做泥土馅饼、漂木板、趟水以及溅水等。

### 5. 美工区

幼儿园的户外美工区为幼儿使用美工材料进行大型美工作品创作，提供了天然场所。在这里，让幼儿尝试使用类似于旧床单、报纸等较大型的材料来创作。也可以利用户外走廊、墙壁等作为幼儿画"大画"的地方。幼儿园可以通过把画架、桌子和美工活动材料等移到户外美工活动区。

户外的环境也为幼儿提供了观察自然的机会和条件。教师可以和幼儿在户外一起观察和表现自然界中各种事物和现象，如各种不同的植物、树叶、花在不同光照条件下的树、云彩、昆虫等。

### 6. 种植、养殖区和自然区

种植、养殖区可以为幼儿提供观察和体验播种、栽培、施肥、浇水等种植活动的机会，帮助幼儿理解植物生长的过程，了解植物生长过程与外界环境之间的关系，如水分太少或太多可能出现的结果。通过直接接触各种各样的材料，幼儿可以了解各种物质的基本特性。通过承担施肥、浇水等任务幼儿可以学习分担责任。

除活动的区域以外，户外游戏场中还应当有一个包括树木和各种植物的"更为自然"的自然区或绿地。在自然区，幼儿可以体验自然的幽静、美丽和神奇，也可以满足幼儿对独处的需要。自然区可以为幼儿提供观察鸟类和蝴蝶等自然现象的机会，帮助幼儿学习保护自然环境。

### 7. 角色游戏和表演区

在户外游戏场为幼儿提供创造性游戏和表演游戏的空间和机会，可以促进幼儿的社会性、角色扮演能力、情绪和情感的表达、语言和想象力以及积极的自我概念的发展。幼儿园可以在户外游戏活动场中创设角色游戏和表演游戏区，提供相关的游戏材料来支持幼儿在户外的角色和表演游戏。为幼儿以自己独特的方式表现、表达自己提供和创设条件。

### 8. 游戏小屋

户外游戏小屋既可以促进幼儿社会性交往，也可以满足幼儿独自游戏的需要。

游戏小屋可以满足一个或多个小朋友活动的需要，也可以帮助幼儿实现独处的愿望。独处对于幼儿的身心健康、帮助他们学习与他人相处是有积极意义的。通常，游戏小屋设有敞开的前门或窗，以便教师能看到里面的幼儿。大的纸箱也可以作为这种游戏小屋来使用。

## （三）户外游戏场地评价的基本原则

应当怎样设计游戏场？一个好的游戏场地应当具有什么样的特征？我国学者刘焱认为安全性、因地制宜性（包括与自然环境的和谐和人文环境的和谐）、多样性和可接近性是我们在设计和评价幼儿园游戏场地时应当考虑和遵循的四个基本原则。

### 1. 安全性

安全是游戏场地设计时需要考虑的第一原则和要素。防止幼儿从游戏器械上掉落到坚硬的水泥地面上，应在所有的攀登物下面铺设一定厚度的具有柔软性和弹性的材料，如沙、木屑、碎木头、胶垫等。运用草坪、沙、灌木丛、树、碎木块、水、花、树皮和吊床等可以为幼儿创设一个安全舒适的户外游戏场地。

户外游戏场地所用的材料（包括铺地的材料）应当是经济的、耐用、无毒，并能牢固地固定和安装以及便于保养和维护的。

户外游戏场地的设备和设施应当适合于幼儿的年龄、身材、活动能力的特点，具有发展适宜性。

### 2. 因地制宜性

在创设因地制宜的环境时，要注意与自然环境和与人文环境和谐的问题。现代化的进程使幼儿远离了自然界，丧失了在大自然怀抱里自由嬉戏的乐趣。如攀登架带给儿童的快乐不能和攀爬一棵真正的大树相提并论。沙坑和沙箱游戏虽然能让生活在都市的幼儿满足欣喜，但是沙坑、沙箱毕竟不能代替海边、河边真正的沙滩。草地、树林、小溪、小山坡是让幼儿探索、嬉戏的天然游戏场。幼儿园游戏场地的设计应当注重对场地的自然环境（如小山坡、大树、草地、小溪）的利用，注意与自然环境的和谐。"提供一个创造性游戏场地的最经济标准，乃在于保留其最原始自然的特点（弗罗斯特，1991）。"同时，沙、水等自然的、多功能性材料的运用，也可以增加游戏场地与材料的可变化性。避免让拙劣的人造物掩盖或完全取代原本自然环境特色。

在取材上，应当注意就地取材。就地取材既可让幼儿感受当地环境的特点，也符合经济适用的原则。例如，在盛产竹子的地区，可以尝试利用竹子作为游戏场地的主要材料。

此外，幼儿园游戏场地的创设，要注意和当地的社会文化背景的和谐，吸收当地的传统文化。尤其要注意把当地特色的传统游戏吸收到幼儿园户外游戏场地的设计中来，使幼儿从小游机会体验当地的、民族的、本土的传统文化。

### 3. 多样性

活动的多样化可以保持幼儿游戏兴趣和丰富幼儿的学习经验，鼓励幼儿的探索（包括对周围环境的探索和对自己能力的探索）、想象、交往和合作，促进幼儿身心的全面健康和协调地发展。在户外游戏场中，可以通过创设不同地活动区域、提供多功能的材料和组合不同的器械和设备来支持幼儿多样化的游戏活动。户外游戏场应为幼儿提供一个可接近自然的、能反映幼儿真正游戏方式的并富于变化性、探索性和挑战性的环境来满足幼儿游戏和探索的需要，为幼儿提供更为丰富多样的游戏经验，鼓励幼儿探索理解周围环境，认识自己和别人，促进幼儿身心的健康发展。

要使游戏场能够支持幼儿游戏的多样化，首先要改变传统游戏场的看法。保证户外游戏不仅仅是幼儿"运动"的地方，同样也是幼儿探索学习的地方。适宜幼儿户外活动的不只是"大肌肉活动"，一些传统上认为是"室内的活动"（如美工活动、角色游戏等）同样可以让幼儿在户外进行。不必严格地划分"户内"和"户外"活动。

创设不同的活动区域支持幼儿多种性质的游戏活动。允许幼儿进行不同性质的活动（如安静的和激烈的、个人的和小组的活动），以引发幼儿多样化的活动。

提供多功能活动材料。允许幼儿根据自己的想法和愿望来加以操作、组合和改造。材料的多功能性可以提高幼儿游戏的兴趣和复杂性。所以，多采用沙、水等自然材料和可移动的器械可以增加游戏场的趣味性和复杂性。

巧妙组合不同器械和设备的玩法。例如，步道、滑梯、斜坡以及高度不同的平台等联结起来，可以增加独立器械和设备的复杂性和趣味性。同时，也为不同年龄不同能力的幼儿提供了不同的选择性。

### 4. 可接近性

户外游戏场最好紧挨着教室以便幼儿能自由、迅速、安全地从室内走到室外。如果由于客观条件的限制，幼儿园没有合适的户外活动空间，也可以考虑利用屋顶平台，或者利用社区内的绿草和活动场所。

如何评价户外场地，弗罗斯特（1992）提出了好的户外游戏场地的10条标准（见表5-1）。

表 5-1

| | |
|---|---|
| 1. 鼓励幼儿游戏 | 吸引人的，容易接近 |
| | 开放的空间和令人放松的环境 |
| | 户内外通行无阻 |
| | 有适合不同年龄的设备和设施 |
| 2. 刺激幼儿的感官 | 在比例上、亮度、质地和色彩上的变化和对比 |
| | 多功能的设备 |
| | 给幼儿多种经验 |
| 3. 激发幼儿的好奇心 | 可以让幼儿自己加以变化的设备 |
| | 可以让幼儿进行实验和建构的材料 |
| | 植物和动物 |
| 4. 满足幼儿基本的社会和身体方面的需要 | 对幼儿来说是舒适的 |
| | 设备和设施的尺寸适合幼儿的身体 |
| | 具有体能上的挑战性 |
| 5. 促进幼儿与环境之间的互动 | 能为幼儿的行为提供一定规范的、摆放整齐的储藏 |
| | 提供幼儿阅读、拼图或独处的半封闭的空间。 |
| 6. 支持幼儿与其他幼儿的交往 | 各种不同的空间 |
| | 足够大的空间以避免冲突的发生 |
| | 能促进幼儿社会性交往的设备和设施 |
| 7. 支持幼儿与成人交往 | 易于保养和维护的设备设施。 |
| | 足够大的、使用方便的储藏室 |
| | 方便教师观察监督的空间 |
| | 可供幼儿和成人休息的空间 |

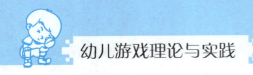

（续表）

| 8. 丰富幼儿认知类型的游戏 | 功能性的、体能性的、大肌肉运动的、活动性的建构性的、创造性的 |
|---|---|
| | 扮演角色、假装的、象征的 |
| | 有组织的、规则的游戏 |
| 9. 丰富社会性类型的游戏 | 独自的、独处的、沉思的 |
| | 平行的 |
| | 合作性的相互关系 |
| 10. 促进幼儿的社会性和认知的发展 | 提供渐进的挑战性 |
| | 整合户内外的活动 |
| | 成人参与幼儿的游戏 |

# 第四节　幼儿园玩具和材料

玩具和游戏材料是游戏活动的重要物质条件，玩具给幼儿带来快乐，为幼儿提供学习机会。幼儿借助玩具，认识周围世界，表达自己的观点、想法、体验和感受。

## 一、玩具和材料的价值

历史上教育家们都很重视游戏玩具，我国伟大的思想家、文学家鲁迅说："游戏是儿童最正当的行为，玩具是儿童的天使。"（鲁迅：《野草·风筝》）古希腊思想家亚里士多德在《政治论》中就提出玩具适合幼儿心理，"人们逗小孩玩的，使他们不至于打破室内的其他杂物的阿奇泰摇鼓是一种绝妙的发明，因为小孩总是好动的，摇鼓是适合幼儿心理的玩具"。夸美纽斯是这样论述玩具的，"这些东西，可以帮助他们，自寻其乐，并可锻炼身体的健康，精神活泼，身体各部也因之而灵敏……总之，儿童所喜欢玩的东西，只要于他们没有伤害，都应该使他们满足，而不应该禁止他们"。克鲁普斯卡娅曾全面论述学前儿童的玩具。她提出从幼儿的需要和爱好来对待幼儿的玩具，"我们要注意儿童的主动性表现在哪些方面，然后给他们一些能够发挥其主动性，并把这种主动性组织引向一定轨道的玩具"。福禄贝尔和蒙台梭利曾为幼儿设置了一些玩具和游戏材料。

### 1. 玩具促进幼儿身心健康发展，是对幼儿进行有效教育的工具

早在 20 世纪 50 年代创建的国际游戏理事会，就把其宗旨定位"促进对玩具及玩具知识的研究"，以此，彰显玩具及玩具对幼儿健康发展的重要性。国际上，英、美、加拿大、澳大利亚等许多国家都设有玩具图书馆，出租各种玩具，以满足幼儿需要，

并成立玩具协会，开展玩具的研究和制作，使之更好地促进幼儿身心发展。玩具丰富多彩的游戏内容，不仅以幼儿容易接受的方式帮助幼儿认识周围世界，发展智力，也使幼儿产生积极快乐的情绪，并潜移默化地陶冶幼儿的性格。

**2. 玩具是幼儿的游戏工具，亦是幼儿游戏的物质支柱**

幼儿的思维是具体形象性的，凭借着玩具，通过对玩具的感知觉，引起幼儿对所体验过的食物直接联想和想象，并引起相应的一些行为和活动，为幼儿园的各类游戏的开展提供了条件。玩具同时以其生动的形象、色彩和声响，吸引幼儿，激发幼儿动手、动脑及身体各部分活动的积极性。幼儿在摆弄和操作玩具进行学习、探究和实验，不仅促进幼儿动作和手眼协调能力发展，也促进他们智力发展。

总的来说，游戏为幼儿提供了一个表达自己情绪情感、释放焦虑、处理紧张和冲动、理解现实与想象之间的界限与关系的机会。而玩具和材料是他们表现和表达情绪情感、想象和释放焦虑的适宜工具或手段。教师通过幼儿操作玩具和材料来分析幼儿内心的冲突和所面临的问题和困难。因此，玩具和游戏材料也就成了教师了解和理解幼儿的"读本"。

## 二、玩具和材料对幼儿游戏行为的影响

幼儿早期教育工作者早就意识到，幼儿的游戏受到玩具和游戏材料的影响。玩具是幼儿游戏的的一个很重要的影响因素。可以说，玩具直接影响并控制幼儿游戏的整个过程。

### 1. 玩具和游戏材料种类和搭配对幼儿游戏行为的影响

国内外学者研究发现，不同玩具和材料种类的提供，促进和鼓励幼儿玩不同类型的游戏。例如，有研究者发现，某些玩具或游戏材料可以鼓励不同认知类型的游戏。促进团体游戏材料（如扮家家玩具、化装衣服、娃娃、动作人物以及玩具车）也倾向于戏剧性游戏关联（Bagley 和 Chaille；Rubin，1977）橡皮泥、黏土，沙和水也可促进功能性游戏，而颜料、彩笔以及剪刀则鼓励结构性游戏（Rubin，1977），积木既可促进结构性游戏，又可促进戏剧性游戏（Rubin 和 Seibel，1979）。

有研究者证实，玩具和游戏材料的种类对幼儿游戏的具体选择确实有某种定向的功能。有的材料，引发幼儿开展更多的建构游戏，如黏土和插塑等；有的材料更多引发非社会性的游戏，如幼儿黏土既可独自游戏，又可合作游戏；而模拟性实物材料则更倾向于引发幼儿的想象性游戏。游戏材料的提供，某种意义上是对幼儿起游戏暗示的作用，而材料的搭配也影响幼儿的游戏行为。

我国的学者刘焱（1988）认为，不同种类和数量的玩具放在一起构成一定的知觉场，从而影响幼儿游戏的性质和主题。比如，老师给幼儿一个娃娃和给他几个娃娃的效果是不同的。如果眼前只有一个娃娃时，幼儿或许倾向于玩"娃娃家"，而有几个娃娃时，他很有可能玩"幼儿园"或"幼儿一起活动游戏"。在研究中，刘焱发现，如果只给幼儿用玩具，如餐具、炊具等，而不给幼儿"娃娃"，那么幼儿在游戏中占据表现

更多是使用这些物品的游戏动作，他们感兴趣是成人使用这些物品的方法，游戏中鲜有角色出现。但是，当提供给幼儿"娃娃"后，使用"工具"的动作将居于次要位置，角色和角色之间的社会性交往成为游戏的中心，而使用餐具和炊具仅是为了"做饭"，是为游戏中角色来服务的，幼儿在游戏中模仿成人的态度，关心"家人"，关爱"孩子"，游戏从无角色变成了角色扮演的游戏。

玩具和游戏材料的搭配对幼儿游戏产生的原因在于，把玩具进行了不同种类的搭配后，对儿童便构成了新的知觉定势。例如，一套结构材料中有小人形象与无小人的形象会引发幼儿不同的玩法。有小人形象的幼儿进行的是装扮游戏，无小人形象的幼儿进行的是建构游戏。所以，不把幼儿的玩具和材料分得过细，可使幼儿对多种材料进行各种组合，以便创造出更多的知觉趋向，从而获得更多的游戏经验。

### 2. 玩具和游戏材料的数量对幼儿游戏行为的影响

玩具和游戏材料的数量是制约和影响幼儿游戏行为的因素之一。游戏材料的多少影响幼儿社会性游戏发生的次数。幼儿在室内游戏环境游戏时，每个幼儿所拥有的玩具越少，幼儿的独自游戏就会越少，平行游戏和分享行为会越多，攻击性行为也越多，而团体游戏的整体数量不会受到影响。但是，随着每个幼儿拥有的玩具数量的减少，游戏团体的平均规模会增加。而增加一定环境下的游戏材料则会带来相反的结果，导致攻击性和社会性接触都减少。所以，幼儿玩具数量增多，幼儿之间不会因争夺玩具而发生纠纷，但玩具数量满足幼儿游戏所需，因此会阻碍幼儿之间的交往，其社会性得不到应有的发展。当玩具数量不够时，争夺玩具的事件会经常发生，有时候会助长幼儿的攻击性行为。一般情况下，年龄较小的幼儿在玩具数量少时，易发生纠纷，但在年龄较长的幼儿那里，易引发社会性的装扮游戏或角色游戏。幼儿们通过协商和交往共同作用于玩具，并赋予该玩具各种玩法。

国外研究成果表明，一定环境下的游戏材料的种类也与社会性互动相关。Partrick Doyle 是最先研究调查了单一位置和多个位置的设施对儿童游戏影响的人。这里的"位置"来自生态学。在生态学中，它是指一种物种生存所必需的环境成分，如果在同一位置中有太多生存物，就会产生大量攻击甚至灭绝。而应用到游戏设施上，单一位置设施是指只为一个儿童提供活动的游戏材料（如木马、三轮车、玩具扫把以及一个人用的短跳绳），多个位置的设施是指可供多个人活动的游戏材料（如跷跷板、长的跳绳以及攀登游戏立体构架）。Doyle 发现，多个位置的游戏材料可促进儿童的友好相处及亲社会行为，而但个位置的游戏材料通常会导致儿童间的冲突和攻击。

这些研究成果为早期幼儿教育提供了现实意义。如果教师想增进幼儿游戏中的社会互动性，可采用的一种方法是减少游戏环境中的设施和游戏材料的数量。但教师需要特别小心，不要将游戏材料减少太多，否则会导致大量的攻击性行为产生。而另一方面，如果幼儿教师担心幼儿游戏中的攻击性情况太多，就可以增加一些游戏的设施，减少幼儿之间对游戏材料的竞争，从而降低攻击性行为发生的次数。此外，使用多个位置的游戏设施或提供不具有可交换零件的玩具都可以减少游戏中的攻击性行为。

### 3. 玩具和游戏材料的特征对幼儿游戏行为的影响

真实性和结构性对幼儿游戏行为的影响。真实性和结构性是玩具的两个相关特征，真实性（以及相关的术语"细节"与"逼真性"）指玩具与真实情境中的实物的相似程度。例如，芭比娃娃依据其细节特征、实物相似的配件，远比碎布娃娃的真实性强得多。结构性是指玩具用途的特定性程度，高真实性的玩具常常也是高结构性的玩具，因为它具有十分具体的用途。例如，一辆警车的复制模型只能被用来当作警车，而由积木和轮子粘在一起的木制车的结构性很低，虽然看上去不太真实，但却可以用来当作任何类型的车子。

研究表明，一般而言，这些早期研究发现，高真实性、高结构性的玩具可鼓励婴幼儿（2～3岁）的假装游戏，但对年纪较大幼儿影响不大。低年龄段幼儿幼儿缺乏表征技巧，需要真实性较高的与主题相关的物体模型来开始他们的戏剧性游戏。随着儿童年龄的增长，幼儿的表征技巧的日益成熟，也较不需要此类高真实性的玩具来刺激儿童参与假装游戏。Pulaski（1973）的研究指出，真实性玩具反而可能会干扰幼儿园和小学低年级儿童的想象力。

国内相应把真实性强的、结构性玩具更多看成专门性玩具，低结构性材料看非专门化玩具。幼儿年龄越小，对材料的依赖性越强。最好给他们提供专门化的玩具，并搭配少量的非专门化的玩具。随幼儿年龄的增长和游戏水平的提高，游戏活动易受玩具影响，从而逐渐转为受游戏目的支配，这时可为幼儿提供较多的非专门化玩具。幼儿可通过自己的意图寻找游戏材料。

### 4. 玩具和游戏材料的种类影响幼儿游戏行为

游戏材料和幼儿发展之间存在一种双向关系。游戏材料通过影响幼儿的游戏类型和游戏内容来对幼儿发展产生间接影响，游戏材料也可能通过提供学习机会直接影响幼儿的发展。同时，幼儿个体特征，如年龄、发展水平和游戏类型又会影响特定材料在游戏中的使用方式。

某些类型的材料可能会引发特定的游戏类型，如积木、组合玩具和乐高能够激励建构性游戏；而洋娃娃、装扮衣服或扮家家道具可鼓励幼儿进行假装游戏。游戏材料同时还可影响游戏的社会质量，一些适合鼓励单独游戏，一些材料适合团体游戏。因此，游戏材料刺激了具有发展重要性的游戏方式，从而间接影响幼儿的成长。

幼儿的发展也影响其对游戏材料的具体使用。1～2岁的幼儿处于感觉运动发展阶段，所以他们使用材料的游戏倾向于局限在练习性和功能性游戏中（反复的身体运动）。例如，一幼儿可能会将一辆玩具车满屋子滚来滚去。到达学前阶段时，幼儿进入发展的前运算阶段，这个时候，他们游戏类型从功能性游戏转向结构性和戏剧性游戏。在这个过程，幼儿游戏材料角色也发生了改变，幼儿开始用一个物体来替代其他物体，进而从象征性表征中获得宝贵的经验。例如，3岁幼儿会把一辆玩具车当成真车使用，会将玩具车运用到与车相关的戏剧性游戏情节中；四五岁的幼儿可能会在有关星球大战的游戏中把同样的玩具当成"太空船"使用，幼儿不断长大，游戏材料越来越服从其游戏要求。

综上所述，玩具作为游戏的物质载体与幼儿游戏行为有着密不可分的关系，我们在组织幼儿游戏时，需考虑幼儿的年龄特征，同时也要考虑玩具的数量、性质、材料的种类与搭配等问题。充分利用各种玩具来丰富幼儿的游戏活动，让幼儿自由驾驭游戏活动。

## 三、玩具和材料的分类

玩具是幼儿游戏的工具。幼儿可以用不同的方法使用同一种玩具，而同一种玩具在不同的幼儿那里也可能有不同的玩法。我们对游戏材料的一些分类，如教育性玩具、结构性玩具和大肌肉运动器具反映了游戏材料的用途与功能，但对于幼儿的游戏来说，可能不具有实际意义。幼儿在游戏时，常会忽略玩具本身的用途而通过转换其适应幼儿游戏的目的。"不管玩具最初对其制造者意味着什么……一旦幼儿使用起它们，原来的这种意义通常注定会背弃。"（Sutton－Smith 1986）

根据不同角度，不同研究目的来分类。根据玩具所模拟的对象和玩具的功能，我们可以把玩具分为表征性玩具、教育性玩具、建构性玩具、运动性玩具等。根据玩具所包含的课题的性质，我们可以把玩具分为动作技能型玩具、智力技能型玩具和创造型玩具；根据玩具和游戏材料功能的结构化程度，我们把游戏材料分为专门化玩具和非专门化玩具或高结构性玩具和低结构性玩具。[①]

### （一）以功能为依据的分类

根据玩具所模拟的对象和玩具的功能，通常，我们把玩具分为以下四类。

#### 1. 表征性玩具

以社会和自然环境中的真实事物为模拟对象，其性状类似真实的物体。这类玩具又可分为模拟玩具和拟人化玩具。

模拟玩具有些事依儿童的生理和社会环境所设计的较大物体的微缩体；有些是真实物体的缩影，如房子、车子和动物；此外，还有幻想物体的缩影，如太空船和超级英雄（X－超人、忍者神龟等），这些幻想物体通常来自于电视或电影。这些玩具能鼓励幼儿从事戏剧性游戏，因其模型较小，孩子们玩起来方便。

拟人化的玩具，主要以人和动物为模拟对象的玩具。这类玩具以其形象逼真，引发幼儿的好奇心。同时，激发他们对其进一步探究的乐趣。这类玩具包括模拟日常生活中的物品、动物及人物，如娃娃玩具、动物玩具、交通玩具、医院玩具、杯子、衣服、沙发等。还有带有科学性质的玩具，有借助发条、惯性物理原理、无线遥控器、声控、光控、磁控、温控等活动，如电动火车、遥控车、机枪等。这类玩具可以促进幼儿玩科学类的游戏和角色游戏等。

#### 2. 教育性的玩具

又称智力玩具，是玩具公司生产，用来促进幼儿学习和发展的。它可以帮助幼儿

---

① 刘焱．儿童游戏通论［M］．北京师范大学出版社，2008 年 1 月版．

学习某种特殊的概念或技巧，并侧重于促进幼儿智力的发展。比其他玩具更富教导性、结构性，并以结果为导向。这类玩具涉及教学的各个领域，包括阅读、数学、科学和社会科学。这类玩具所教的技巧与观念包括建立部分与整体的关系；自助技能，如绑鞋带；辨认颜色，了解颜色的名称，按大小顺序排列物体；了解一对一的对应关系。

这类玩具包括拼图、堆叠玩具组合、穿线玩具、套叠玩具以及游戏用的小钉板。

拼图：提供形状大小的配对练习，发展一一对应的技巧，最终让幼儿建立部分与整体的关系。低幼儿最常玩的是一种带几片图画的形状拼图。另外，为便于操作，拼图块还加与圆钮以便于捏拿。针对不同年段的形状拼图数量、大小会不同。

如3岁幼儿，带原钮拼图，5～8块拼图；4岁幼儿有12～18块；5岁儿童有18～25块，6岁幼儿有35～62块的拼图（Maldonado，1996）。锯齿状拼图适合于年龄较大的儿童，锯齿状拼图的图片形状小且数量较多，因此，锯齿状的拼图也具有难度等级。

堆叠玩具：这些玩具可帮助幼儿按大小顺序或颜色堆叠物体，教导幼儿序列概念，并促进其手眼协调能力的提高。

穿线玩具：穿线玩具有很多种，包括由木材、塑料和金属制成的玩具。穿线玩具通常都有一根线和许多中间穿孔的小块组成，幼儿将线穿过这些小块的中间小孔，将所有小块都连接起来，从而锻炼了手眼协调能力和先后次序的概念。

套叠玩具：可用来帮助儿童发展顺序技巧，了解大小关系。幼儿在玩这种玩具时，按大小依次将物体重叠在一起。像是一种捉迷藏游戏，幼儿先看到一个物体，然后把它放到一个较大的物体里，逐渐看着小物体消失。套叠玩具一般是4块以上，形状多样（如蛋状、娃娃状、袋鼠状等）。

钉板玩具：这种玩具可促进幼儿对形状（如四方形、圆形）的认识以及手眼协调能力，幼儿将凸起插入钉板的凹洞以复制某种图形或制作自己独创的图形。

其他例子：其他教育性材料包括分类游戏（根据一个或多个特征将物体分类），模板（沿着各种物体的外形绘制出外形图案），开锁游戏（打开和关闭各种物体），纽扣游戏（为纽扣找到合适的纽扣眼），绑鞋带游戏（解开并系上），以及拉链游戏（拉开和拉上）。

### 3. 建构性玩具

又称结构型玩具，是一种开放式玩具，可以让幼儿有多种不同的玩法，它不同于特定教育目的的教育性玩具，在使用上有很大的弹性。如积木，年龄较大的幼儿可以用许多积木来建造"火车"，年龄较小的幼儿也可以用一块积木假装当"火车"玩。乐高可以以无数次的无数不同的方式组合起来，又可推到重组。此外，幼儿可以在建构过程的任何一个时刻完成自己的构造。

积木：传统上积木分为两类，小积木和大的有空洞的积木。小积木又份为标准积木和桌上积木。标准积木是以一个标准单位为基础的积木，其他积木的大小和形状都是这个标准单位的倍数。

桌上积木是另一类小积木，它比标准积木小且便宜。这些桌上积木随生产商的不同而在形状和大小上各有不同。许多生产商为其桌上积木组合加上另外的木质物体如玩具屋，以鼓励幼儿从事戏剧性游戏。

积塑多为多片式，用积塑可以组合成许多不同造型事物，如车、船、飞机等。组合好的造型也可以拆掉重新组合成别的东西。与积木一样，它也有不同的大小、形状和规格以及片数。一般情况下，随幼儿年龄的增长，所用片数或块数增多，所组合的物品也越来越复杂。积塑的可组合性非常强，可建构的范围也非常广。它有不同的接插方式（如接口拼插型、磁铁型、螺丝接插型等），可为不同年龄的幼儿选择不同类型、不同大小、不同操作方式、不同复杂程度的积塑。

建筑组合玩具：这类玩具分成多片，让幼儿将它们摆在一起，同所有结构性材料一样，它具有多种组合方式。因为其组合的灵活多样性，可适合各种年龄的幼儿。如镶嵌组合积木、林肯积木和乐高等皆属此类玩具。

### 4. 娱乐性玩具

包括音乐玩具，它能发出乐音。这些玩具又助于培养幼儿辨别不同乐器声，区别强弱、远近等听觉感受性。如各种模拟的乐器（小铃铛、小钢琴、铃鼓、木琴、小喇叭、锣、沙锤、小鼓等）及各种能够发出乐曲或歌曲声的娃娃、动物等。

### 5. 运动性玩具

主要是指在体育活动中所使用的各种设备、器材、材料等。

按形状大小可分为大、中、小型体育活动设备、器械。大型体育活动设备包括荡船、滑梯、攀爬设备、大型转椅等，这类器械，设备多为幼儿园户外大型游戏器械。中型体育玩具有秋千、木马、平衡木、滑板、脚蹬三轮车等。小型体育玩具，如皮球、跳绳、毽子、沙包还有幼儿园自制的体育玩具等。这类玩具有助于发展幼儿的基本动作，和运动技能，并达到增强幼儿体质，促进其身体生长发育。

## （二）以游戏的任务为依据的分类

游戏的任务，也是游戏者通过游戏过程所要获得的结果。以此分类，玩具可以分为以下三种类型。

### 1. 动作技能型玩具

这种玩具帮助幼儿学会操作和使用各种实际生活用品、工具，练习各种动作和技能，使其基本动作协调。

### 2. 智力技能型玩具

这种玩具旨在帮助幼儿形成智力活动的基本方法，如比较、排序、分类等。

### 3. 创造性玩具

这种玩具帮助幼儿展开想象，创造性地反映自己的生活经验。

## （三）以结构性程度为依据的分类

根据玩具或游戏材料的游戏功能的结构化程度，我们把玩具分为专门化玩具和非专门化玩具，也称高结构性玩具和低结构性玩具。

专门化玩具包括表征性玩具、教育性玩具、运动性玩具等。这些玩具的功能确定，玩具本身包含一定的玩法或游戏规则，属于结构性程度较高的玩具。幼儿在摆弄、操作这类玩具所模拟的事物时，熟知它较为固定的社会用途，一般会遵循社会生活原则对其进行使用。

非专门化玩具是指玩具或材料的游戏功能相对不确定，结构性程度相对较低，游戏者可以根据自己的想法和想象自由地使用它们的游戏材料。例如，建构性玩具或材料、废旧物品如纸盒、线轴、冰棍棍等。这类材料为幼儿留下较大的想象性空间。

我国学者刘焱（1988）曾以幼儿使用玩具碗（专门化玩具）和半个皮球（非专门化玩具）为例，对二者的差异进行了具体分析和说明。当幼儿看到玩具碗时，首先做出"这是什么"的反应，这主要源于对当前刺激物的辨别和认识过程。当幼儿对碗这一刺激物辨别清楚时，就会对过去已形成的与"碗"有关的经验或联系被激活，即"碗"是用来吃饭的或用来喝水的，于是，幼儿在动作表象的作用下用玩具碗做出"吃""喝"等象征性的进餐动作。可见，用专门化玩具游戏时，幼儿心理活动反应是"它是什么？用它干什么"。当幼儿用非专门化玩具，如半个皮球游戏时，在认当前刺激物后，必须经过改造，将其视为"碗"或"帽子"等象征物，幼儿会根据自己对当前刺激物的感知分析和游戏的实际需要，对它多方面的特征进行取舍和综合，并用它来代替不同物品，进行富有创造性的想象过程。

相对非专门化玩具，非专门化适合年龄较大的幼儿使用，幼儿通过各种方式操作玩具，探究玩具的多种玩法，引发其丰富的想象。

## 四、玩具和材料的使用

玩具是游戏的物质基础，是幼儿园教师进行教学采用的一种手段。因此，在玩具的配置、选择、投放等方面要根据幼儿园不同的教育目标，符合不同幼儿的需求，有选择地进行。

### （一）玩具和游戏材料的配置

1992年教育部颁布的《幼儿园玩教具配备目录》的通知及其附件《幼儿园玩教具配备目录》，文件详细规定了幼儿园应具备的玩具的品种和数量。其规定幼儿园玩教具的内容包括以下九类。

#### 1. 体育类

主要包括室内外大型活动器械和幼儿活动用的器材。共配备23种体育器材，基本能满足幼儿园体育活动的需要，供幼儿练习走、跑、跳、跃、爬攀登、投掷和平衡。

#### 2. 构造类

主要包括各类积木，接插构造玩具，螺旋玩具、穿编玩具等六种，这类玩具可以锻炼幼儿堆积、接、插、拼、穿、编等动作发展。

### 3. 角色——表演类

主要包括各种角色游戏玩具、桌面表演游戏玩具、木偶、头饰、模型等六种。这类玩具可供幼儿在游戏中学习、模仿各种事物，发展语言能力，增强幼儿间的情感交流，以促进其社会性发展。

### 4. 科学启蒙类

主要的作用是幼儿自己动手操作演示重心、力，观察光、电、等自然现象。还有磁性和齿轮类玩具，观察和饲养用具；玩沙、玩水，供幼儿掌握空间、时间、形体、10以内加减法运算，逻辑思维能力的训练等玩教具共29种。这些玩具给幼儿介绍一些粗浅的科学启蒙知识，以丰富认识内容，激发幼儿对事物的探究兴趣。

### 5. 音乐类

主要包括钢琴、木琴、鼓、钹、木鱼、三角铁、铃鼓等供教师和幼儿使用的15种乐器。每种乐器的配备件数是按能够完成一首打击乐器配置的。

### 6. 美工类

主要包括小剪刀、泥工板、调色盒、小画板、水彩笔、油画棒等供幼儿进行剪、贴、粘、捏、画的用具，共七种。

### 7. 图书、挂图与卡片

主要包括幼儿读物、教育挂图、各类卡片等以保证幼儿园完成教育任务的辅助教材，共五种。

### 8. 电教类

主要包括电化教育的软件、硬件，如电视机、收录机、幻灯机、投影仪、录像机、投影片、录像带等七种各园所需基本电化教育设备。

### 9. 劳动工具类

主要包括喷壶、小桶、儿童铁锹、小铲子、小锤子等工具，共六种，通过幼儿自己动手进行种植、观察、饲养等活动，培养他们从小热爱劳动的好习惯。

《幼儿园玩教具配备目录》作为我国幼儿园配备玩教具的指导性文件从我国国情出发，根据幼儿园教育活动，特别是游戏活动的需要来建构一套较为完整的玩具分类体系，其基本体现了德、智、体、美全面发展的教育目标，具有一定的科学性和规范性。当然，每个幼儿园的实际情况不同，各幼儿园在进行玩教具的配置时，要结合本园的特色和经济条件，充分利用当地的自然条件，做到因地制宜。

## （二）玩具和游戏材料的选择与投放

玩具和游戏材料是幼儿学习的工具，为幼儿选择适宜的玩具是老师和家长关心的问题。选择什么样的玩具，幼儿需要什么样的玩具，优质的玩具具备怎样特征才能真正做到启发幼儿的心智，训练其视觉、触觉、嗅觉等感官功能，还能激发幼儿的想象力和创造力。陈鹤琴先生曾经指出，优等的玩具必须具备以下条件：可以引起儿童发生兴趣，如活的动物；质量坚固不易损坏，如木类；能够刺激儿童的想象力和发展儿童的创造力，如象棋、积木；儿童自己玩弄而能拆开的，如机械物件等；能适应儿童的能力，发展儿童的智力和发生兴趣的，如纸鸢；能洗濯而颜色不褪的，形状也不丑陋，足以发抒儿童的美感的；有变化活动的，如球、沙盘等。明确了优质玩具的特点，幼儿园老师在对玩具游戏材料进行选择时可以参照进行。

通常，以下原则的遵循为幼儿老师选择玩具和游戏材料提供参考。

### 1. 发展的适宜性原则

玩具的发展适宜性是指玩具要适合幼儿身心发展特点，包括年龄特点和个体特点。玩具或游戏材料的大小、结构、外观、复杂性和幼儿的年龄、经验、能力之间有着相互制约的关系。玩具或游戏材料的设计与结构的复杂性，以及它们所使用的材料、牢固性、易把握性等都可以影响到幼儿游戏和探索的兴趣及活动的安全性。

运用适宜性原则时，需把握好以下问题。

（1）玩具的逼真性、不同类型玩具的适宜性。年龄较小的幼儿适宜选择逼真性程度较高的、模拟实物的玩具；年龄较大的幼儿适合玩逼真性程度较低、开放性程度较高的玩具和游戏材料。不同年龄阶段的幼儿选择不同玩具，以建构玩具为例，一般来说，套娃娃、套圈等可以重叠堆放的玩具适合玩的娃娃；桌面积木比较适合 3 岁幼儿；接插式的积塑（如"乐高"）比较适合 4 岁幼儿玩。

（2）玩具的大小、易把握性和零件数量的多少适易幼儿不同年龄段。幼儿大、小肌肉动作技能和手眼协调的能力发展状况影响幼儿对玩具的操作与摆弄。玩具本身的大小（包括重量、体积、长度、宽度等）会影响年龄较小的幼儿拿取、把握和操作的难易程度。玩具或游戏材料要适合幼儿的身体活动能力。玩具的大小适合幼儿把握为宜。过分细小和过重的玩具不适合给年龄较小的幼儿玩。年龄较小的幼儿适宜于玩零件较少的玩具，年龄较大的幼儿适合玩零件数量较多的玩具。

（3）玩具和游戏材料所包含的任务的难易程度。玩具和游戏材料所包含的任务复杂、难易程度构成对于幼儿的认知和动作技能的挑战。在选择玩具或游戏材料时，要考虑玩具或游戏材料所包含的任务难度、复杂程度的适当性，以任务难度、复杂程度适中为好；既构成一定的挑战，但又是在成人的帮助下，通过幼儿自己的努力可以解决的。

除年龄特点外，有时还要注意幼儿的能力、兴趣和发展速度等方面的个别特点。

### 2. 安全卫生性的原则

玩具和游戏材料是否安全卫生是选择玩具的基本原则之一。好的玩具可以给幼儿带来快乐和美感；劣质的玩具也可能成为"杀手"，给幼儿带来伤害。在玩具伤害中，常见的被玩具的锋利边缘所割伤、被玩具武器（如玩具枪、弹弓等）打伤或从玩具木马上跌落下来、吞食或把玩具的小零件或校玩具塞入鼻中或耳中而窒息或受到伤害。

玩具和游戏材料是幼儿直接接触、摆弄的物品，为了预防玩具和游戏材料可能对幼儿造成的伤害，在选择玩具时，应注意做到以下几点。

（1）玩具不含有毒的物质，在购买表面涂有色彩鲜艳的颜料的玩具（如木质玩具）时应注意查看是否经过重金属（如铅、镉等）含量的检验，同时检查涂料是否易脱落。

（2）在购买金属玩具时要注意检查是否有可能割伤或刺伤幼儿皮肤或眼睛的尖锐的角、锋利的边缘，或是否有可能夹住幼儿手指、头发或皮肤的裂缝。电动玩具要防止漏电，机械部分安置于玩具的腔体中，在任何时候或位置都不会因打开而掉出来。

（3）为3岁以下幼儿购买玩具时，要注意玩具（包括零、配件，如玩偶的眼睛、鼻子、扣子、汽车的轮子等）的体积不能过小，零件不易松脱，不能带有长线缠住脖子、绊倒而造成意外伤害。

（4）在购买填充玩具时应注意它的材料和制作工艺。应选择不易破裂的、材质较好的填充玩具，以免因玩具破裂而造成填充物被幼儿误食的，以免被幼儿吸入造成伤害。

（5）购买的任何玩具应注意它的结实牢固性，要适合幼儿年龄特征，如适应其体力、年龄特征等。如购买的骑乘玩具要符合幼儿身高，选择学步车、自行车还要考虑它的结实性和牢固性，要注意重心不可以太高，链条处要有保护设施等。

（6）尽量减少和避免游戏过程中的不安全状况发生。有些玩具或游戏材料也许在幼儿独自玩耍时时安全的，但如果幼儿在一起时可能会产生安全问题。因此，选择玩具或游戏材料要考虑小组活动时可能出现的情形和相应规则的要求。

玩具的安全性是玩具提供和使用过程的安全。一方面取决于玩具本身，另一方面取决幼儿的发展水平和知识经验。因此，成人不仅要确保玩具安全卫生，也要发挥让幼儿使用过程中安全保护的作用。

在实际活动过程中，教师和家长可以采取以下措施来减少和避免游戏过程中不安全的问题。

①以亲子游戏的形式，带婴儿玩耍过程中了解游戏材料玩法；以平行游戏的方式或告知幼儿使用玩具和游戏材料的适宜的方法。

②家长和教师在家/幼儿园协商制定玩具取放的规则和小组活动的规则。

③家长和教师定期检查玩具是否破损，是否有潜在的危险，发现应丢弃或修补。

④检查储物架或柜子是否安全。

⑤检查放玩具、游戏材料的地方是否便于幼儿取放。

### 3. 教育性的原则

各种玩具，虽然在用途上不同，对幼儿发展的具体作用也不同。但都应在某种程度上促进幼儿某一方面的发展，如身体、智力或情感的发展，有助于对幼儿实施全面发展的教育。同时，玩具可以适应幼儿的各类游戏及综合性主题游戏的开展。

玩具的教育性体现在玩具富有变化，能促进幼儿动手、动脑，多方面发展幼儿的想象力，可以发展儿童的创造性，使幼儿在玩中发展。所以，在选择玩具时，不能总从其华丽的装饰、价钱的高低来判断其教育性。有许多玩具材料，如积木、洋娃娃、皮球、黏土、纸张等，形式普通、构成简单、价格便宜、但变化多，可一物多用，有启发性、耐玩，幼儿成为玩具的主人。反之，有的电动玩具，价格昂贵、虽有的能引起幼儿的好奇心，但功能单调，不能长久吸引幼儿的注意力，对幼儿的教育作用发挥不出来。

由此，玩具的教育性原则取决于它的功能性。一是功能的弹性化，即同一种玩具的玩法多样，幼儿可以根据自己的需要随意摆弄、操作。如结构性玩具乐高。二是功能的多层次的挑战性，即同一种玩具的玩法可以有不同的难度，可以满足不同层次幼儿活动的需要，对不同发展水平的幼儿都会有成功的体验和满足的成就感，并让幼儿在玩的过程中在原有水平上发展。

#### 4. 艺术性的原则

玩具的形象和色彩要符合艺术的要求，能激发婴幼儿快乐和美感、欢喜的情感，培养幼儿的美感，有助于发展幼儿的审美能力。如玩具要能反映世界不同名组风格及现代民间艺术特点；玩具能体现艺术要求并带给幼儿美的感受、美的情感陶冶。

### 五、幼儿园班级玩具选择与使用

幼儿园作为专业的教育机构，应该为幼儿提供丰富的、适宜的玩具和游戏材料，创设良好的生活与学习环境。在为幼儿选择、提供玩具时，除遵循玩具选择的一般原则外，还应考虑幼儿园的教育目的和课程需要。一方面幼儿园和教师在尊重幼儿的发展特点与兴趣需要的同时，另一方面要依据课程活动，选择适宜的玩具和游戏材料来支持课程与教学的开展，让环境参与到课程之中，在环境与课程的互动中引导和支持幼儿的学习与发展。

#### （一）幼儿园班级玩具选择

##### 1. 小班玩具选择

小班幼儿游戏以独自游戏和平行游戏为主，幼儿对玩具和游戏的选择受材料和同伴的影响较大。一般情况下，在对小班幼儿选择、提供玩具时应注意玩具的类别可以相对少些，但是同一种类的玩具的数量应相对多些，以免幼儿因相互模仿出现争抢玩具的现象。

小班幼儿的体育活动设施以单一功能的运动设施和便携材料为主；角色游戏材料主要围绕"娃娃家"为主题，以真实物品或类似真实物品的玩具为主；图书以画面和情节都简单的图画书为主；益智玩具以侧重发展感知觉、分类和排序能力等的玩具为主，如串珠、套筒等系列玩具、简单的拼图（块大、图案和分割线简单、块少、10～25片）等；建构材料的积木数量可比中、大班少一些，形状较简单，插装类材料的插装方式简单，插装零件较大，易于幼儿把握。

##### 2. 中班玩具选择

中班幼儿身心各方面有进一步发展，游戏能力增强，表现出更强的目的性和计划性，自主选择和自主开展游戏的能力有所提高，因此，游戏材料的数量增多，材料的种类应更多样，以给予幼儿更多的游戏选择。

中班游戏材料的选择多与活动的内容联系。如在体育活动中，提供的体育活动设施中可以增加多功能综合的运动设施和便携材料，增加难度的绳类材料；角色游戏中，增加幼儿日常生活中经常接触到的、有一定生活经验和社会认知做基础的社会类主题，如"超市""医院""美发店""餐馆"，并且增加低结构化的材料；建构游戏材料和数量可以增多，可提供中型、大型积木，积木形状可以更丰富。

### 3. 大班玩具的选择

在进一步增加游戏材料的种类和数量的同时，可以提高玩具和材料蕴含的任务难度，并增加图书和益智玩具。

在体育活动中，在所提供的体育活动设施中，以复杂的、多功能的综合性的运动设施材料为主，任务以多样、富有挑战性，增加合作性、竞争性较强的户外团队游戏设施，如足球与球网、篮球与篮板等；角色游戏材料以社会类主题为主，以低结构化的、可转化的、可改变的材料为主，可增加废旧材料；建构游戏材料的种类和数量增多，积木形状多样化，并可增加采用铆接、磁力链接、乐高等连接方式的插装类材料。大型和细小的建构材料增多；益智玩具中的棋类、逻辑推理类玩具增多，任务难度加大，拼图的切割块数可增加至50片左右。

## （二）幼儿园班级玩具使用

玩具的功能和价值的发挥体现在玩具的使用过程中，谁使用玩具、使用的时间长短、使用的方式都会影响幼儿活动的性质、及幼儿在活动中的体验，乃至幼儿园活动的性质与质量。所以，幼儿园班级应充分、合理利用玩具。

### 1. 了解玩具、研究幼儿

了解玩具是充分、合理地利用玩具的重要前提。任何玩具都蕴含一定的价值，都体现出一定经验。教师的首要任务是充分了解玩具的结构与特征；玩具蕴含的任务对幼儿学习和教师活动存在的价值。此外，教师要探索出玩具所有可能的玩法，并能从发展目标和教育目标出发选择、调整、改进、使用玩具。

同时，教师能关注到使用玩具的幼儿：观察幼儿选择了哪些玩具、选择多少次，每次使用的时间多少，在与玩具互动的过程中有怎样的行为与语言。在摆弄操作过程中有怎样的行为与语言，遇到哪些问题，如何解决这些问题等信息。以此，了解幼儿的学习方式与学习需要、玩具是否适宜幼儿。这些信息将为教师调整玩具、指导幼儿游戏活动提供依据。

### 2. 给予幼儿自主选择和探究的时间和空间

应向幼儿开放班级中所提供的游戏材料，允许幼儿独立选择和使用。班级所提供的材料是幼儿可接近、可参与的学习环境的构成要素之一。此外，应鼓励和支持幼儿选择和探究玩具。从幼儿探索玩具的意义上考虑，游戏是一种练习，格鲁斯的"生活预备说"、皮亚杰的"同化大于顺应"，都表明游戏是对已有知识技能的练习和巩固。从最初了解认识玩具，学会操作它，到不断探究，创造未知，不断提高幼儿的游戏水平和能力。

在自主选择和探究玩具的过程中，幼儿从自己的兴趣与需要、知识与经验出发，以不同的方式作用于物品，以不同的方式解释周围的世界，以不同的方式建构着自己对周围世界的理解和认识，从而发挥着个体的积极性和自主性、独立性和创造性。有研究表明，在含有计划、选择、反思因素的课程中，幼儿的行为性更强，在语言、读写、社会性技能等各个方面的发展会更好。鼓励和支持幼儿自主选择和探索玩具的过程，也是对幼儿决策能力和责任意识的培养过程。现代社会需要能够自主选择、自主决策、自我负责的个体。

### 3. 引导、促进幼儿进行反思

幼儿在游戏过程中，仅有玩具和操作还不能构成主动学习，而对操作以及在操作中获得的经验进行反思是符合主动学习的要求的。杜威和皮艳杰都强调，只有对动作和经验进行反省思考和反省抽象，才能发生真正意义上的学习。幼儿在操作玩具的过程中获得的是零散的、粗浅的直接经验，只有通过反省抽象才能发现其间的关系，对经验进行重组和改造，形成幼儿基本概念与体系。

幼儿游戏活动反思是需要成人介入和引导的。英国教育和就业部在 2000 年颁布了面向 3～5 岁幼儿的《基础阶段课程指南》肯定了游戏对于幼儿学习与发展的重要性，指出"幼儿通过游戏、交谈、观察、计划、提问、实验、测试、重复等活动，并通过与成人及同伴之间的相互作用来深化自己的理解"。提出了"精心设计的游戏"（well-planned play）这个新概念，认为"精心设计的游戏是儿童在基础阶段学习的而主要方式，这种游戏中的学习带有愉悦性和挑战性"，它强调教师在幼儿的学习中起关键的作用，指出教师应当运用各种教学策略和有关幼儿发展的知识来设计高质量的教学活动，支持幼儿学习。

幼儿教师在幼儿游戏过程中，可以通过提问问题、描述幼儿行为、提供示范、提供游戏材料等多种方式方法来引导、促进幼儿的反思。幼儿反思的重点可指向幼儿在游戏中出现的问题与困惑、内在的情感体验等多个方面。

### 4. 根据幼儿的需要和课程需要调整玩具

英国的研究者认为"对游戏适当的指导可以保证幼儿从他们自己当前的经验中学习和获得知识技能"。教师通过参与和观察幼儿的游戏，发现幼儿在游戏和实际生活中表现出来的兴趣和需要，并以此为基础来结构课程是有效的教学策略。

玩具与游戏材料的调整主要依据幼儿的兴趣需要和课程需要。幼儿对玩具的兴趣，随着玩具呈现时间的延长以及操作玩具次数的增加，因对玩具的习惯化，逐渐丧失对玩具的兴趣而不再选择。有的幼儿即便非常喜欢某种玩具，玩一段时间后，因玩具的一成不变，也会渐渐失去兴趣。此外，幼儿的学习和兴趣需要处于动态的变化中的，课程与教学目标也是动态发展的，环境与玩具需经常更新，适应幼儿兴趣的变化和课程的需要，才能实现环境与班级课程的互动。这需要教师适时适当地调整玩具与材料。

教师通过深入观察幼儿操作材料的游戏行为，了解幼儿在游戏中表现的兴趣与学习需要，结合教育目标和学习目标来进行分析和筛选，并依托幼儿兴趣来调整玩具。课程的需要也是教师调整玩具时需要考虑的重要因素。围绕课程主题，在课程活动的各个环节，教师适时调整玩具来丰富、扩展幼儿的经验，促进幼儿对经验的重组和表征。有些现实的策略也可供教师参考，轮流给些玩具，观察幼儿摆弄的情况，增加新的玩具，保持对玩具的新鲜感，改进改善原有的玩具，如重新设计新的玩法和任务等。

### 5. 在玩具收放环节中，引导幼儿学习

玩具的收放是玩具使用过程中一个重要环节，这一环节也蕴含了丰富的学习机会与教育价值。

（1）合理收放玩具，可以减少玩具的损耗程度，幼儿在此过程学会爱护玩具。

（2）培养幼儿良好的生活习惯和学习习惯，养成秩序感和责任意识。

（3）收放过程中还能获得其他领域活动经验，如匹配、分类、大小对应等。

教师应鼓励幼儿积极参与玩具收放的工作。

## 实践活动项目

1. 根据本章的学习，思考与观察：不同年龄段班的幼儿适合玩什么样的玩具？并分别观察小、中、大班玩具，并列出不同年龄段班玩具种类与名称。

2. 观察活动：请选择一个见习班级，观察区域设置并画出简图。

3. 案例讨论：运用本章所学内容，讨论问题。

案例：观察对象：一组玩医院游戏的幼儿（中班年龄）；观察主题：医院

游戏前，老师拿出一只事先准备好的"吊瓶"，放在孩子面前，当问这是什么时，孩子们一眼就认出这是"挂吊瓶"用的，老师把它悬挂在一根钢丝上，长长的滴水管挂在下面。

游戏开始了，有12名幼儿拥挤到吊着"挂瓶"的这块场地，争着抢占只有两份"挂瓶"的材料，谁的手上先拿到这份材料，谁就担当医生，其他的人也就默认了这种现象。"医生"从"娃娃家"抱来娃娃，放在床上，拿起"吊针"放在娃娃的头部，没有这份材料的孩子从药箱里分别取出了体温表、听诊器、药瓶，给娃娃量体温、听心肺、喂药……一连串的"看病、治病"的动作出现了，"小医生"根据自己手中所持有的工具做着不同的动作，但这些动作没有一定的序列、程序性、显得很杂乱，手中的工具材料也交换使用。

这次的医院游戏中的"医生"真是比"病人"还多！

请从幼儿园玩教具的投入和使用的角度分析该案例。并说明如果你是该老师，你将如何做？

4. 研究性学习项目：请选择一件玩具，分别找3岁、4岁、5岁幼儿各4位，观察这些幼儿如何摆弄这件玩具，比较他们的玩法有什么相同与不同，并分析出现这些相同与差异的原因。

# 第六章　幼儿园游戏过程中的现场指导

问题导入

　　游戏是幼儿自然自发的活动，但是它一旦进入教育者的视野，被引入幼儿教育领域，它就不再是一种纯粹的自然活动了。从幼儿角度，游戏应该是幼儿自然的活动。从教师角度来说，游戏应当是教育活动。因此，如何在组织和指导这两种不同的性质活动，在活动过程对幼儿游戏的干预，应当体现了幼儿教师的智慧，也是幼儿教师专业能力的重要体现。教师应当怎样组织或"干预"幼儿的游戏？如何把握干预的时机？幼儿游戏中教师应当扮演怎样的角色？如何体现幼儿教师干预幼儿游戏的过程是一个决策反思的过程？对这些问题的澄清，有助于教师在幼儿游戏活动中应当扮演的角色，把握成人在幼儿游戏中的"度"。

## 第一节　幼儿园游戏过程中现场指导的教师

　　游戏是儿童自己的世界，儿童通过游戏来探索、学习、了解自己和周围环境，儿童也是通过游戏来表达他们的经验、感受、期待、需要和愿望。幼儿园游戏过程允许幼儿在自主的世界里实现其游戏的愿望，但同时反对自由放任式的游戏，主张教师参与和指导幼儿的游戏，使幼儿在游戏中获得有益的学习经验。在幼儿园游戏的活动过程中，指导是指教师通过介入幼儿游戏从而对幼儿游戏施加影响的行为，即游戏干预。教师对幼儿园游戏过程的指导是游戏实施计划得以实现的关键环节，幼儿园游戏过程指导可以分为现场指导和场外指导。教师对幼儿游戏过程的介入和指导，就是对游戏活动本身的现场指导。教师为幼儿创设的环境条件，以及做好游戏开展的组织工作及其计划的制订，是对幼儿游戏活动的外界帮助和支持，是一种场外指导。

### 一、教师对幼儿游戏进行现场指导的功能

　　一般来说，人们认为，教师参与幼儿的游戏具有以下三个方面的功能或作用。

#### 1. 支持幼儿游戏态度的功能

　　教师直接参与幼儿游戏过程中，其行为本身就向幼儿传递了一种非言语的信息：

游戏是有价值的、重要的活动。此外，教师参与幼儿游戏行为本身表达了教师对待儿童游戏的态度，这种态度直接影响幼儿对自己游戏活动的看法。影响幼儿游戏的兴趣、游戏持续的时间以及游戏的水平和质量。相反，教师对幼儿游戏的漠视或忽视，会让幼儿感到"这件事没意思，我们就瞎玩玩"。

### 2. 密切师幼关系的情感功能

教师参与游戏如同教师蹲下来与幼儿说话一样，具有密切师生情感、建立民主平等的师生关系的功能，它可以让幼儿体验到教师的亲切与关注，把教师看作一个可以亲近的而不是"高高在上的人"。

这需要教师以同理心接纳幼儿，也就是说教师必须学会认识自己，并通过认识自己来观察幼儿、理解幼儿。做到满足幼儿的各种需要，体谅和容忍幼儿的所作所为，甚至过失行为，从而与幼儿分享成功的快乐。教师需要以平等心与幼儿沟通。教师在幼儿面前隐去权威形象，降低自己从知识的拥有者面对一群无知、求知的孩子的那种居高临下的地位，与幼儿平等相处中，用自己的人格赢得威信，从而使幼儿接纳自己。

### 3. 促进幼儿发展的教育功能

教师参与游戏，是教师与幼儿互动的过程，也是教师向幼儿施加影响的过程。教师与幼儿的互动或相互作用具有幼儿与伙伴互动不能替代的发展功能。教师作为具有丰富知识经验的成人和教育者，在游戏中通过潜移默化的形式把教育意图传递给儿童，他们在幼儿学习的过程中起着举足轻重的作用。他们既可以鼓励幼儿去探索和发现，激发幼儿的快乐感；也可以使幼儿在游戏轻松的气氛中接受教育的影响。

幼儿园游戏是在教育范畴内提出的，它以促进儿童发展为目的正效应相关，其发展的结果也应与教育目标吻合。教师在幼儿园游戏中的指导，不仅可以促进幼儿游戏本身的发展，也有助于全面发展教育目标的实现。但是，幼儿教师指导的时机、方式方法等必须是恰当适宜的，否则指导将成为对游戏的一种不必要的干扰，指导的实际效果与其初衷也就背道而驰。因此，在幼儿游戏的活动过程中，既要避免对幼儿游戏的自由放任和消极的不作为态度，又要反对对幼儿游戏的不恰当的过度干预。教师在幼儿游戏过程中应以平等合作的师幼关系和尊重儿童主体性为前提。辩证地认识和处理作为"教"的主体作用以及幼儿作为学习和游戏主体的作用，才能保证教师在幼儿游戏中正确、合理地发挥作用。

## 二、教师在幼儿游戏现场进行指导的两种性质

幼儿园游戏指导是在游戏中对幼儿施加影响。从指导者的意图或意向上来说，可以分为两种性质：一种是正向的，即通过指导促进或肯定幼儿的某种行为；另一种是负向的，即通过指导抑制或否定幼儿的某种行为。这两种影响性质不同的指导，前者比较常见。

在幼儿游戏正常顺利进行的过程中，教师介入的本身就是对幼儿游戏的支持和鼓

励。然而，在游戏行为中出现下列现象时，应对幼儿进行负向影响的指导。例如：

（1）当游戏中出现不安全因素时：幼儿把假想物放入嘴中；口含着铅笔追逐嬉戏；用真的注射器玩打针游戏等。

（2）当幼儿游戏出现消极内容时。

（3）当幼儿为争抢游戏角色或玩具用语言或身体攻击其他幼儿时。

（4）当游戏行为出现违反游戏常规等现象时。

（5）游戏中出现不利于游戏开展的过激行为时。出现以上情况时，教师必须及时、有效地加以阻止和引导。这需要教师对游戏中的幼儿给予全面的关注和观察。

教师对幼儿游戏负向性指导应视具体的情境来定。一般运用委婉的间接方式为好，即便使用批评的方式也不一定非用严肃的语言。总之教师对幼儿游戏进行负向性指导时，应以不压抑或破坏幼儿游戏的气氛为原则。

## 案例 6-1 这个蛋糕不能吃

（辰辰 3 岁零 4 个月，佳佳 3 岁零 8 个月）

**案例呈现：**辰辰和佳佳吃完早餐后，来到"娃娃家"。

佳佳做娃娃家的妈妈，辰辰做幼儿，她给辰辰拿了一个玩具手枪。

对辰辰说："我给你买点好吃的东西，你在这好好玩！"

佳佳一会儿回来了，拿着各种各样、颜色花花绿绿的糖果和各种糕点。

辰辰放下手中的玩具枪，摆弄各种糖果，然后说："我要吃蛋糕！"佳佳手里拿着蛋糕对辰辰讲："妈妈喂你，把嘴巴张开。"辰辰张大嘴巴，把蛋糕咬住。

在一旁的老师连忙说："辰辰，蛋糕是假的，你不能吃。"

**案例分析：**年幼幼儿沉溺于游戏的情境时，有的时候会把假想与现实混淆，以假当真。案例中的老师用直接告诉幼儿"蛋糕是假的，你不能吃"的方式进行负向性的指导，以唤起幼儿的装扮意识，确保幼儿游戏的安全性、卫生性。

在幼儿园，当游戏情节中出现假想的食物时，幼儿有时会真的把它放入口中吮吸或咀嚼一下。虽然他会再次吐出，可是这样既不卫生又不安全。教师在幼儿游戏时必须十分注意这种情况（托班、小班的幼儿会较多出现这种情况），教师应及时介入并加以指导。

## 案例 6-2 "祭奠死人"的游戏

（幼儿佳佳 6 岁零 7 个月，幼儿肖良 6 岁零 2 个月，幼儿马文 6 岁零 3 个月）

**案例呈现：**装扮爸爸的马文躺在床上不动，他告诉佳佳："我假装死了，你们就哭。"于是幼儿玩起了"死人"的游戏。

佳佳开始哭，一边叫着："你不要死，你不要死呀！"肖良也跟着假哭，马文躺在床上一动不动。"哭声"吸引了其他幼儿，他们也来看"死人"，有的还跪下磕头，教师远远地看着。这时有人提出要烧锡箔，送纸钱。还有幼儿提出在地上画个圈，烧纸线的时候让大家跳过去。于是有幼儿到美工区拿来折好的纸工，画了房子，还将一些废纸放在地上，画了一个圈，带着大家跳过去。

幼儿的异常行为引起教师的注意，教师过来询问："家里怎么了？"肖良说："爸爸死了。"教师假装听爸爸的胸口，说："没死，没死。还有气，快救，快救，救人要紧。"幼儿听了，有的拿水，有的拿听诊器、有的拿药，有的抬来担架，医院也开始嚷着："准备救人。"……幼儿们开始玩起了救人的游戏。

**案例分析：**游戏是幼儿对现实生活的反映，现实生活内容有积极的也有消极的。幼儿在游戏中玩消极的内容会强化其负面效应，教师必须予以介入和指导。案例中幼儿玩"死人"游戏，本无可非议，因为祭奠死人也是正常的社会现象，假装哭也不是真正的消极情绪体验，所以教师只是在一旁关注。但当幼儿商量着要烧纸、跨圈时，教师开始介入了，因为这种"祭奠行为"是迷信的，不被社会舆论正面提倡的。教师机智地采取了转化游戏情节的做法，将幼儿的兴趣引向"救人"。

## 案例 6-3    晨间活动

（彤彤 5 岁零 3 个月，睿睿 5 岁零 6 个月）

**案例呈现：**晨间活动时，彤彤和睿睿结伴进行骑自行车活动。两人骑了一会儿，彤彤趴在车把上，做游泳的动作，突然说："呀！不好了，前面有大鲨鱼，快逃。"说完速度较快地向前骑，睿睿紧紧追赶在后面。两人绕了一圈，似乎都有些累了，便停了下来，仰面躺在地板上休息。

过了一会儿，彤彤起身，看着躺着的睿睿说："我来做医生，我给你看病好吗？"睿睿说："好。"彤彤按了按睿睿的肚子，又在睿睿胸前听了听说："需要开刀，我开轻点保证一点也不疼。"于是做个打针的动作，又用手代替刀，给睿睿开刀。这一下，惹得睿睿"咯咯"直笑。于是两人仰面躺着，你一下我一下地挠起痒痒来。在一旁的老师看见了，走到她们面前，一脸严肃地问："你们俩在干什么？"她们俩立刻收起灿烂的笑容，抽回了留在对方身上的小手，两人对视了一下，朝不同方向走去了。

**案例分析：**慢骑自行车是晨间户外锻炼的一项预设内容，两个女孩选择了这项活动，并加入了游戏的想象，假装逃避大鲨鱼而快速骑了一会儿，起到了锻炼身体、促进发展的目的。当两个人玩累了的时候，就玩起了其他轻松的游戏，这是很自然的。案例中教师看到她们游离骑车的活动，便立即出面干涉，其语调带有责备意思。教师对幼儿游戏行为的指责改变了幼儿游戏的氛围。幼儿游戏需要一个宽松、自由、无压力的环境。同时，教师需要反思：是否理解幼儿此时改变活动的原因；是否要按照教师的要求来玩；如果需要引导幼儿回到教师预设的活动中，我们应当如何引导？

### 三、教师对幼儿游戏进行现场指导的角色

认识教师在幼儿园游戏中的角色和地位，这是一个正确观念和态度的问题。游戏是儿童自发、自主的活动，游戏权利是儿童的，在游戏的过程中儿童是游戏的主人，是儿童在游戏。因此，教师在指导幼儿游戏的过程中应以满足幼儿的需要、以尊重幼儿意愿为基本原则。教师应当怎样去组织和指导幼儿的游戏？在幼儿游戏过程中教师应当扮演什么样的角色？对这些问题的澄清，有助于教师扮演好在幼儿的游戏活动中的角色，把握教师在幼儿游戏中的"度"。我们认为，教师在幼儿游戏中的角色应该有三种形式：一是游戏环境的创设者；二是游戏过程的观察者；三是游戏进展的支持者和回应者。

#### 1. 游戏环境的创设者

游戏环境是儿童游戏发生的背景，它将直接关系到儿童游戏的品质和儿童游戏的体验，因此创设一个能满足儿童游戏需要的环境至关重要。游戏作为幼儿基本的学习方式，为幼儿创设良好的游戏环境就是为幼儿创设良好的学习环境。通过为幼儿创设的游戏或学习环境，一方面可以使幼儿在游戏中积极主动地学习，另一方面可以使幼儿获得幼儿园课程期望他们掌握的各种有益的学习经验。教师为幼儿创设的游戏环境包括时间、空间和材料、预先经验。

（1）游戏时间

幼儿游戏的开展需要充足的时间保证，幼儿游戏的时间越充分，幼儿游戏水平的提高就越快。我们认为首先保证各类游戏开展的时间。每类游戏对幼儿发展侧重不同，不同游戏开展的时间应不同。具有认识复杂性的游戏形式，如建构性游戏和社会角色表演游戏，都需要花费大量时间计划和实施。例如，为开展角色表演游戏，幼儿需要找玩伴、协商角色、计划故事情节、指定假装的身份、构造道具以及确定需使用的空间，这些准备工作需要耗费大量时间。如果没有足够的时间，幼儿刚刚规划好了游戏，布置好了场景，还没开始互动合作，就被教师宣布结束了，这样，游戏不能尽兴，游戏水平也不易提高。多次经历这种情况后，幼儿就会失去对这类游戏的兴趣。其次，除保证幼儿园特定教学任务规定的集体游戏时间以外，还应保证幼儿自由游戏的时间。自由的游戏可以满足个体的不同需要，并产生游戏的多样化的经验，体现了幼儿游戏的自主选择性。如果只为幼儿设立种种游戏活动的区域和提供丰富材料，但不能保证幼儿充分的自由游戏时间，那些活动设置和物质材料也不能发挥应有的作用。

（2）游戏空间和材料

幼儿游戏的空间和材料是影响幼儿游戏的重要因素，在第四章已述。由此，我们已经可以了解到户内外空间的合理安排，大小空间的合理规划，开放与封闭空间结构的合理调整，是教师为满足幼儿需要所做的工作。如何使材料的数量、种类、材料的功能、特征，适应不同年龄幼儿的不同游戏、不同水平幼儿的不同发展需要，从而保证幼儿拥有尽可能多的选择机会，这些体现了教师的智慧和能力。

（3）预先经验

幼儿游戏是幼儿在自己已有生活经验和知识技能基础上的自我表现，生活经验丰富，知识技能越充分，幼儿游戏的主题、情节、技巧和内容也就越丰富，其游戏选择的自由性也就越大。因此，在游戏之外丰富幼儿的知识经验，对游戏的影响是很重要的。教师可以通过实地参观、讨论、谈话以及各种教学活动为幼儿开展游戏做准备。

**2. 游戏过程的观察者**

教师成功指导、参与幼儿的游戏完全有赖于她们的仔细观察。教师首先要有观察的意识，不是"游戏是幼儿自己玩的，只要不出问题，就可以不管"。通过观察，教师可以了解幼儿当前达到的游戏发展阶段，为设计制订游戏活动计划，实施教育活动提供保证；观察可以帮助教师注意不同幼儿的需要，不同幼儿游戏状态，为提供专业指导奠定基础。其次教师要有积极良好的观察态度。包括欣赏的态度，也就是对幼儿在游戏中纯真表现的喜爱；对幼儿游戏行为的耐心和宽容的态度。教师要确立观察的目的，通过观察游戏中的幼儿，教师应明确观察是为获得游戏活动中的相关信息——幼儿喜欢的游戏的方式、幼儿偏爱的游戏材料或玩具、幼儿选择的游戏地点、喜欢参与的游戏主题、以及他们与同伴和成人之间的相互关系，等等。

**3. 游戏进展的支持者和回应者**

游戏是幼儿自主的活动，教师在幼儿游戏中仅处于辅助地位，这意味着教师的指导作用是对幼儿游戏行为的鼓励、支持、帮助和推进。我们认为教师对幼儿游戏的支持表现在以下两个方面。

（1）材料支持和反应

即在幼儿园游戏过程中，根据幼儿游戏的需要随机进行游戏材料上的支持。目的在于能够持续地支持幼儿延伸和扩展游戏。幼儿游戏过程中在以下情况发生时，教师需给予幼儿支持：幼儿对某些新材料感到困惑不会使用时，教师可以示范新材料的使用方法；原有材料不能满足幼儿当前游戏需要时，教师可以适当增添新的材料；在幼儿认识范围内，对材料的原有玩法已失去兴趣时，教师可以展示材料的多种玩法，让幼儿意识到材料的多样转换性；当幼儿在游戏中对材料操作出现技能困难时，教师应给予帮助支持；等等。

（2）语言支持和反应

教师在幼儿游戏的过程中，除了体现在对材料的支持和反应外，更多体现在语言上的支持与反应。语言指导作用主要体现为促进人际互动，使幼儿学会考虑他人需要、想法、感受，学会商量；引导经验学习，帮助幼儿运用已有经验，建立新旧知识的沟通；启发解决问题，用有意义方法引导幼儿探索和发现；必要时对幼儿进行规则提醒。教师在使用语言支持时应不左右幼儿游戏行为、不影响幼儿情绪体验。教师支持性语言指导与反应主要是根据幼儿当时的游戏方向，提出问题或建议，并最终给予肯定和赞许。如，教师可以通过与幼儿谈话，来询问幼儿在做什么或请幼儿讲一讲自己想要做什么来发现幼儿的需要和兴趣。通过提问、评论等给予幼儿适当的反馈，增强幼儿的兴趣和动机，使幼儿游戏变得更为复杂和精致。教师也可以通过交流，倾听鼓励幼儿表达自己的想法，接受幼儿各种各样的回答和解释，即使这种回答以成人的标准来看是"错"的。

有效指导游戏的关键是准确估计幼儿行为意向的线索，以一种有益于幼儿行为的指导方式，去顺应和扩展幼儿的游戏行为。教师作为游戏环境的创设者、游戏过程的观察者、游戏进展的支持者，既体现了尊重幼儿游戏主动性，又体现了教师主观能动性。教师作为游戏环境的创设者，创设反映教育目标和要求的游戏环境，以便幼儿自己与环境互动，产生潜移默化的效果；教师作为游戏的观察者，通过观察深入了解幼儿游戏的兴趣和需要，有的放矢地指导幼儿游戏。作为游戏进展的支持者和回应者，则体现了幼儿在前、教师在后的态度，充分尊重幼儿主体性。

## 四、教师对幼儿游戏进行现场指导的基础——观察

教师对幼儿游戏的观察既是观念层面的问题，也是技术层面的问题。幼儿园游戏观察是教师在真实、自然的游戏情境中对幼儿行为表现进行的感知、记录、分析的过程。通过游戏观察所获得的丰富、翔实、客观的信息资料是教师有效指导幼儿游戏的前提。教师如何观察游戏，观察什么，怎样从所观察到的游戏行为中做出准确的判断，这反映了一个教师的基本技能。我们按照幼儿园游戏观察一般进程予以阐述。

### （一）观察计划的制订

观察计划的制订对保证观察的条理性、规范性，提高观察的效果有非常重要的作用。通常观察计划是教师根据教师对观察目的、内容、过程、记录方式等做出的预先设计和安排。观察计划的制订通常包括观察对象的选择、观察内容的确定、和记录方式的设计与选用等多方面工作。在观察前教师应明确游戏过程中幼儿游戏行为标准，即游戏中的幼儿应该具有怎样的行为才适宜。

#### 1. 选择观察对象

通常情况下，由于感官范围和能力的限制，教师很难在同一时间内把握大量的对象，而只能有选择地把其中的一部分置于感知中心，从而获得对观察对象较为清晰、全面、深刻的印象。教师现场指导过程中可以结合本班幼儿情况，每次宜选择2～3个幼儿作为观察对象。重点观察典型的、有代表性的、对游戏进程和效果有显著影响的幼儿。

#### 2. 确定观察内容

观察内容是观察计划的重要组成部分，确定观察内容的过程的本质就是确定把幼儿游戏过程中人、物列入观察范围的过程。游戏观察内容主要包括游戏主题、材料、行为习惯等方面。

游戏主题主要涉及幼儿已有的游戏主题（游戏中相应的语言、表情、动作和交往能力等）和新出现的游戏主题两个方面。材料是影响幼儿游戏行为的重要因素，对游戏材料进行观察主要包括已有的材料、新投入的材料和环境创设等。观察主要为了把握幼儿是如何与材料发生相互作用的，幼儿之间怎样通过材料进行交往以及环境创设对幼儿有何影响等。行为习惯的观察内容包括生活常规和幼儿之间相互交往的规则方面。

教师在观察过程中对不同年龄段的班级的观察侧重点应有所不同。小班幼儿处于平行游戏阶段，对物品的摆弄、操作较多，对物品的需求表现为"人有我也要有"的特点。所以，幼儿使用游戏材料的情况应成为小班幼儿的观察重点。随着幼儿生活经验的积累和认识能力的发展，中班幼儿游戏的情节逐渐丰富，但因缺乏交往技能，常因角色扮演问题与人发生冲突。因此，观察的重点应该是幼儿与幼儿的冲突上。随着生活范围的进一步扩大及能力的增强，大班幼儿不断产生新的主题，新主题与原有经验之间的不和谐而产生冲突，运用已有经验在现有基础上去创新，成为游戏观察的重点，同时幼儿相互交往、合作、分享、解决矛盾也成为游戏观察的另一个重点。

**3. 观察记录的设计与运用**

教师可以根据实际条件选用录音、录像等现代化设备，也可根据观察的目的设计相关表格进行记录。

## （二）观察方法的使用

经过研究，我们总结三种常用的游戏观察方法。

### 1. 扫描法，即时段定人法

对班里的全体幼儿平均分配时间，在相等的时段里对每个幼儿轮流进行扫描观察，该方法适合于了解全体幼儿的游戏情况，一般在游戏开始结束时使用较多。通过此方法可以了解以下情况：全班幼儿的游戏围绕哪些主题，每个幼儿选择了哪些主题游戏、扮演了什么角色，使用了哪些游戏材料等。

选用这种观察方法，一般采用表格形式记录观察结果。例如，教师要了解幼儿对不同主题游戏的喜欢程度，可设计以下观察记录表格（见表6-1）。

表 6-1　幼儿参与游戏情况调查表

| 姓名 ＼ 主题 | 娃娃家 | 开超市 | 医院 | ＋＋＋ | ＋＋＋ |
|---|---|---|---|---|---|
| 幼儿1 | | | | | |

（续表）

| 姓名＼主题 | 娃娃家 | 开超市 | 医院 | ＋＋＋ | ＋＋＋ |
|---|---|---|---|---|---|
| 幼儿 2 | | | | | |
| 幼儿 3 | | | | | |

　　教师采用上述方法时，可以轮流观察各主题游戏，观察时间为 5 分钟左右，用画"正"字的形式，或每次观察时用不同的符号或不同颜色的笔做记录。这样，可以观察到幼儿在游戏中的坚持性和对主题的稳定性。

### 2. 定点法，即定点不定人法

　　观察者固定在游戏的某一地点进行观察，见什么观察什么，只要来此地点的幼儿都可以作为被观察对象。该方法适合于了解一个主题或一个区域幼儿游戏的情况，可以获得动态的信息。便于了解幼儿在游戏中使用教材的情况，幼儿交往情况，游戏情节发展，等等。记录方法可采用实况详录也可用事件抽样记录，观察者处于较被动的地位。

### 3. 追踪法，即定人不定点法

　　观察者事先确定一到两个幼儿作为观察对象，观察他们在游戏中的活动状况。被观察的幼儿走到哪，观察者就追随到哪里。这种方法适合了解个别幼儿在游戏中的情况，了解其游戏发展水平，与其他幼儿社会性互动等，可以获得更细详的信息。

　　运用这种方法可采用实况描述法进行记录。即观察者将所看到的幼儿在游戏全过程中的活动情况，通过现场记录和事后回忆尽量完整、详细记录下来。同时，在记录时可适当加入观察者的评述、分析和对策。

## 案例 6-4　大宝开始游戏了……

（大宝 3 岁零 5 个月　佳佳 3 岁零 6 个月　苗苗 3 岁零 6 个月）

　　**案例呈现：**游戏活动时间到了，大宝搬来小椅子加入"娃娃家"的游戏中来。这是大宝上幼儿园以来第一次主动选择、参与游戏。他正投入地在"娃娃家"里摆弄各种餐具，这时佳佳和苗苗过来和他一起摆弄餐具。然后他们开始共同煮饭、炒菜。饭烧好后，佳佳主动给大宝端饭。他假装吃了两口，就放在桌上，去"超市"买东西。在超市停留的约 5 分钟里，不时摆弄着各种"商品"，但最终什么也没买，跑到了图书角拿了一本书看了起来，直到游戏结束。

**案例分析：**该案例追踪法，并用实况详录的方法记录的。观察游戏的目的是在于了解幼儿游戏中行为表现，为指导和评价幼儿提供可靠、翔实的依据。

观察游戏的目的是了解幼儿在游戏中的行为表现，为指导和评价幼儿提供可靠、翔实的依据。在进行观察时，应注意将随机性与计划性相结合，即每次都要有目的，有重点；做到全面性和个别性相结合，即从游戏的主体来看，指全体幼儿也指个别幼儿；从游戏的主题来看既指全部游戏主题，也指个别主题的情况。此外，在游戏观察记录过程中，除了要按观察方法严格操作外，观察者还应将收集到的信息进行整理分析。做到不为观察而观察，要针对所观察到的情况，从中抓出关键性的问题，加以分析，寻找原因，及时改进，以便更好地促进幼儿发展，真正发挥游戏促进幼儿发展的价值。

# 第二节　幼儿游戏过程中现场指导的基本策略和方法

## 一、幼儿游戏过程中现场指导的基本策略

教师指导游戏的过程是一个连续的决策和反思的过程。指导的必要性、指导时机、指导的对象范围、游戏指导中互动的节奏等是教师需要考虑的基本策略问题。幼儿园游戏现场指导中，教师充分利用观察确立指导必要性和针对性。

### （一）确定指导的必要性

#### 1. 以有效的观察为基础

幼儿游戏现场的任何指导都基于教师对幼儿游戏真实状况和心理状态的了解。教师结合观察方法，既可以通过站在旁边看、听或与幼儿交谈，也可以通过与幼儿共同游戏来了解幼儿当前的活动兴趣、已有的经验或问题。反之，教师在幼儿游戏过程中，缺少有效的观察，就不能了解幼儿真正的想法，可能教师的介入会改变幼儿游戏的方向，甚至会影响幼儿的创造和发展。

### 案例 6-5　理发店"秩序井然"

**案例呈现：**幼儿自由活动时间里，中班游戏开始了，教师发现"理发店"里的三个理发师忙着为顾客做头发，而另外几名顾客在排队等候，但教师发现：三个理发师为同一名顾客理发，其他顾客无人招待。

教师："哎呀，好多的人呀！"

幼儿 A："我们今天的生意好！"

教师："那我们要等很久了？"

幼儿 B："他的头发快理好了。"

教师："哦，这也没坐的。站着好累啊！"

幼儿C："这里有个凳子，你坐会儿。"

教师："你们三个，谁来帮我先洗头发？"

三个幼儿忙着给顾客卷头发，有些不太情愿。犹豫着。

教师：三个理发师可以分头工作，每人照顾一个，我们等的时间就少了。幼儿这时忙开了，一个给顾客洗头发，一个给顾客剪，还可以不时招呼客人……

**案例分析：**案例中，教师通过观察发现看似有序的游戏活动，并没有让幼儿体验游戏的快乐，没有提升幼儿的生活经验：活动中应有分工、让幼儿能够在活动中学习主动交往的技巧、养成良好待人接物的态度。在本案例中，教师通过观察确定介入游戏的必要性，发挥了观察指导游戏的作用。

通过这种观察教师可以了解幼儿行为的意义和指导的必要性。下面列举一位教师没有仔细观察游戏就介入游戏的例子：一个6岁的女孩在沙箱玩一些贝壳，假装贝壳是人和树，而手指是猫，一位实习教师介入，试图与女孩进行有关贝壳造型的对话。

教师："这些贝壳好漂亮哦！沙子好柔好滑，不是吗？你做了一个十分可爱的造型，你已经完成了吗？还是打算放些贝壳进去？"

这种介入破坏了游戏装扮的内容，使女孩停止了游戏，也没产生所期望的对话。除非教师事先观察幼儿的游戏，否则教师的介入对幼儿游戏的破坏性可能大于所带来的好处。

## 案例 6-6

幼儿园大班娃娃家区，男孩（爸爸）独自在"家"用橡皮泥搓长条条，娃娃放在一边的小床上，门关着。

从表面看来，这个娃娃家中的男孩的游戏状态很平淡乏味，其行为近乎无所事事。但是教师如果仔细观察，可能会发现这个男孩非常专注、投入，实际上他在努力玩着，只是没有积极的语言交流而已。下面是细致观察（教师A）和没有观察（教师B）两种情况下指导言行实录。

教师A观察后，想知道"爸爸"为何忙碌，并进行鼓励。

教师A指导言行：

教师：（敲门）有人在家吗？

爸爸：什么人？（并未放下手中的橡皮泥）

教师：我是你家隔壁邻居，兰兰妈妈。

爸爸：噢，你有什么事？我正忙呢。

教师：我想向你家借个水桶，你忙什么呢？

爸爸：马上有人要来装有线电视，我要赶快把电线修好接上。

教师：噢，那不着急，我下午再来借，打扰了。（未进娃娃家门，转身走开。稍后，见爸爸已将电线装好，再去借水桶，并欣赏电视）

教师：有线电视的节目真多，比原来更好看啦！

爸爸：你们家也装一个吧！要我帮你们接电线吗？

教师 B 未观察或观察不细致，以为"爸爸"无所事事或"不务正业"，想把幼儿引入其他活动。

教师 B 指导言行：

教师：（敲门）有人在家吗？

爸爸：什么人？（未放下手里的活）

教师：我是你们家客人，快开门。（没有身份，自称客人不合情理）

爸爸：我很忙，你等会儿再来。

教师：你这个爸爸怎么这么没礼貌，客人来了不招待吗？

爸爸：（无奈，放下手中橡皮泥，过来开门）请进，你自己喝茶。

教师：主人要给客人倒茶呀！

爸爸：（想去搓橡皮泥，又不得以来倒茶，刚想过去）

教师：妈妈不在家，孩子也没人管。

爸爸：我忙着呢！没时间抱孩子。

教师：你一点儿也不像爸爸。

**案例分析**：从两位教师指导言行的对比中，我们发现尽管她们都是以游戏者的身份介入游戏中，教师 A 在指导中充分尊重幼儿游戏的意愿，鼓励幼儿游戏中的创造性行为，促进了游戏内容的进一步丰富，教师 B 就没能了解幼儿真正的游戏意义，而从主观猜测判断幼儿行为，在指导中压制了幼儿游戏的积极性，成为一种不恰当的干扰。幼儿园游戏现场指导中，教师充分利用观察确立指导必要性和针对性，尽可能把不必要的干扰降到最低限度。

### 2. 以尊重幼儿主体为主导思想

游戏作为幼儿基本的生活方式，它能充分满足幼儿的不同发展需要。就其本质而言，它是幼儿主体性活动，幼儿始终是发展着的、能动的个体。教师的介入应能为幼儿游戏创设更自由、和谐的氛围，为幼儿在游戏中的主体发展提供最基本的支持和保障。支持幼儿按自己的兴趣需要和生活经验来进行创造性的活动，按自己的意愿设计和生成新的游戏。鼓励幼儿自己解决和克服游戏中产生的问题与困难，让幼儿在与环境、材料、同伴相互作用的各种活动中发展自己。

### 案例6-7　大班游戏自选区中

**案例呈现**：一名幼儿将几张桌子拼在一起当作商店，把剪刀、铅笔、水彩笔、棒胶等不同材料，分别摆成几排，边摆边说："快来买，快来买，东西优惠了。"另一名幼儿正在看书，看到小朋友卖得正起劲，便也把书一本一本地摊开摆成几排准备卖书，也许是嫌东西少，自己又找来几把剪刀、几支铅笔放在书的旁边一同来卖。这时教师走过来。

教师："你开的是什么店呀？"

幼儿："什么都有。"

教师："我看是以书为主，跟书没关系的放到那边去卖吧。"（指旁边卖东西的小朋友）

幼儿在教师走后，自言自语地说："真没意思。"于是把书和剪刀一起收起来。去做别的事了。

教师来到美工区，看到一幼儿正在制作什么，就走过去问："你做什么呢？"幼儿自豪地说："是我发明的天文望远镜。"

教师："拿那边去卖吧。"

幼儿："我还没做完呢，我可不想卖，我想把它带回家。"

教师听后未做任何表示，又到其他区域"视察"了。

**案例分析**：案例中的教师在指导区域活动中有非常强的与幼儿互动的意识。但由于缺少互动的策略，教师介入幼儿游戏明显干扰了幼儿的活动，改变了幼儿游戏方向。在介入指导第一个幼儿游戏时，教师忽视幼儿意愿，急于把自己的想法强加于幼儿，使幼儿失去了继续游戏的兴趣。当第二名幼儿说自己制作的是天文望远镜时，教师又一次把自己的想法强加给幼儿。两次介入幼儿游戏时机和方法都是失败的。

教师对指导得失的考虑（比如，教师介入可能带来什么和失去什么）有助于教师作出决策。对以下问题的思考有助于教师进行指导必要性的决策和反思：（1）幼儿在干什么？有必要介入吗？（2）我的介入会影响或打断幼儿的游戏吗？会不会抑制他们的独立探索？（3）如果不介入又会怎样？（4）介入与不介入是"利大于弊"还是"弊大于利"？

### （二）确定指导的时机

教师在决定干预以后还要思考什么时候介入幼儿的游戏，实施干预。通常良好的干预效果往往依赖于恰当的干预时机。对教师而言确定什么时候是干预幼儿游戏的恰当的时机常常是一件困难的事情。选择最适宜的时机和干预的方式是教师智慧和教学艺术的体现。一般来说，当幼儿出现下列情况时教师应当介入：（1）当幼儿遇到困难、挫折，即将放弃游戏意愿时；（2）当幼儿在与环境互动中产生认识冲突时；（3）当游戏中出现不安全的因素时；（4）当幼儿主动寻求帮助时；（5）当游戏中出现不利于游戏开展的过激行为时；（6）当游戏中出现消极内容时。

　　游戏对于幼儿来讲是一个探索和发展的过程，作为探索和发展过程的游戏，对幼儿的认识、语言、社会性等多方面的发展来说本身就是有价值的。在现实中教师在决策干预时机中经常在等待和不失时机间权衡。教师需要学会等待，即不急于用自己的想法与标准要求幼儿，不代替幼儿的探索、思考和创造。等待往往是必要的，同时要学会在等待中抓住时机。等待和不失时机是矛盾的，又是相辅相成的。

## 案例6-8　飞机机翼断了

　　（大宇5岁零3个月）

　　**案例呈现：**中班结构游戏开始了，大宇拿着雪花片拼插交通工具，老师问："你插的是飞机吗？大宇说："恩，我想让我的小飞机在跑道上飞起来"。老师鼓励说："好的，一会儿展示给我们看啊！"大宇分别用白色和蓝色的雪花片拼完机身和尾翼，最后又用蓝色的花片拼飞机的机翼。

　　拼完后，没有仔细检查机翼就朝展示区走去，老师提醒大宇："你看看飞机的两个机翼一样长么？"他马上回到原位埋头将比较"短"的那边的机翼补"长"。就在他认为差不多完成的时候，同伴说："这边的太短了。"他忙在短的那个机翼上"加长"，补长后高兴地端着飞机准备放到教师指定的展示区。

　　刚走两步，经过了两次"加长"，不堪重负的机翼弯了下来，大宇歪着脑袋，茫然看着弯了的机翼。教师对大宇轻声说："没关系的，再试试，看看机翼为什么会弯？"大宇先是把机翼加厚，教师说："这个办法不错。"但刚拿起来机身晃悠悠的。老师鼓励大宇找找原因。

　　大宇开始不断尝试起来，只见大宇把补上的那段拆下，把机身加厚，一会儿高兴地跑到教师那儿说："老师，老师，我有办法啦。"教师说："嗯，真棒，那你做做看。"然后先把一边的机翼拼插好。仔细数了一下雪花片，再拼另外一边的机翼。这次飞机的机翼没有弯，机身也很平稳。大宇拿着自己的小飞机高兴地向老师和小朋友展示。

　　**案例分析：**案例中的教师两次介入幼儿游戏并对幼儿游戏产生积极的影响：当幼儿对自己的作品"粗心"，疏忽检查时；当幼儿因失败而茫然时。第一次，教师鼓励幼儿仔细观察自己"作品"，并提示出现问题，强化幼儿目标意识；第二次，教师激发大宇要有勇气面对困难，并鼓励他自己解决问题；第三次，教师肯定了幼儿的办法。案例中的教师在幼儿出现搭拼造型困难时，给予幼儿及时的鼓励和指导，指导效果较好。

## 案例6-9　"桥塌了，我不玩了"

　　（冬阳6岁零6个月）

　　**案例呈现：**冬阳今天到建构区里玩，他用长条形积木搭了一座高架桥，他把长条形的积木放在地上，一共连了五块，然后把同伴搭好的汽车放在上面，不停地说："我造的大桥可以跑汽车了，嘀嘀！"

昕昕听了他的话，问他："你搭高架桥？""我看到高架桥上面、下面都可以跑车的"。

冬阳找来不同材质的支架！开始改造他的大桥。

一会儿他兴奋请同伴看他改造后的大桥："结果没过一会儿，高架桥一面就塌了。冬阳耐不住性子，说："我不玩了。"说着要把另一面的桥身也拆了。

老师在旁边说："其实你的想法很好的，你仔细找找原因，看看桥为什么塌了。"于是两个人仔细观察另一面桥体，想了办法：用木制的圆柱体做桥墩，高架桥真的成功了，两个幼儿露出了开心的笑容。

**案例分析**：案例中的教师在幼儿遇到困难和挫折时，用言语的方式去鼓励幼儿：自己找到问题，并解决问题。让幼儿在解决问题的过程中体会到克服困难，获得成功的快乐，产生游戏性体验。一般情况下，为了使游戏开展下去，幼儿总会自己想办法解决问题，这是幼儿获得经验的过程，教师不应当时时处处代替幼儿解决问题。

但有时候，当幼儿遇到不能解决的困难时，往往会因此放弃原来的游戏行为，结果：一是失去了一次提升经验的机会；二是游戏的意愿不能实现；三是经常中止并转换游戏情节不利于游戏水平的提高。所以，教师的及时介入是必要的。此案例中的冬阳在遇到困难时却不耐烦了。教师通过观察，及时给予幼儿提示，在幼儿即将放弃游戏之前，给予了一次成功的引导。

思考下列问题有利于教师抓住指导时机，达到成功指导的目的：幼儿需要怎样的帮助才能克服当前的困难？他（她）更容易接受哪种帮助？怎样干预才不会影响幼儿的兴趣？我采取的干预方法会引起哪些可能的反应？我提供帮助之后幼儿还有没有独立思考的空间？我如果撤出干预后幼儿能不能继续独立完成操作任务？这是最适合的干预时机吗？等一等会如何？

### （三）确定指导对象的范围

在幼儿游戏过程中，教师必须立足于对全体幼儿游戏的全面掌握和关注基础上，对个别幼儿个别指导。注意幼儿游戏过程中，兼顾个别幼儿个别指导和对全体幼儿游戏一般性影响的结合。教师是在照顾全体幼儿的同时，注重对幼儿个体的影响。教师应注意避免单一性集体指导和整齐划一的要求（特别是在集体形式的教学游戏开展中），同时又需注意指导范围不能局限于某个幼儿身上，特别在幼儿的自由自选的游戏开展中，做到对指导对象范围的科学合理的把握。比如，幼儿园某班根据上一周建构区和娃娃家游戏中存在的问题，确定这两个区域为指导的重点。在自选游戏过程中，教师既需要关注各游戏区的全面开展，同时又需深入这两个活动区，给予具体的和有针对性的影响。教师既是班级全体幼儿的教育者，又是个别幼儿游戏中的游戏伙伴。

针对指导对象范围确定这一问题而言，教师应该能够针对具体情境灵活处理好，重点与一般、个别与集体、局部与整体结合等情况。

### （四）把握好互动的节奏

教师对幼儿游戏干预是在与幼儿的互动过程中动态地、连续地开展的。因此，把握好互动的节奏是取得良好干预效果必须注意的问题。（1）要把握好与儿童互动的节奏，要求教师站在幼儿的角度。在实际活动过程中了解幼儿真正的兴趣、需要是什么，能够及时调整自己的活动目标以及步骤。（2）要把握好与幼儿互动的节奏，要求教师给幼儿时间和空间去探索、思考。提供条件，鼓励支持幼儿去验证自己的想法。（3）要把握好与幼儿互动的节奏，要求教师把学习看作是一个发生在内部的、需要一定时间的渐进过程。人的经验是主动建构的产物，但建构是一个需要一定时间的过程。（4）要把握好与幼儿互动的节奏，要求教师像平时放慢走路和说话的速度以适应幼儿走路、说话的速度一样，以幼儿"学"的速度为标尺定出自己"教"的速度，而且还要适应每个幼儿的学习速度。

幼儿园游戏指导过程中指导是教师利用游戏教育幼儿，促进幼儿发展的关键环节和重要职责，而保证游戏指导的科学性、合理性的前提和基础就是尊重幼儿游戏的主体性，发挥幼儿的自主性、积极性、创造性。指导游戏需要教师的"童心"、细心、耐心，需要教师的尊重、理解和包容。

## 二、幼儿游戏过程中现场指导的基本方法

对教师而言，游戏过程中的现场指导是一个开放性的与儿童互动的过程。在这种互动的过程中，要求教师掌握一定的技巧与策略，并在实践中能够灵活机动地运用。因此，游戏中的指导充分体现了幼儿教师教育工作的科学性、艺术性和创造性。

一般认为，教师介入幼儿游戏，指导幼儿行为的方法有两种：直接介入和间接介入。

### （一）直接介入的方法

直接介入也称外在干预，指教师在指导游戏时，并不直接参与游戏，而是以一个外在的角色，引导、说明、建议、鼓励游戏中幼儿的行为。包括游戏情节、角色扮演、想象转换等，其方法主要是语言和材料的提供。比如角色游戏中，当教师看到幼儿长时间无意义地摆弄一个娃娃，仅仅是机能的动作。这时老师走过去对幼儿说："你的孩子好像病了，你是不是可以带她到附近的医院看看医生，给他吃点药。"这时教师鼓励幼儿扮演妈妈的角色，把娃娃想象成自己的孩子，去与医院游戏的其他幼儿进行语言交往，促进幼儿社会性互动。

### 案例6-10    "胡萝卜好吃，有营养"

（弯弯3岁零9个月）

**案例呈现：**弯弯今天做"娃娃家"的妈妈在烧饭。她娴熟地从冰箱里拿出各种菜，

简单清洗后来到灶台前，很开心地炒着菜。炒完后，准备喂布娃娃吃饭，她用调羹不停捣，舀起菜，轻轻吹着并对娃娃说："来，张嘴，这个是你最爱吃的！这个有营养！"她自言自语地和娃娃重复说着。

教师在一旁看了很久，问："弯弯，你炒的什么菜，很有营养呢？"

弯弯很开心地告诉老师："我给宝宝炒的胡萝卜！""为什么要给宝宝吃胡萝卜呢"教师问。

"有营养，对我们的眼睛好，我妈妈说的，妈妈炒给我吃的，胡萝卜好吃，有营养！"

老师问："宝宝喜欢吃你做的胡萝卜吗？"

"喜欢啊，我就喜欢妈妈炒的胡萝卜，我刚才还放了盐，还有鸡精呢，好吃着呢！"

**案例分析**：案例中教师采用了直接介入的方法，用提问的方式，引导幼儿把"有营养"与具体食物联系起来。案例中的幼儿在游戏中，迁移了个人的生活经验，教师一方面分享了幼儿游戏的快乐，渲染了游戏的氛围；另一方面通过帮助幼儿回忆生活经验强化幼儿对游戏动作、语言、情节的有意性（小班幼儿游戏动作往往无意性较强）。当然，教师介入的前提是不干扰幼儿游戏的过程，若幼儿不予理会，教师则应立即退出。

## 案例6-11 "雨刮器"的诞生

（点点5岁零6个月，乐乐5岁零9个月，奇奇5岁零7个月）

**案例呈现**：几个幼儿在阅读区翻阅着有关车辆的书籍。奇奇不停地感叹："你看，这辆车速度超快！"点点说："我们也来做一辆吧！"奇奇说："我们就用小椅子搭出来吧。"几个幼儿开始忙乎起来。

"我看到的小汽车都是前面两个位置，后面三个位置！"点点说

于是，大家忙着搬椅子，前面放了两把，后面放三把。不一会儿，点点所形容的汽车就造好了。5个幼儿都坐上去，大家很是高兴。都争着说要开车到什么地方。

这时，娃娃家里的妈妈大喊："下雨啦！快收衣服啊"。

坐在副驾驶位置上的乐乐："下雨了！快开雨刮器！"

坐在驾驶室奇奇说："没有雨刮器！挡风玻璃也没有，我们快找个地方躲雨去吧。"

眼看幼儿自主游戏活动就要消失了，教师在一旁说话了："我们自己可以想办法，把车挡风玻璃和雨刮器都装上？"

有幼儿附和道："对呀，我们自己可以装上挡风玻璃，做雨刮器！"

教师建议用空的盒子做个"车顶"，有幼儿找来了塑料纸做挡风玻璃，用两根长积木做雨刮器。

一辆装备齐全的汽车诞生了。

**案例分析**：案例中幼儿自制车子的创意很好，由于新的游戏情节的发生，幼儿的创意性游戏活动没办法发展下去。教师在幼儿正准备放弃游戏时适时给予幼儿帮助。教师采用直接介入的建议方式启发了幼儿解决问题，同时对幼儿替代材料的选择上予以指导，使幼儿游戏问题得以妥善解决，确保了游戏情节的丰富和延续。

## 案例 6-12　眼药水瓶子要挤才能装入水

（文文 5 岁零 7 个月　毛毛 6 岁零 4 个月）

**案例呈现**：玩水区旁边，一盆水的四周放着许多材料，有塑料瓶、积木、玻璃瓶等。文文和毛毛两人围着水盆在猜哪些是沉下去的，哪些是浮起来的，看谁猜得对。

文文拿起了一块塑料积木，说："是浮起来的。"于是将塑料积木投进去，果然积木浮在水面上，"我猜对了。"

毛毛拿拿起一块积木，说："浮起来。"毛毛将积木投入盆里，也赢了。

就这样来回游戏两三次，两个幼儿都能猜对。文文提议说："这个不好玩。你看，我们用眼药水瓶挤水好吗？"他们开始用眼药水的瓶子反复挤，装满水，再挤掉，再装满水。文文说："很奇怪，塑料瓶子挤才能装进水，玻璃瓶子就用不着挤。"

这时老师走过来，拿着多样玩水材料说："你们知道哪些东西会沉下去，哪些东西会浮起来吗？

幼儿回答："知道了！"

教师追问道："为什么呢？"你们再试试看看，然后想想是什么道理，好吗？

一会儿教师走了，两个幼儿又玩起自己"眼药水瓶子装水"的游戏。

**案例分析**：案例中就提供的材料而言，哪些会沉，哪些会浮，幼儿几轮的"猜猜看"游戏后就变得对幼儿没有吸引力了。而真正让两个幼儿感兴趣的是：塑料眼药水瓶子和玻璃瓶子不同的装水情况。幼儿对此充满好奇，不断探索和满足。塑料的眼药水瓶子要不断挤才能装入水，玻璃瓶子用不着挤就能装入水正是幼儿的探索和发现。

案例中的教师目标的导向性指导非常明显，她把"让幼儿知道什么东西会沉下去，什么东西会浮起来"作为其投放材料时设计的游戏目标，并以此左右幼儿的游戏行为，富有意义的游戏过程却全然没有发现，这一介入差点阻碍了幼儿游戏和探索。直接介入中教师并不是游戏当事者，其提出的建议和指导幼儿可以自行决定采纳与否，所以干预性较小。教师在幼儿游戏之外，以一种自然状态，以不干扰幼儿游戏为前提，直接点拨给幼儿建议的显性指导，可以帮助幼儿获得一定的知识或技能，但应注意，这种介入一定要自然，以不影响幼儿的游戏意愿为基本条件。

### （二）间接介入的方法

间接介入也称内在干预。是指教师以游戏中的角色身份参与幼儿的游戏，以游戏情节需要的角色动作和语言来引导幼儿的游戏行为。比如教师扮演一个病人的角色，到医院去与正无所事事地在敲打听诊器的幼儿互动，用求诊的方法暗示他使用听诊器。这种介入好处在于，因为教师与幼儿一起游戏，无形中就是对幼儿游戏的支持和认同，会引起幼儿更大兴趣性和持久性，同时也潜移默化地塑造了幼儿游戏行为，提高了游戏的水平。

通常教师可采用的干预方式，大致可以分以下三种。

### 1. 以自身为媒介

教师以自身为媒介，即教师以"游戏者"的身份介入幼儿游戏，一般可采用平行游戏或共同游戏两种方式。

（1）平行游戏

平行游戏是指导教师接近幼儿，并用相同的游戏材料玩与幼儿同样的游戏，但教师不与幼儿交往，不参与幼儿的游戏。这种干预方式常用于结构游戏与表演游戏的指导，效果显著。

### 案例 6-13　有趣的彩泥

（博文 2 岁 8 个月）

**案例呈现：**最近老师在彩泥角放了新的工具：塑料盘子、塑料小刀……博文来到彩泥角，拿起小刀看看、摸摸。他打开盒子从里面拿出一小团彩泥，用刀切了许多小块，大的大，小的小。然后把它们放到盘子里，开始拿起一块用劲搓，搓成的小圆子，因为他的劲小，圆子中间有很大的裂缝，而且根本不圆。他又拽了一块，还是那样搓，搓出来的还是不好，博文脸上都是泪珠。

教师坐在博文的旁边，也拽了一块彩泥开始搓。博文看到教师也来玩橡皮泥，显得很高兴。教师也像博文一样把彩泥切成小块，同时嘴里说："我把它搓成圆子。"

博文看着老师，不作声。教师继续说："我把彩泥放到手心上。"说着把一小块彩泥放到手心了。教师说："我用劲搓。"教师又说："我把它搓得光溜溜的。"圆子搓好了。接着，教师又拿了块彩泥，"我还要把它搓成长条的做个油条……""用手压成正方形，做个小蛋糕"。教师走了，博文叫教师继续搓。教师说："明天老师再做给你看好吗？"临走，教师在桌上留了许多切好的小块彩泥，说了一句："你也来搓个圆子给小朋友吃，好吗？"

博文又开始搓圆子了，还用小刀切，用手压、搓，用小拳头捶。一会儿做个小萝卜，一会儿做块巧克力，他开心地玩着。

**案例分析：**这是使用平行游戏策略指导游戏的案例。教师在幼儿对自己成果不满意时，介入游戏。教师介入的目的是想让幼儿在原有的水平上提出新的要求，鼓励幼儿使用工具，借助多样动作，对原来的素材进行简单造型。教师引导的机智在于，不是直接要求幼儿怎样做，而是以平行游戏的方式，为他做出结构造型，将进一步游戏的建议暗示给了幼儿。案例中教师以下三点指导行为是值得肯定的：充分体现对幼儿的尊重（教师的要求不是显性的）；考虑幼儿年龄特征（行为示范对 2 岁幼儿是必要的）；新要求建立在原有经验基础上。

平行游戏是教师指导幼儿游戏首选的干预方式，它充分运用暗示原理，使儿童在无意识中接受指导。教师的游戏对幼儿游戏的示范，是以一种含蓄隐蔽的方式进行的。这种暗示指导方式最大的优点在于，既实现了教师的指导意图，又不影响幼儿的游戏进程。此外，教师与在场幼儿一起玩游戏，本身就可以传递成人对幼儿游戏关注的态度，增进幼儿游戏的兴趣。这不仅可以诱导幼儿迅速进入游戏情境，而且能使幼儿保持对游戏的坚持性和持久性。平行游戏的干预方式最大限度地避免了指导成为干扰的可能。

（2）合作游戏

合作游戏是一种常用的游戏干预方式，指教师成为幼儿游戏的积极参与者。共同游戏者作为幼儿的平等游戏伙伴参与游戏，教师通常扮演一些角色，并遵循整个游戏的流程，让幼儿主宰整个游戏。教师可以根据游戏情境的需要对幼儿的语言和动作做出应答性的反馈，也可以偶尔提出问题，给幼儿以建议。比如，在邮局游戏中，教师扮演"寄信人"假装不知道如何写地址贴邮票等，以此吸引邮局"工作人员"主动前来介绍，丰富了游戏中儿童的角色对话。一位"邻居"到娃娃家，假装发现"娃娃发烧"，并劝"爸爸、妈妈"带娃娃到医院就诊，使原本平淡的游戏情节丰富了。在角色表演游戏中，教师扮演顾客，专门买"市场"上没有的东西，引发幼儿自己寻找代替物，发挥幼儿的积极性和创造性。

教师在使用合作游戏干预方式时，应注意把握介入游戏的契机。如果教师贸然加入幼儿游戏，容易引起幼儿的警觉，影响幼儿游戏进程；比较适宜的做法是教师以与游戏情境相关的角色参与游戏。一般教师以游戏者的身份自然介入幼儿游戏，以角色规范采取行动，并利用角色之间的关系采取隐蔽方式控制游戏的发展。教师的介入丰富了游戏情节，提升了幼儿生活经验，达到了较好的干预效果。

## 案例 6-14    "送货上门"

（嘟嘟 4 岁零 8 个月，天天 4 岁零 10 个月，芊芊 4 岁零 7 个月）

**案例呈现：**中班角色游戏开始有一会儿了，区角游戏"娃娃家"有两个幼儿：一个站在桌前烧饭，一个坐在地毯上摆弄玩具。

"超市"里无人光顾，三个营业员站在"超市"门口无所事事。天天拿着小饮料瓶反复照着桌上的东西，嘟嘟一直无意识地拨弄着小玩具，芊芊则照着镜子打扮自己。

这时，教师走进"超市"，"给我拿袋牛奶、黑芝麻糊……"三个幼儿上前，忙乎起来。教师边选商品，边问："你们刚才站在门口看什么呢？"

幼儿回答说："娃娃家很热闹，我们这里没人来，不好玩。"

教师又问："怎么会没人来呢？"

幼儿回答："爸爸妈妈大概太忙了，他们都不来买东西"。

老师选购好东西，表示满意，准备离开。对三位幼儿说："哦，那要是他们的宝宝把牛奶喝完了怎么办呢？"你们能不能提供送货上门服务啊？三个幼儿听了，兴奋地说："送货。"他们热烈地讨论起来。不一会儿，找来了手推车，装上货物出发了。一边走一边叫："我们送牛奶来了！"教师提醒幼儿："超市里要留人啊，否则有人来买东西，没有人怎么办。"幼儿在超市装货物的时候，教师来到娃娃家，对坐在地上的幼儿说："我听说超市送牛奶上门，你们可以看看自己需要多少。"

**案例分析：**案例中教师采取平行游戏干预方式：以顾客的身份进入超市与幼儿进行角色互动，然后又以建议者的口吻询问幼儿"能不能提供上门送牛奶的服务"。在游戏过程中，教师以一游戏角色身份协调角色之间的关系，促进游戏的顺利开展。教师干预之所以能够取得较好效果在于：注意把新的要求转化为幼儿游戏的内在需要，使之成为幼儿主动的行为。

## 案例 6-15　快餐店装修了

（遥遥 4 岁零 6 个月，豆豆 4 岁零 3 个月，雨辰 4 岁零 10 个月）

**案例呈现：**"7＋7"中式快餐店开始一会儿了，没有顾客来。服务员遥遥大声叫卖，仍不见客人来。收银员豆豆、厨师雨辰没事可做，开始胡乱敲打，所多东西散落在地上，也没有人去收拾。突然豆豆和雨辰又争抢摆弄"电扇"。

教师看到这些情形问道："你们在忙什么呀"？

遥遥："我们修电器呢，装修房子！"

教师："我和你们一起装修，我是设计师。"

教师的提议更激起了幼儿的兴趣。遥遥、豆豆、雨辰争着说："我来做工人！"

于是，大家一起投入到装修工作中。

教师先把桌子摆放整齐，把散落在水池边胡乱堆放着的小毛巾叠平整放好，老师自言自语地说了一句："餐桌上还应该放些什么呢？我要仔细考虑考虑，好好设计一下。"说完教师便悄悄退了出来。

下面看遥遥、豆豆、雨辰在干什么？他们把小电扇摆好，说："电风扇修好了，客人来吃饭就可以吹了。"然后在餐桌边又忙碌起来，在每个座位摆上一整套杯子、盘子、调羹、筷子、碟子等，再加上一块小毛巾，并逐一放上小瓶醋、辣椒、牙签盒。这样一摆放，中式快餐厅变了样，很快吸引了很多客人。

**案例分析：**中班幼儿游戏主题和情节的变化有时需要外在的环境刺激和教师的引导，当幼儿对正在进行的主题情节难以深入时，教师有必要介入，以玩伴身份有效地帮助幼儿再现已有的生活经验，案例中的教师巧妙使用行为暗示的方法把教育意图传递给幼儿，有效地对幼儿行为给予了干预，幼儿也乐意接受教师的指导意图。

这样幼儿在教师言语和行为引导下自主开展活动，使原来单调无序的主题得以产生新的情节，被唤起的已有经验又使游戏得以深化和发展。

**2. 以材料为媒介**

除了以自身为媒介去指导幼儿游戏以外，教师还可以通过提供或改变设备与材料的方法来影响幼儿，潜移默化地影响和规范幼儿的游戏行为，支持和引导幼儿将游戏进行到底。一方面可以直接提供材料，另一方面可让幼儿自己去寻找所需要的材料或"以物代物"创造性使用材料。比如，在手工区幼儿需要连接橡皮泥时出了问题，老师启发幼儿思考什么材料能够连接橡皮泥，并适时地提供了牙签。幼儿成功地将两块橡皮泥连接在一起，材料的提供支持了幼儿继续开展活动。

## 案例 6-16 "我们的气球鼓起来了"

**案例呈现：**中五班的科学探索角正在玩"让泡泡鼓起来"的活动，老师放置了一些气球、面粉、调羹、筷子。老师让幼儿想办法将面粉放入气球中。

经过观察，教师发现：幼儿很难用筷子、调羹把面粉放入气球里。

这天，多多和毛毛来到科探角，他们先是自己玩自己的，可是很难的，毛毛对多多说："我撑着气球口，你用调羹把面粉放入气球里！"他们互相协作，玩了很长时间才放了一半。

第二天，多多和毛毛没有到科探角，以及以后的几天，也没有幼儿光顾。

星期一，教师当着幼儿的面，把一根细的、一根粗的麦管放入科探角。多多和毛毛来到科探角，多多拿了一根细的麦管、毛毛拿了一根粗的麦管，玩了一会儿，多多看见毛毛的气球比自己的大，马上用粗的麦管。不一会儿，他们两个人拿着鼓着气的气球来到老师身边说："老师，我们的气球鼓起来了"

老师："这么快！你们用什么盛面粉？"

幼儿："我们用粗的麦管装面粉，比较快，而且面粉放入气球时不会漏出来。"第二天，老师发现多多在科探角，只见他手里拿着小漏斗，把尖尖的一端放入气球中，左手紧紧握住气球口，右手再用调羹将面粉放入气球中，一会儿，他高兴地举着鼓起气的气球大叫起来："我的漏斗比麦管装得快！"

教师："多多的办法真好，希望你们都能想出更好的办法。"

**案例分析：**案例中的教师及时用材料为媒介干预方式介入游戏，使幼儿游戏活动能顺利进行下去。适时的材料介入，引起了幼儿玩的兴趣，让幼儿体验到成功的乐趣。同时，也激发了幼儿探索的欲望，他们在老师材料介入后，想到自己寻找材料，摸索解决问题的最佳办法。幼儿经历失败后，更能体验到成功。

**3. 以幼儿伙伴为媒介**

幼儿与成人的互动固然重要，但是，它不能代替或取代幼儿与伙伴之间的互动。游戏是幼儿学习与伙伴交流、互动的很好机会，教师要充分利用幼儿伙伴互动这一因素，支持和引导幼儿学习。如美工区里某幼儿想用各种材料装饰自己的作品，当教师问她做什么时，她眼睛边看着老师边放下手中的笔，不再进行下面的活动，呆呆地看着老师。这样的幼儿有可能因为自尊心强，怕作品受到教师的批评而不愿意教师关注。此时教师没有选择介入，但也没有放弃。一方面要给幼儿创造一个宽松的氛围，让她能够轻松游戏，另一方面教师与她身边的幼儿交流，同时把建议提示给她。用幼儿接受的方式，帮助她提高游戏水平。对于不同的幼儿，教师要采取不同的介入方式，以适应不同幼儿的个性特点。

### 案例 6-17　　"我们来剪纸"

（天天 5 岁零 8 个月，安琪 5 岁零 10 个月）

**案例呈现：**美工区天天和安琪在做剪贴画，她们先在纸上画好再剪下来。天天剪得比较慢，线条整齐；安琪画得挺好，剪下后却是里出外进，没有了原来的样子。老师看见了走过去对安琪说："琪琪，别着急，慢慢剪，你看你剪得多认真，沿着你画的线剪。"琪琪听了反而停了下来，抬眼看着老师，想剪却又不敢剪的样子。

老师参与到她们的活动中，和她们一边剪一边聊天。

老师问："为什么你每次都剪得那么好，用的什么办法？"

天天："我就是左手转纸，右手剪。"

老师又接着问："那怎么就能够剪齐？不出叉呢？"

老师："是很快地咔嚓咔嚓剪吗？"

天天："不行，太快了就容易剪坏了，你得捏着剪子，慢慢剪。"

老师："哦，是这样，那我试试……还真管用！安琪，我们按她讲的办法试一试好吗？"

安琪听了没动，还是看着老师。

老师："那你们先剪，等一会儿我来欣赏你们的作品。"

老师走了之后，安琪剪了起来，她放慢了剪的速度，按照天天说的那样剪了起来，虽然动作还不熟练，但剪得比刚才好多了。

**案例分析：**案例中的安琪是一个有点缺乏自信（每当教师关注她时，她总表现得不知所措）、不够大胆、自尊心极强的幼儿。老师巧妙地使用以幼儿同伴为媒介的干预方式，同伴给其示范，没有紧张感和压力，同伴的语言比教师的更容易理解和接受。这样教师为幼儿提供了比较宽松的空间和氛围，让幼儿逐渐树立自信。

教师不管是采用直接介入还是间接介入的干预方式指导幼儿的游戏，都可以采用多种方式方法包括言语的、非言语的或者非言语混合的方法。

### 三、幼儿园游戏过程中现场指导的表达方法

在幼儿园游戏的现场指导中，言语是教师干预的主要媒介，非言语的运用更能显示教师指导的艺术性。上述任何一种干预方式的运用都不能离开言语和非言语方法的运用。更多情况下言语和非言语方法需要混合使用。

## （一）言语方法

言语是教师作用于幼儿的重要影响手段。教师采用直接介入的干预方式时，言语指导更多表现教师对幼儿的明确指示、直接讲授、具体指挥等，其言语表达带有更多的教育意图和成人的期待。教师采用间接介入的干预方式时，一种是作为游戏角色参与幼儿游戏，教师的言语往往是游戏中角色的语言表达，是角色的语气、语调；另一种具有普遍的适用性，重在启发、诱导、暗示幼儿如何做。它主要包括建议、描述、询问、提问、重述、评论等具体的方法。无论教师运用什么具体策略，教师言语对幼儿的行为来说具有定向和动机作用。教师要意识到与幼儿说话交谈的过程是对幼儿的语言发展施加影响的过程。

### 1. 建议

建议是指教师针对幼儿的实际情况，以直接或间接的方式向幼儿提出解决问题的方法或意见。如案例6-17教师对幼儿"安琪，我们按她讲的办法试一试好吗？"

"娃娃家的宝宝是不是饿了？做饭了吗？""乐乐和心仪又有了粘毛线的好方法，这个方法又好又快，你们想听吗？"等等。教师在运用这种方法时，应注意自己的语气和态度，使幼儿感觉教师就向他们的朋友一样与他们商量、合作而不是命令。

### 2. 询问

是指教师鼓励幼儿用言语描述自己的行为或所发生的事情。比如："你能给老师讲讲你画的是什么吗？""你在做什么？""怎么回事？""发生什么事了？"等等。询问可以帮助教师了解幼儿的想法，避免把自己的想法强加于幼儿而造成对幼儿意图的曲解。询问可以帮助幼儿梳理自己的思路，明确自己的想法与做法。

### 3. 描述

描述是指教师客观地叙述幼儿的行为或行为的结果以及幼儿的情绪情感反应等。描述可以使幼儿对自己的行为以及行为的意义有更明确的意识；教师的语言也为幼儿描述自己的行为提供了"范例"。同时，这种描述，还可以传递教师对于儿童的关注与理解，起到"肯定"与"鼓励"的作用。

### 案例6-18　陶艺工作室

**案例呈现：**一幼儿园大班设立了陶艺工作室，幼儿积极投入其中，从开始单纯捏泥，发展到使用老师提供的辅助材料捏花瓶。这天果果小朋友自己从家里带来了开心果的壳，装饰她的花瓶，教师把她制作的花瓶拿到展台前，给全班小朋友欣赏。教师向小朋友展示了果果的花瓶，最后教师做总结评价："陶艺室为小朋友准备了许多材料，果果不仅会用老师准备的材料，还想到自己收集材料来装饰花瓶，她的做法真好！如果咱班的小朋友都能自己找材料、玩游戏，一定会发现更好玩的活动。"

**案例分析**：教师描述果果动脑筋尝试寻找使用新材料，意在鼓励幼儿创造性地使用材料，推动游戏的不断拓展、深入。

### 4. 提问

提问是教师采用问题的形式，鼓励和引导幼儿探索、思考与表达。提问是最常用的方法，也是容易误用的方法。一般来说，教师所提的问题可以分为开放性问题和封闭性问题两种类型。开放性问题相对封闭性问题来说，更有利于教师了解幼儿的"问题"需要和他们的真正想法，更有利于激发幼儿的思维和想象。我们更提倡教师在幼儿游戏指导过程中更多使用开放性问题。例如，"你怎样变出这么好看的橙红色的?""我们怎样才能知道这里有多少块积木呢?""为什么红车比蓝车跑得快呢?"

### 5. 评论

教师通过言语，与幼儿或自己共同评论游戏中幼儿及行为，表扬和肯定正确的，也可以指出不足或提出建议。教师的评论以鼓励、表扬为主，要调动起儿童游戏的积极性。在班集体中，教师可对正在进行的幼儿游戏做个别式评论，也可在游戏结束时进行总结性评论。评论不宜面面俱到，点到为止。

### 6. 重述

教师在与幼儿的交谈中，采用有变化的句子结构，重述幼儿刚讲过的话，为幼儿提供正确的句子结构，或不同的句型，使幼儿了解到可以用不同的"话"说同一件事。重述具有纠正、示范作用，但又不会伤害幼儿说话的积极性。例如，一男孩在娃娃家玩。老师走过去问他："你在做什么呢?"男孩回答说："我煮饭，喂他吃过了。"老师重述："哦，你那饭煮好了，还喂娃娃吃过了。"

## （二）非言语方法

除了言语的方法以外，教师也要充分利用自己的表情、眼神、手势、动作、身体运动的方向等非言语的手段、来支持和帮助幼儿在游戏过程中的学习。非言语的方法包括不注意和注意、微笑或不悦、身体接触、示范、提供材料等。

### 1. 面部表情

教师可以运用面部多种多样的表情来表达自己对于幼儿游戏行为的态度和看法。教师的面部表情对幼儿的行为有直接的导向、强化作用。教师通过面部丰富的表情向幼儿传达各种信息：微笑或不悦表明教师对幼儿行为的赞许或不赞许；注意、注视、倾听和不注意表明教师对幼儿活动的关注程度，它表示教师对幼儿肯定或否定、支持或反对的态度；扬眉和张大嘴巴表示吃惊；邹眉和瞪眼表示不理解或不赞同；叹气表示惋惜；等等。

教师积极的面部表情反馈有利于创造和谐的心理氛围，使幼儿获得心理上的安全感和被接纳感。所以，教师应该更多运用积极的面部表情反馈，尽量避免消极的面部表情带给幼儿的紧张感或畏惧感。

### 2. 动作

是指教师运用手势或其他肢体语言来为幼儿提供解决问题的方法和策略，抑或向幼儿表达自己对幼儿的赞许、欣赏的态度。教师的一个手势或点头，会给幼儿带来巨大的精神力量和支持作用，尤其在幼儿遇到困难需要鼓励和肯定时。

### 3. 示范

示范是指教师通过一定的方式向幼儿演示某种技能或行为方式。示范通常会与语言相伴。教师和幼儿同伴的模仿往往会对幼儿起到榜样示范的作用。在幼儿游戏指导过程中教师可以直接示范或采用平行游戏等方式来示范新的游戏技能。

## 案例 6-19　做头饰

**案例呈现：**老师让幼儿做头饰，做好了以后戴到头上玩。班里有个小女孩，是全班最小的。她像其他小朋友一样，按照纸带上现成的印子粘好头饰戴到头上，发现头饰太大了，一下子滑到脖子上。这时，她看着别的小朋友已戴着头饰玩起来了，显得很着急；她用眼睛看着老师，希望得到老师的帮助。但是老师没有走过来，只是远远地看着她，对她笑着点点头。老师的动作和表情使女孩明白老师不会过来帮她做的，老师希望她自己解决。女孩低下头继续摆弄头饰，她不时地抬头看一眼老师，老师每次都报以微笑。老师的关注使女孩坚持探索。她尝试着用各种办法来使头饰适合自己，摆弄了许久，还是没有找到解决问题的办法，小脸憋得通红。她求助般地看着老师。这时，老师在远处用手做了一个"折叠"的动作，小姑娘马上明白了，她把头饰的带子折叠了一小段，弄短了，高兴地把它戴在了头上。老师在远处朝小女孩笑着点点头。

**案例分析：**案例中的教师很好地帮助幼儿解决了问题，确保了幼儿将活动进行到底，从而让幼儿体验到个人克服困难带来的成功喜悦和自信感。在整个指导过程中教师没有说一个字，"笑着点点头""每次都报以微笑""用手做了折叠的动作"，教师用非言语传达着对女孩的关注和支持。当然，如果女孩没有经过尝试，老师的手势也可能不会发生作用，正如孔子所指出的那样"不愤不启，不悱不发，举一隅不以三隅反，则不复也"，教师的启发只有在学生"心愤口悱"的时候才能奏效。

上述的言语的、非言语方法有其特定的含义和作用。不同情境下针对不同幼儿采取的方法会有所不同。

幼儿园游戏指导应适合不同幼儿的特点。对于一些幼儿来讲，教师运用言语的方法可能效果比较好，而针对另一些幼儿非言语反馈方式可能更适合他们。了解和熟悉每个幼儿的个性特点、发展水平和学习方式等，是教师为幼儿提供适宜反馈的前提条件。

幼儿园游戏指导具有情境性和灵活性。总的来说，上述的各种方法本身并无所谓"好"与"坏"之分，关键在于运用得是否适宜恰当。对这些方法的成功运用取决于幼儿教师教学策略，即为什么干预，什么时候干预和怎样运用这些方法。在幼儿的游戏过程中，教师应当根据实际情况，灵活地和综合地运用言语和非言语的方法。

综上所述，幼儿园游戏现场指导是一个包括对干预环境、确定指导的必要性、指导时机、方式方法等问题在内的连续的决策的决策系统。它反映了教师的教育哲学观点，也反映教师对于教学方法技能掌握的情况，体现着教师的专业化发展水平。

## 实践活动项目

1. 根据本章的学习，思考：为什么说"教师干预游戏的过程是一个连续的决策和反思过程"？

2. 观察活动：结合实际，制定一份幼儿游戏的观察计划。

3. 案例讨论：运用本章所学内容，讨论问题。

案例：这个蛋糕要放吗？

某中班的"娃娃家"已开展两个月了，幼儿特别喜欢在厨房里摆弄各种餐具。一般是爸爸烧完了妈妈炒，妈妈炒完了宝宝煮，宝宝煮完了客人煎；早餐连午餐，午餐连晚餐，一天接一天地烧饭吃饭。看着这样的情景，教师在娃娃家里放了一只漂亮的"鲜奶蛋糕"。果然，丁丁和豆豆看见蛋糕后玩起了"宝宝过生日"，"游公园拍照"等游戏……

小组讨论：

教师为什么要在"娃娃家"里放一只漂亮的蛋糕？

你如何看待教师在观察幼儿游戏后采用材料投放这一介入的方法？

对上述的幼儿游戏你如何看待？可能的回应策略是什么？

4. 研究性学习项目：结合实际设计一份观察记录表格，进行幼儿园游戏活动的观察和记录，尝试整理与分析收集到的资料。

# 第七章　幼儿园各类游戏的组织与指导

**问题导入**

为幼儿创造良好的游戏活动条件，满足幼儿开展各种不同的游戏活动的需要，支持幼儿在游戏活动中的主动学习，是幼儿园教师基本的教育技能。幼儿教师把活动室分割成不同空间，以此满足不同幼儿参与活动的需要，为不同类型游戏的开展创造条件，如角色游戏、表演游戏、结构游戏、规则游戏等。户内主要包括哪些类型的游戏？不同类型的游戏是否有相同的特点？在组织和指导上是否有共同的原则和方法可循？指导不同年龄段幼儿应采取注意哪些问题？在组织和指导上要注意哪些特殊问题？

幼儿游戏是千变万化、丰富多彩的。不同的研究者站在不同的角度，选择不同的参照标准，就有了不同的游戏分类。各种游戏伴随着幼儿的成长而不断发展变化。

在我国幼儿园里，各式各样的幼儿游戏是客观存在的，掌握不同类型游戏的组织与指导的策略，是幼儿教师专业素养重要表现。

## 第一节　角色游戏的组织与指导

### 一、角色游戏的特点、结构

角色游戏是幼儿按照自己的意愿，以模仿和想象，借助真实或替代的材料，通过扮演角色，用语言、动作、表情等，创造性地再现周围社会生活的游戏。角色游戏是学前期儿童的典型游戏。

### （一）角色游戏的特点

#### 1. 角色游戏的特点

（1）幼儿已有的社会生活经验是角色游戏的源泉

角色游戏是幼儿对现实生活的一种积极主动的再现活动，游戏主题、角色、情节、材料的使用均与幼儿已有的社会生活经验有关。幼儿的生活经验越丰富，角色游戏的水平也就越高。

（2）特殊的想象活动

角色游戏过程是创造性想象的过程。正是因为这一特点，幼儿可以在角色游戏中自由地发挥其想象力和创造力，因而他们对角色游戏的兴趣最为浓厚，幼儿玩角色游戏的主题、角色、情节也十分多样与新颖。

### 2. 角色游戏与表演游戏的区别

角色游戏、表演游戏、建构游戏都是以表征思维为基础的象征性的游戏活动，但在游戏活动内容来源、表征方式上角色游戏是不同于表演游戏和建构游戏的。

角色游戏和表演游戏都是以角色扮演活动，但游戏活动的内容来源不同。角色游戏的主题和内容来源于幼儿自己的实际生活。在角色活动中，幼儿可根据自己的意愿决定要扮演的角色，和要表达的内容和情节。

而表演游戏是以故事为基础，表演游戏的主题、角色、情节的开展都受到"故事"原有框架的限制。"故事"是"文本"，表演游戏是"呈现"。

### 3. 角色游戏和建构游戏的区别

从表征活动的手段来看，建构游戏是以"建构物"为主要表征手段的象征性游戏，角色游戏是以"角色扮演"为表征手段的象征性游戏。

## （二）角色游戏的结构

主题、角色、动作和规则是角色游戏的基本结构要素。在这些结构要素中，"主题"（如娃娃家、医院等）是核心要素，它统率着其他结构要素。

### 1. 主题呈现

"主题"就是"幼儿在游戏中反映的周围人们的生活与活动中的一定动作、实践和相互关系"，它包括任务、角色、情境、动作和物品等。有主题是角色游戏的重要特点，主题决定幼儿活动内容，决定角色游戏的"社会性"。幼儿扮演的角色的所有行动应服从游戏"主题"，角色、动作和规则等要素围绕"主题"组织起来而构成角色游戏的基本框架。

### 2. 角色扮演

角色是角色游戏的中心。幼儿在游戏中，扮演一个假装的角色。这种角色往往是幼儿喜欢熟悉的角色，如扮演妈妈、老师、司机等，在游戏中表现自己对于这些角色的认识、体验。角色扮演的过程反映幼儿周围生活和幼儿对这个世界的认识，整个过程充满了幼儿的想象活动。例如，"娃娃家"中的"爸爸""妈妈"和"孩子"，医院主题中的"医生""护士"以及"病人"等。

幼儿在角色扮演，即以人代人。在这一过程中，使用物品、玩具。如小椅子，一会儿当汽车，一会儿当火车，一会儿当娃娃床，这种替代正是幼儿创造性想象活动的结果。游戏中幼儿的以物代物，反映幼儿想象力发展的水平，幼儿能从过去感知的物品中，分析个别特性，并结合成一体，形成表象。如幼儿用"冰棍"代替游戏中"注射器"，来实现游戏中"打针"这一假装动作。游戏中的行动，就是从对知觉范围内实物行动表现而引起的游戏行为（从对待冰棍的行动到假装打针的行动）。

### 3. 游戏动作和情境的假想（情境转变）

在角色游戏中，幼儿不是单纯玩玩具（玩听诊器），而是通过使用玩具的动作来表现假想的游戏情节（医生给病人看病），并且假想各种游戏情境（把活动室的一角看作是医院）来表达幼儿自己的思想、感情和体验。幼儿在游戏中的动作，不是现实生活中某一个动作的翻版，而是概括的工作，如为病人检查是医生行动的概括，可以充分想象。

### 4. 内部规则

幼儿在游戏中对角色、材料、情境等的假装或想象的过程中，有真诚的体验，追求逼真的表演，幼儿通过角色决定了游戏的动作和规则。幼儿尽管是在虚构，却不愿违背真实的逻辑原则，即自始至终都在遵循蕴含在角色关系中的内部规则，使自己在假装活动中做出符合角色身份的要求。例如，医生看病、护士打针的分工规则，游戏中的"妈妈"操持家务，关怀、疼爱孩子等。所以，角色游戏是虚构性和真实性的独特结合，是在想象的条件下，创造性地反映真实生活世界。

## 二、角色游戏的价值

角色游戏可以促进幼儿身心各方面发展。组织和指导幼儿角色游戏是对幼儿进行全面发展教育的重要途径。

### 1. 角色游戏促进幼儿的社会性发展

（1）角色游戏促进幼儿同伴交往技能提升。在游戏进行中，幼儿需要与同伴协商游戏的情节、内容、角色的分配，这促进了幼儿之间同伴关系的发展。幼儿扮演角色需要进行角色间的交流和互动，幼儿不仅需要理解各角色的职责，还可以根据所扮演的角色做出符合角色身份的行为和行动，学习遵守社会规则。

在游戏情节的深入和发展中，角色游戏为幼儿提供了充分的同伴互动机会。在于同伴互动中，幼儿认识到他人会与自己有不同的看法、态度，能够学会协商、合作、分享、交流等。学着协调不同观点、解决人际冲突，改善同伴关系。

（2）角色游戏帮助幼儿摆脱自我中心

角色游戏促进了幼儿社会交往能力和合作能力的发展，帮助幼儿发展自我意识，摆脱了"自我中心"。角色游戏为幼儿提供了从他人角度看待问题的实践机会。在角色游戏中，由于所扮演的角色的需要，幼儿需以他人身份出现，从他人角度去考虑问题。从而帮助幼儿从摆脱自我中心，促进自我意识的发展与完善。

### 2. 角色游戏促进幼儿的认知发展

角色游戏是幼儿对现实生活的重演，也是对未来生活的预演，为幼儿掌握社会规则、习得与社会道德规范相吻合的行为习惯提供了实践的舞台。在角色游戏中，幼儿要考虑玩什么（主题）、扮演什么角色、应当做什么、怎样做以及用什么样的材料来代替生活物品等问题。幼儿思维活动的计划性和逻辑性以及解决问题的能力得到体现和提高。

角色游戏的主题内容来源广泛，幼儿在游戏中再现生活中的经历。通过扮演不同角色，理解两种不同角色的社会职责，并表现出与角色身份相符合的行为规范。理解不同角色的社会职责，掌握社会道德规范，这不仅能提升幼儿的自身认知水平，还有助于幼儿养成良好的行为习惯，为适应未来的社会做准备。

角色游戏中，幼儿为推动游戏情节的发展，需"编写"自己的游戏脚本，这个活动可以提高幼儿的故事创编和记忆能力。

### 3. 角色游戏促进幼儿的语言发展

在角色游戏中，幼儿通过对游戏内容、情节的想象以及对角色模仿来推动游戏的发展。游戏中，幼儿除了用动作来表现角色的特征外，更需要用语言来表征角色。幼儿通过扮演角色、模仿角色的语言、说话的态度，来表达对角色的认识，角色游戏让幼儿有话想说，有话愿意说。角色游戏提高幼儿口头语言能力的发展。

角色游戏的模仿书写行为，如"娃娃家"的妈妈去超市购物之前用笔和纸开列的"购物单"，到超市阅读商标等。角色游戏中，教师为幼儿创造自然的读写学习环境，提高了丰富的文字刺激和读写资料。促进幼儿读写知识的丰富和技能的发展。

### 4. 角色游戏促进幼儿情绪情感的发展

角色游戏可以发展幼儿积极情感。角色游戏要求幼儿站在他人的角度考虑问题、体验他人的情绪情感，发展幼儿的同情心。角色游戏中，幼儿模仿模仿社会期望的角色行为和态度，帮助幼儿增强幼儿辨别善恶、美丑行为的能力，发展幼儿的美感。

游戏中，幼儿表达和实现了在现实生活中不能实现的愿望，（如假装"开车""骑马"）获得快乐满足，幼儿在可以释放消极的情绪，有利于积极情绪的培养。

此外，在角色游戏中，幼儿表现出与角色相符合的行为特征，并根据角色需求调整自己的行为。有时，为保证游戏顺利进行，克服困难，控制自己的行为，遵守游戏规则，有效地提高了幼儿自我控制能力，提升了幼儿的意志品质。

## 三、角色游戏的组织与指导

角色游戏是一种对幼儿身心发展有益的游戏，幼儿教师必须开展和加强对幼儿角色游戏的指导工作。从游戏开始前游戏条件和环境的准备，到游戏兴趣和愿望的激发，到游戏进行中的观察指导，游戏结束时的总结或评论，都在教育指导的范围内。角色游戏的指导必须结合幼儿角色游戏的不同年龄特征和不同儿童个性、能力差异等来进行。

### （一）角色游戏指导的一般要点

在幼儿角色游戏的组织与指导过程中，我们应遵循幼儿身心发展的特点，从幼儿的兴趣出发，依据幼儿角色游戏的特点，更大效能地发挥幼儿角色游戏在幼儿教育中的作用。

### 1. 做好开展角色游戏的环境与条件准备

（1）丰富幼儿的生活经验

如前所述，角色游戏是幼儿对现实生活的反映，幼儿生活的内容越丰富，游戏内容就越充实、新颖，游戏的水平也就越高。丰富的生活经验是发展角色游戏的基础。

幼儿的生活经验大多来自家庭和幼儿园的生活与学习。教师可以在日常的集体教学活动中、日常生活中、劳动、节日娱乐中、参观、郊游、看图书、看影视等各种活动中，拓展幼儿的视野，丰富幼儿对周围生活的知识、经验。例如，带领幼儿散步或外出参观时，沿途引导幼儿观察交警叔叔如何指挥交通，行人如何遵守交通规则，红绿灯的作用等。教师利用多种机会引导幼儿多方面面对生活、观察周围社会。幼儿对生活观察得越仔细，游戏的情节就越丰富，扮演的角色就越形象、逼真。幼儿对生活印象越开阔，游戏的主题越多样化。

同时，也可以请家长安排好幼儿的家庭生活，利用各种条件和机会，帮助幼儿体验丰富生活经历，加深幼儿对周围生活的理解。这些帮助有利幼儿提升生活经验，丰富角色情节。

（2）提供适合的场所、设备及丰富的游戏材料

场所、设备、玩具和游戏材料是幼儿进行角色游戏的物质条件，这些物质条件对激发幼儿游戏的愿望和兴趣，发展幼儿的想象力有重要作用。例如，玩具娃娃在角色游戏中不仅起着角色的作用，而且能增加游戏情节，丰富游戏内容。玩具娃娃的不同装束，也能导致不同的游戏情节和内容。因此，教师要为幼儿提供游戏的场地和玩具娃娃等材料。

固定场所、设备能吸引幼儿进行游戏，也便于幼儿开展游戏。例如，在室内的"娃娃家"，布置娃娃家的床、厨房用具、生活日常用品。同时放置不同样式的衣物，幼儿看到和摆弄这些物品可以使游戏进入一个新的情境之中。教师除可提供室内游戏活动场地、材料等，也应在户外设置固定的游戏场地。教师需根据不同年龄段幼儿的发展特点提供高结构、低结构的游戏材料。研究和实践都说明，玩具的真实程度与其对幼儿想象力发展的作用，两者不成正比。一块积木或一根小棍，在角色游戏里可当作各种物品，这样可以激发幼儿想象力的发展。所以说，在提供给幼儿一些真实程度较低的游戏材料时，可使幼儿开展更多种类的角色游戏。角色游戏材料、场地准备的过程，可以适时考虑幼儿参与。让幼儿参与创设是教育幼儿，特别是培养幼儿动手操作、进行创造的过程。此外，还要注意让幼儿形成遵守玩具设备的使用常规，确保游戏的安全开展和游戏物质条件充分有效发挥教育作用。

（3）提供充足的自由活动时间，保证游戏角色游戏深入开展

充足的游戏活动时间是幼儿深入自主开展角色游戏的决定性条件。在较长的时间里，便于幼儿发现游戏伙伴、分配角色、准备材料、计划游戏等。相反，如游戏时间

过少，幼儿不能在指定的结束时间内完成游戏，就会影响游戏的结果，也影响幼儿对角色游戏的兴趣。

总之，角色游戏的准备是游戏指导的前奏，其核心是游戏环境的创设，包括物质材料的设置和心理需要的激发两个方面。游戏情境以时空及物质资料为基础，但时机的选择和幼儿生活经验的获得和激活，比幼儿游戏动机激发更为重要。为此，要准备设置一个丰富的物质环境，而且要营造一种适宜的心理环境。一方面，借助游戏物质情境的吸引力，诱导幼儿进入游戏状态，另一方面，丰富幼儿生活的经验，激活已有的感性经验，转化为内部的游戏动机，从而驱动幼儿幼儿投入角色游戏中。

### 2. 角色游戏过程中的现场指导

在角色游戏的活动过程中，教师需针对各年龄班幼儿的水平，抓住游戏过程的主要环节，帮助幼儿按照自己的兴趣和愿望组织和开展游戏，以尊重幼儿游戏的主体性为前提进行科学指导。

（1）鼓励幼儿按照自己的意愿提出游戏的主题

"自主游戏"研究理论认为：游戏是幼儿有机体的内在需要，是内发而非外力强加。因此游戏必须是幼儿自由选择的，是以游戏活动本身为目的的愉快活动。经过幼儿自由选择的游戏才能真正成为自主自发的、对幼儿产生巨大教育影响价值的儿童游戏。反之，成人教师自上而加的、外力支配控制的就不是幼儿的游戏，而只能是其他或者是走了样的"游戏"。

角色游戏作为一种自主游戏，它同样是"幼儿在一定的游戏环境中根据自己的兴趣和需要，以快乐和满足为目的，自由选择、自主展开、自发交流的积极主动的活动过程"。在这一过程中，幼儿行使成人权利、享有成人自由的满足感，带给幼儿极大的快乐是其他活动无法比拟的；在这一过程中，幼儿的天性自然流露，主动性、独立性、创造性得以充分发挥。这也正是角色游戏最根本的价值所在。

教师如何能达到这一要求呢？这就需要教师相信幼儿、尊重幼儿、放手让幼儿主动活动。

（2）教会幼儿分配和扮演游戏的角色

幼儿玩角色游戏最关心的是自己扮演什么角色，但是在刚开始玩角色游戏时，幼儿往往只热衷于模仿某一角色的动作或活动，并不太会扮演角色，这就需要我们教师丰富其社会生活经验，并在游戏中给予启发与指导。

幼儿玩角色游戏最为关心是自己扮演什么角色，但往往只考虑个人的愿望而不善于分配角色，有时也会发生争执，所以教师应该交给幼儿一些分配角色的方法，如自己报名、推选、轮流等。

（3）在游戏中善于观察幼儿的表现，适时进行教育

教师在游戏中应该摆好观察者、引导者的身份，给予孩子更多的自主权，让孩子有权选择材料、空间、伙伴；更有权选择自己的方式进行游戏，相信幼儿依靠自己能力能够做好事情，教师不要太多地干涉，应及时地引退，培养幼儿独立动脑、解决问

题的习惯。

（4）教师以角色的身份参加游戏，促进游戏情节的发展

教师通过观察，发现幼儿的角色游戏需要指导时，可参与进来，那么教师应以什么身份、在什么情况下参与进来呢？出现下列情况时，教师应介入幼儿游戏中，当游戏内容贫乏时，需要教师画龙点睛地启发、诱导，使幼儿创造出丰富多彩的活动；当角色之间有冲突时，老师要及时调解，使游戏有条不紊地进行；当幼儿对游戏失去兴趣时，老师要及时帮助幼儿拓展思路，深化游戏主题，提高幼儿对做游戏的积极性。

### 3. 角色游戏的结束工作

教师确保幼儿愉快地结束游戏，培养幼儿对游戏的兴趣，使幼儿愉快结束游戏是教师组织指导角色游戏的重要环节。同时，教师要注意教育、鼓励、督促幼儿收拾玩具场地，培养幼儿良好的习惯。如从小班开始，教师要逐渐教会幼儿收拾玩具或场地的方法。教师要带领小班幼儿收拾玩具，养成秩序感，学习规则。中班幼儿，教师应在需要时才给予帮助。对大班幼儿则应要求他们独立地建立整齐地收放玩具。这是开展游戏的前提条件，也是培养幼儿爱护玩具、热爱劳动，有始有终、整洁有序和互助友爱的良好行为与品德的有效手段。

教师能适时组织幼儿评价游戏，教育幼儿。有效的评价对幼儿游戏质量的提高、游戏情节的深化以及游戏行为的规范等有着直接的导向作用。在评价时，教师可以就游戏内容评价，通过观察，将幼儿在游戏中表现出来的某些典型的或精彩的情节、内容等记录下来，等游戏结束后进行点评，对全班幼儿起示范、引导作用，同时提升小朋友对游戏的兴趣。

总之，科学地对幼儿角色游戏进行指导，关键在于教师要尊重和充分发挥幼儿游戏自主性、控制性，而是准备者、启发者、支持者和参谋，去帮助、支持、引导幼儿开展角色游戏的活动。

### （二）不同年龄段角色游戏的指导

幼儿角色游戏的发展有着比较明显的年龄的特点，这就要求教师在指导角色游戏指导过程中，不仅要根据角色游戏的本质特征还要结合其结构，选择适宜的指导方法，而且要充分考虑幼儿的年龄特点、特殊表现，采取相应的指导策略。

### 1. 小班幼儿年龄特点及指导要点

小班幼儿处于感知运动阶段向知觉形象思维过渡的阶段。在角色游戏中，幼儿往往看见什么就玩什么，受玩具和游戏材料限制较大，游戏情境影响幼儿的游戏主题。小班幼儿角色游戏内容简单，主题不稳定，具有跳跃性。幼儿对游戏动作感兴趣，角色游戏的扮演通过动作和玩具操作表现出来；小班幼儿更多为单独游戏和平行游戏。依据此特点，指导小班幼儿角色游戏的策略如下。

（1）提供相同数量玩具多些，提供玩具种类少些。增强幼儿的主题意识，减少主

题的变换次数。诱导幼儿在同一角色扮演过程中，展开多个情节，以此提高幼儿角色扮演的创造性和主题的稳定性。

（2）指导过程中，教师多采用平行游戏法和合作游戏法的指导方法。必要时教师可以以角色身份示范或传授一些必要的游戏技能与方法。

（3）教师在指导过程中，及时协调角色关系与现实关系，尽量减少现实关系的冲突对角色扮演及情节发展的干扰。因为，小班幼儿还难以区分游戏过程中同伴之间真实关系与角色之间的游戏关系，有时二者易混淆，导致游戏进程混乱。

（4）角色游戏结束时，采用情感式的讲评，以激发为主，尽量保持幼儿游戏的兴趣，并充分发挥游戏的娱乐性；同时注意带领幼儿整理收拾游戏玩具和材料、场地。

### 2. 中班幼儿角色游戏的指导

中班幼儿游戏时重点关注游戏角色，往往只考虑个人的愿望而不善于分配角色，因而容易因角色分配而产生冲突。中班幼儿开始相结伴游戏和合作游戏发展，且游戏主题日益稳定，内容多取材现实生活中印象深刻的某事件或片段。因此，中班幼儿游戏指导应注意以下几点。

（1）鼓励幼儿独立提出主题，通过协商的方式确定主题和分配角色。教师可拓展其游戏经验，引导幼儿丰富游戏主题和游戏情节。教师可以以游戏者的身份参与游戏，利用游戏关系和某些角色的特定规范，帮助幼儿扩展游戏情节。

（2）中班幼儿已具备一定的游戏经验，教师可提供半成品的游戏材料，鼓励幼儿动手探究，培养幼儿的创新能力和动手操作的能力。

（3）中班幼儿较之小班幼儿语言表达明显提升，教师还可以引导和鼓励幼儿自己解决游戏中的纠纷和矛盾，提升幼儿的人际交往水平。此外中班幼儿已具有一定的自主性，教师可以引导幼儿自己制定游戏规则，尝试评价游戏的过程和结果等。

## 案例7-1 幼儿园中班角色游戏案例分析：我饿了

**案例呈现：**今天角色游戏的活动时间又到了，程程担任的是理发店的发型师，有一个顾客来到了理发店，程程开始为他理发，程程一只手拿着梳子，一只手拿着小推子，梳一梳、推一推，认真地、有模有样地为顾客理着发，理完了，顾客照了照镜子，高兴地走了。程程看见顾客走了，又没有新的顾客来，就在椅子上坐了下来摆弄着理发店里的物品。摆弄了一会儿，程程看看还是没有顾客来，就起身离开了。

程程来到烧烤店，对服务员说："我饿了，给我一串韭菜吧。"他接过服务员给的韭菜串，然后独自坐在烧烤炉前开始烤他的韭菜串。他烤着韭菜串，烤了一会儿韭菜串后，听到旁边的小朋友说这个很香，那个很好吃，就又跑到服务员面前，大声地喊着：我还要一串这个，一串这个。他一边说，一边指着架子上的各种烧烤串，不一会儿，手里又拿了好几串各式烤串，他回到烧烤炉前一边烤着烧烤串，一边还跟旁边的小朋友说着话。

好长时间过去了，他烧烤的热情依旧高涨，在老师的提醒下他才放下了手里的各种烧烤串，离开了烧烤店，回到理发店继续当理发师，等待顾客上门。

　　**案例分析**：从这个案例中可以看出，幼儿的角色意识不是很强，对游戏的坚持性也比较差，不管是担任服务员、医生、娃娃家的爸爸妈妈或是顾客的幼儿都存在同样的问题，他们容易被其他游戏所吸引，不能很好地坚守岗位，尤其是当他们在无所事事或是比较空闲的时候就会特别明显地表现出来，就像程程小朋友，他的岗位在理发店，是一名理发师，可他在理发店只招呼了一会儿客人，当看到店里没有顾客自己也就离开了，也不管后面有没有顾客再来，他在别的游戏区逗留了较长时间才回到自己原先的岗位，已经完全忘记了自己今天的角色任务。

　　**指导策略**：老师发现这种情况后，可以去当一回顾客，到理发店里去剪发，并指名要他剪发，让理发店里的另一名工作人员去把他找来，可以对他说：你剪的头发很漂亮，我就喜欢你给我剪，我刚才已经来过了，没找到你，你到哪里去了呀！等他回答完后可以接着说："一定有很多顾客来找过你了，找不到你就走了，那你店里的生意就不好了。下次你能在店里等我们吗？这样我们会经常来找你剪头发的。"

　　教师用自己的角色身份给幼儿以暗示：不能随便离开工作岗位，同时也暗示了幼儿的角色任务，就是你是理发师，要给顾客服务。

　　**不断丰富材料**：在游戏开展过程中，多人游戏都会有时人多拥挤，时而冷冷清清的现象，当冷清的时候我们该怎样让他们觉得不那么无所事事，就是还要提供游戏材料，引发幼儿产生新的游戏情节。比如，理发店里可以提供一些毛巾，让理发师在空闲的时候洗洗、晒晒、叠叠毛巾，给他们一些小抹布，让他们能经常把理发店的柜子擦一擦，把各种理发用品理一理，这样一来，他们就能比较长时间地专注于一个游戏，对自己的角色任务也就会更加明确了。

### 3. 大班幼儿角色游戏的指导

　　大班幼儿游戏水平明显提高，他们游戏情节丰富、主题多样。幼儿除了能理解游戏角色游戏中各角色的社会职责，能按照社会约定俗成的要求扮演好角色，且能反映较为复杂的人际关系。这时期幼儿的游戏处于合作游戏阶段，游戏中幼儿能按照意愿选择游戏主题、分配角色、布置场地、制订计划，游戏中的组织性和集体性明显增强。同时，角色游戏的评价反思能力开始萌芽，能对游戏进行初步的自我评价。大班幼儿游戏指导应注意以下几点。

　　（1）可以采取直接指导的方法，充分利用语言提示，并用建议和讨论的方式引导幼儿展开想象，提醒幼儿注意游戏过程与现实生活的对照。鼓励幼儿想象，丰富游戏情节。

　　（2）指导幼儿采用协商的方式，独立开展游戏并解决游戏过程中遇到的问题。鼓励幼儿之间进行更深层次的交流和合作，提升幼儿的同伴交往技能和合作水平。同时给予幼儿一定自主空间，将游戏的主动权还给幼儿。

　　（3）游戏评价可以引导幼儿进行同伴互评和自评。

**案例呈现：**幼儿园大班的幼儿要办玩具"超市"。他们从家里带来了各种玩具。他们有的在给玩具定价、贴上标签；有的在做代用币，为商店的开张做着准备。

准备工作都完成了，幼儿们兴高采烈地开始游戏了。他们有的忙着卖，有的忙着买。但是，不一会儿，老师就发现有的幼儿在把贴在玩具上的标签扯下来，有的幼儿在改写价格。老师非常奇怪：你们这是在做什么呢？为什么要把价签撕了呢？为什么要把价钱改了呢？

幼儿们七嘴八舌地说："老师，玩具的价格不对。""老师，没有那个钱。"原来，幼儿所定的玩具价格从1元到10元都有。但是，他们按人民币面值所做的"钱"却只有1元、2元、5元和10元，没有2元、3元、4元、6元、7元、8元、9元的价格对应的"钱"。

游戏结束时，老师和幼儿们一起讨论：商场里的商品的价格是不是都是1块钱、2块钱、5块钱或者10块钱的？幼儿们七嘴八舌地发表着不同的意见。老师说：我们还是请爸爸、妈妈带小朋友们去一次超市，看看商店里的商品都有些什么样的价格。当价格和"钱"不一样的时候，人们怎么办的。老师给么个家长准备了一封信，说明了这次活动的意义，请家长在周末带孩子去一次商店。

周一，每一个幼儿都带着他们新的经验自信心十足地回到了幼儿园。老师组织他们谈论，相互交流经验。幼儿知道了碰到现成的"钱"所没有的价格时该怎么办了。有的幼儿还提出，除了有整数的价格外，还有不是整数的价格。

在游戏中，幼儿重新调整了他们的玩具价格。在这次游戏中，有的幼儿发现：有的玩具旧了，甚至破了，可是价格和那些新的、好的玩具价格一样。玩具的价格应当怎么来判定呢？最后，在老师的帮助下，幼儿通过协商、讨论，为每一件玩具定出了合理的价格。

**案例分析：**在上面的这个实例中，关于玩具的价格问题是幼儿在角色游戏中产生的，表现出幼儿关于货币和价格问题方面经验的缺乏。但是，面对幼儿撕、改"价签"的做法，教师并没有采取在游戏现场"立即告知"的方法，而是让幼儿带着问题回到"生活"中去进一步探究，通过观察实际生活并运用已有的"数的组成分解"知识自己来解决问题。在这种情况下，游戏与实际生活形成了良好的互动关系，幼儿的生活成为幼儿游戏的经验之源。

# 第二节　结构游戏的组织与指导

结构游戏是幼儿喜爱的一种具有创造意义的游戏，也是幼儿园非常普遍的游戏形式。

## 一、结构游戏概念、种类、特征

结构游戏又称"建筑游戏"。属于创造性游戏一种。使用各种结构材料（如积木、积塑、沙石、泥、雪、金属材料等），通过想象和手的造型活动构造建筑工程物体的形象。这一活动不仅体现了幼儿对现实环境的单纯机械的模仿与再现，又体现幼儿对客观生活的主观想象及积极的加工创造。

### 1. 结构游戏的材料

从材质来看可以包括三种：①积木、积塑、胶粒、花片等专门的结构材料。②沙、石、水、泥、土、雪等自然的结构材料。③瓶子、挂历、纸盒、绳子等废弃物品和半成品的结构材料。

从连接方式上看，分成五种：排列组合类的材料、插接结构类材料、螺丝连接类材料、穿线编制类材料和磁性结构材料。最常见的排列组合类的材料就是积木、幼儿把不同形状、颜色的积木进行排列组合，连接成不同的造型。

接插结构类材料是指结构原件上有凸出的头和凹进的口或开有可连接的槽，头与孔、槽与槽之间的大小、深浅一致，可以相互镶嵌、插接、套接组合成整体。如胶粒、齿型片花、趣味插子、积塑块等。

螺丝连接类材料主要以螺丝与螺帽为主体，用螺丝与螺帽通过旋转连接式将结构元件连成一个整体。这种材料一般分为木制、塑料和金属三种。

穿线编制类材料的最主要包括玩具编织机、穿线板和穿珠等。幼儿通过这些编制材料，从小块的中间小孔将它们连接起来，从而联系手眼协调能力，明白先后概念。

磁性结构材料是利用磁铁间同极相斥、异极相吸的原理设计的游戏材料。幼儿通过操作感受磁铁相互作用的原理，发现不同的链接方式和相互之间的关系，从而培养幼儿探究的兴趣。

### 2. 结构游戏的特征

从材料上看，是一种素材玩具材料。结构游戏材料是由各种无形象注意的结构元件组成，在游戏前，这些材料本身是没有意义的零件，通过儿童的操作，这些无意义的元件便组合成一个有意义的整体。

从行为上看，结构游戏是一种构造活动。通过操作进行构造是结构游戏的主要活动方式。首先，操作的技巧非常重要，它要求动作要灵活、协调、有力度。基本的结构技能：拼搭、插、嵌塑，铺平，延长，围合，盖顶加宽，加高等。

其次，构造的能力同样非常重要，幼儿借助空间想象力将元件按顺序进行排列组合，为了便结构的物体美观、牢固，构造时还要考虑对称，平衡，否则幼儿的构造活动就难以实现。

从认知上看，结构游戏是一种空间知觉和象征能力的体现。结构游戏不仅需要一定的操作技能，还需要空间知觉发展的一定水平，以及想象力为基础的象征能力。皮亚杰认为这种游戏"既包括了感觉运动的技能，又包括了象征性表现"，甚至可以认为结构游戏是感觉运动游戏、象征性游戏、规则游戏的特点的结合。

## 二、结构游戏价值

结构游戏是人利用不同建构材料，通过思维和创造来反映现实生活的游戏，结构游戏融操作性、艺术性、创造性于一体。通过游戏，不仅能丰富幼儿的主观体验，发展幼儿动手能力和建构技能。幼儿在构造物体的过程中，在协商、谦让、合作的游戏氛围中学会分享与合作，尝试开拓与创新，体验成功和挫折，实现幼儿的全面发展。

### （一）有助于培养幼儿动作的精准性以及手眼协调能力

结构游戏中，幼儿通过动手操作，对结构材料排列、接插、镶嵌、编织、旋转、组合、搭建及揉、搓、捏、剪等动作中，充分发挥了感知动作技能，特别是发展了手的肌肉活动，锻炼幼儿精细动作的精准、灵活，同时培养了幼儿的手眼协调能力的迅速发展。

### （二）有助于促进幼儿知识和智力的发展

在结构游戏中，幼儿通过亲自动手操作材料，获得有关结构材料的大小、颜色、性质、形状和重量等方面的知识，并获得数学和空间的概念，如中心、平衡、对称、色彩调配、比例、分类、上下、里外等。幼儿使用各种形状、各种材质的、各种尺寸的建构材料，丰富幼儿的知识，也发展了幼儿的感知觉、观察力、记忆力和想象力。

脑生理学研究表明，人脑功能具有区域性特点，即在某个区域上比较侧重某种功能。在脑的动作神经中枢里，有掌管手部运动功能的神经组织，使手在运动时与大脑相应管理手功能的神经元相联系。也就意味着，对手进行各种动作的训练，实际上使大脑得到锻炼与刺激，脑与手的联系和脑内部的联系都得到加强，这样对改善脑功能起到了积极作用。

### （三）有助于幼儿审美能力的培养

结构活动是一种艺术造型活动。结构游戏的作品，在形状、颜色、各部分的比例等方面要求的对称、不对称、平衡、协调、个性化美的表达，这些对于幼儿的艺术兴趣和感受美、表达美的情趣是有利的，同时可以提高幼儿的审美能力。

在结构游戏中，幼儿构造的物体、主题，从单个的物体造型到整体设计，从色彩搭配到比例协调，幼儿展示的建构作品的实用美观，都表现了幼儿的对美的创造能力。例如大班幼儿用积木搭建的万里长城，从造型上看，雄伟壮观、鲜艳美丽。从装饰材料看，用黄沙堆成蜿蜒起伏的城墙；用黄色的积塑插片插上的城垛；黄色插塑片拼接高高的烽火台、长的整齐的台阶；旁边郁郁葱葱的群山、游人休息的凉亭。把万里长城在幼儿心里的形象，构造起来。建构游戏有利于培养幼儿对美的感受、欣赏鉴别能力和创造力的培养的。对幼儿的美育教育的培养也有促进作用。

### （四）有助于幼儿良好意志品质的培养

幼儿的建构作品有时需要几个或几十个建构元件组成。整个过程需要幼儿认真操作、克服各种建构困难、坚持到底的意志。有时需要团队的同心协力，游戏中幼儿相互交流，相互帮助，最终完成结构游戏的建构目的。结构游戏中，尤其是面对是内容复杂的作品时，需要幼儿良好个性品质和意志力完成。这个过程有利于幼儿良好意志品质培养的。

### （五）有助于幼儿社会性的发展

合作是幼儿有效探究、学习必不可少的条件，也是现代人需要的基本素质。幼儿在结构游戏中，特别是内容复杂的建构活动中，在游戏中，幼儿可以相互交流，相互帮助，有利于其合作精神的培养。

结构游戏是明显的对象性活动。幼儿在游戏中不仅要操作摆弄材料，同时需要更多体验自身行为与同伴间的互为支配的关系。在结构游戏中，合作、协商、分工、借进借出材料、干扰等行为，与同伴间是相互影响的交往关系。这种交往有助于幼儿对物质世界的认识，而且有益于幼儿对人类社会生活的认识；有助于幼儿认知能力的发展，有助于幼儿社会性发展。

### （六）有助于幼儿想象力、创造力的发展

结构游戏本身是一种创造性游戏，被称为"塑造工程师"的游戏。幼儿的年龄特点决定其对世界的认识还是感性的、具体的、形象的。幼儿认知发展需要在于物质世界相互作用，借助动作对具体实物的操作，来获得对物质世界的认识。幼儿乐于摆弄和操作物体，符合幼儿年龄特点的材料能引起幼儿的主动探究。幼儿作用于具体实物，且还需以实物为中介，创造具体造型物。运用创造性设想，使一种替代物有多种用法，多样的用法，锻炼和提升了幼儿的创造力。

建构玩具是一种素材玩具，结构游戏的活动方式是造型结构，这种游戏为幼儿提供了创造、想象的空间。建构过程是幼儿想象力和创造思维的发展过程。此外，建构游戏中材料的自由组合、重复使用，且多样性、可塑性的特点，使幼儿在游戏活动中能充满创造性想象。

《纲要》中指出："创造一个自由、宽松的语言交往环境，支持、鼓励、吸引幼儿与教师、同伴交谈，体验语言交流的乐趣。"建构游戏中，教师为幼儿创设的自由、宽松的环境，为幼儿"愿意说，想说，创造性表达"提供了条件，发展了幼儿的语言能力。例如，在游戏中，幼儿建构什么？为什么建构？如何建构？遇到建构困难怎样解

决？建构的任务如何分配？等等。这一系列的问题需要幼儿之间进行言语沟通。这个过程为幼儿语言发展、创造性表达提供机会。

## 三、建构游戏的组织与指导

### （一）建构游戏的指导方式

幼儿只有掌握了一定的建构知识和技能，能独立进行游戏，因而建构技能的指导尤为重要。一般情况下，教师采取基本结构的讲解与建构方法的示范演示相结合的方法。即每当使用一种新的材料时，教师把这种材料的基本结构组成一个典型的物体，作为范例向幼儿演示，使幼儿掌握粗浅的建构方法。教师也可以给幼儿自己摸索探究该材料的方式。幼儿熟练地认识并掌握这一相关知识技能后，进行建构活动。幼儿建构游戏的指导方式可以分为以下三种。

#### 1. 模拟构造

模拟构造指模仿结构实例的构造活动。这种活动的目的在于使幼儿学习建构技能和造型技能，培养幼儿的模仿能力与操作能力。模仿学习是幼儿学习的主要方法，也是幼儿进行创造活动的前提，特别是在低幼儿班和新结构玩具出现时，它起着总要作用。所以模拟构造是建构游戏的基本的指导形式。

按照模拟对象的不同，按模拟方式可以分为四种。（1）结构物的模拟；（2）图纸中的结构物的模拟；（3）实物、玩具等形象的模拟；（4）绘画等平面形象图的模拟。这四种模拟构造中结构技能要求是逐步加深的，其中对建构物的模拟方式是最基础的。

#### 2. 命题构造

命题构造是指定的主题的造型活动，其目的在于培养幼儿结构的目的性，发展幼儿构思能力。这种命题通常为两种。一种是单一结构命题，反映的是典型的单一的某一物体造型，其结构方法具有迁移的可能性。如建构动物猴子、公园凉亭等。另一种是主题结构命题，如《动物园》《游乐场》等，这些主题反映的是幼儿生活中熟悉的周围环境内容，具有综合性。

#### 3. 自由构造

是指幼儿按自己的意愿进行的创造活动，其主要目的是发挥幼儿独立性、自由想象与创造性。对自由构造的指导重点在于及时了解幼儿的构造意图，鼓励幼儿独立构造，并根据幼儿具体建构给予帮助，诱发自由想象和创造进程，使幼儿实现建构的目的，产生内心喜悦，满足幼儿操作与表现的需要。

### （二）建构游戏的指导的一般要点

幼儿建构游戏的指导需充分发挥幼儿主体性的基础上，结合建构游戏的特点，为幼儿创造建构游戏的良好环境和条件，并在游戏中给予恰当的指导，以提高幼儿的游戏水平，实现建构游戏对幼儿的发展价值。一般而言，幼儿建构游戏的指导应把握以下环节或要点。

### 1. 丰富幼儿对物体和建筑物的认识

幼儿对周围生活中物体和建筑物的了解、熟悉，是开展建构游戏的基础。要获得对物体结构的深刻认识，主要依靠直接的观察。因此，在日常生活和教育活动中，应引导幼儿对多种多样的物体及建筑物进行细致的观察，引导幼儿认识物体各部分的形状和结构特征、各部分的名称。也可以通过观察图片，弥补对直观物认识的不足。

### 2. 提供建构材料、场地和时间

（1）建构游戏的材料是建构游戏的物质基础，不同的建构材料要求有不同的建构方法与技能，同时规定了幼儿将来获得什么样的经验和发展。因此，教师为幼儿准备大量的、不同类型的材料。按照原有材料的构成，建构材料可以分为以下几类。

木制结构材料，如积木、木珠、木螺丝结构玩具等。

金属制结构材料，常见的有金属长条片、圆轮、螺丝、螺帽等。

塑料制结构材料，胶粒、雪花片、积塑片或积塑块、齿形积塑、趣味插子、太空积木、塑料螺丝结构件等。

其他材料，主要指自然界或日常生活中的自然物或废旧物品或原料，如木棍、纸张、绳子、易拉罐、火柴盒、各种纸盒等，以及玩沙、玩水、玩雪的游戏中沙、水、雪、石块等。

教师还应为幼儿的建构活动提供一些必要的辅助材料，如小汽车、小树枝、小动物或人物等，以及彩笔、剪刀、黏合剂等。幼儿可以利用这些物品和工具，在建构的物体或建筑物上进行装饰。

教师可广泛收集废旧物品作为辅助材料。如可选择自然物和无毒无害的废旧物品是一种未定型的建构材料，能够一物多用，它与定型的材料相比，不仅经济实惠，价廉物美，而且还更有利于幼儿新思维和能力的培养。例如，纸箱、纸盒、挂历纸、冰糕盒、贝壳、鹅卵石、可乐瓶、吸管，等等。

教师在为幼儿提供建构材料时，教师应及时更换，补充结构材料。随着幼儿的发展和幼儿多次摆弄同样的材料，幼儿也会玩腻，如果很少有幼儿去玩或很少幼儿专注地去玩这些结构材料，老师就要及时更换这些材料，但是更换的频率也不能太快，以免幼儿的注意力过多地被材料的色彩和外形所吸引构材料可以轮流投放，在幼儿玩了一段时间后，不喜欢玩了，对材料失去了新鲜感，教师可将这些玩具或材料收回，放置起来，过一段时期再拿出来。需注意：建构材料应放置在幼儿身高相当的积木架或玩具柜内，一方面引起幼儿对建构材料的兴趣，主动进行建构活动，另一方面也便于幼儿在游戏时间能自由取放。

（2）教师在提供建构材料的同时，必须提供结构游戏的场地，除了不固定的桌面。还要尽力为大型建构游戏的开展提供较固定、宽敞的场地。拓展幼儿的活动空间。室内、（活动室、寝室）室外，走廊都可以成为幼儿游戏的空间。保证充足的游戏时间。提供符合幼儿年龄特点的丰富的结构材料，允许和鼓励幼儿开展建构游戏。

### 3. 学习基本的建构技能

建构活动需要一定知识技能，幼儿只有掌握了必需的建构知识和技能，才能有效进行独立的建构和游戏，也使幼儿创造性和主动性得到体现。因此，对幼儿进行建构技能的指导和学习是必要的。教师可以按照幼儿建构活动的发展规律，通过示范、讲解、建议及幼儿自己的不断学习，以及幼儿间的相互模仿、评价等，引导幼儿掌握与其发展水平相适应的建构知识技能，提高其建构水平。

如小班幼儿需要学习的建构技能有：认识结构材料，知道结构材料的名称，认识结构材料形状、大小、颜色特征等；学习平铺、延长、围合、盖顶、加宽、加高等建构技能；学会识别上下、中间、旁边等方向；会用材料搭建简单物体，并能表现物体的主要特征，如房子、汽车等。

中班幼儿需学习的建构技能有：认识高低、宽窄、厚薄、轻重、长短、前后等空间方位，会选择利用结构材料，较正确建构物体，能与同伴共同搭建一组主题游戏，如公园、游乐园、热闹的街、幼儿园等主题。

大班幼儿需要学习的技能有：学习区别左右；建构的物体要求整齐、均匀、结构更复杂、更富有创造性；会使用辅助材料装饰、美化建构物。对大班幼儿来说，更多是鼓励他们有目的地、创造性地表现建构物品形象，鼓励幼儿学会合作，共同建构。

### 4. 在建构游戏中，培养幼儿建构的目的性和坚持性

建构游戏的目的性，不仅支配着幼儿建构活动，也是评价其游戏水平的依据。由于幼儿身心发展水平和所受教育的影响不同，不同年龄阶段幼儿的建构经验不同。为此，教师应该有针对性培养幼儿建构游戏的目的性。

小班幼儿建构游戏目的不明确，往往在建构前不清楚自己要做什么，基于对建构的成品的感知说出成品的名称。教师的重点在于启发幼儿进行建构游戏的目的性，通过恰当的言语提示，帮助幼儿明确建构的目的性。例如，教师可用提问或游戏的口吻引导幼儿："你在搭什么？"启发幼儿建构的目的性。

中大班的幼儿，已能在成人的帮助下提出游戏目的，教师指导的要点在于鼓励幼儿独立地提出游戏目的，并能以游戏目的支配自己建构的活动，克服困难坚持实现目的，使活动有始有终。对于能坚持完成建构活动的幼儿，教师要给予表扬。增强幼儿持续游戏的兴趣。

总之，建构游戏的指导在于丰富幼儿对周围事物的印象，通过各种方法教幼儿学习必要的建构知识和技能，提供各种类型的建构材料和适宜的场地、时间，制定必要的活动常规，在此基础上，鼓励幼儿富有创造性地进行建构，在建构过程中培养幼儿建构的目的性和坚持性。

## （三）各年龄阶段建构游戏的特点与指导

在不同年龄段，针对幼儿特点有针对性地开展指导。教师应为幼儿创设平等、宽松、自主的心理环境。老师应以一颗童心来接纳每一个孩子，以与孩子平等的心态和孩子沟通，尊重幼儿的年龄特点和个性特点。提倡让幼儿自主选择结构材料，自主选择操作方式，自主选择场地，自主选择玩伴，自主选择游戏主题。

让幼儿能做的、能想的，让他们自己去做，去想；让幼儿能探索，发现；让幼儿能计划、安排的，让他们自己去计划安排；幼儿能选择判断的让他们自己去选择判断；幼儿能获取的，让他们自己去获取，成为游戏的主人。

### 1. 小班幼儿建构游戏的特点与指导要点

（1）小班幼儿建构游戏的特点

小班幼儿建构游戏的特点主要表现在：第一，材料选用的盲目性与简单性。小班幼儿在建构游戏前很少有建构的目的性，如前所述，这时候的幼儿在建构时若没有明确的目的，选择材料也会显得盲目。更多依赖眼前物体的形状来使用该物体。例如，小班幼儿更多拿积木当做枪或汽车，有时把长短不一、形状大小不等的积木胡乱堆在一起，然后推倒。小班幼儿对材料的选择还比较单一。第二，建构技能水平较低，喜好模仿。小班幼儿更多垒高、平铺、延伸、堆高等低水平的建构技能，此时进行更多的是技能练习，没主题，无意识的搭建。第三，不专注，坚持性差。小班幼儿注意力水平低，所以易中断，常常受到别人或者其他事物干扰。

（2）小班幼儿建构游戏指导要点

第一，针对小班幼儿爱模仿的特点，教师可以以身示范，引导幼儿认识建构材料，有意识地建构简单的物体供幼儿模仿。教师可以选择平行游戏指导策略帮幼儿积累建构经验，也可以让幼儿自由探索游戏材料的玩法。第二，对于小班的幼儿要提供同一种类数量较多的游戏材料，避免幼儿因相互模仿而争抢玩具，大中型空心或软体积木、积塑、沙、水等都是幼儿喜欢的建构材料，要注意安全性。第三，对幼儿的建构技巧进行指导，如前所述，帮助幼儿明确建构的目的性。第四，建立规则意识，教育幼儿不抢别人的玩具，爱护建构材料，整理保管玩具。

### 2. 中班幼儿建构游戏的特点与指导要点

（1）中班幼儿建构游戏的特点

中班幼儿建构游戏特点主要表现在：第一，建构目的性有所增强，有了初步的、简单的建构计划。第二，能从建构物体的特性来选择材料，能把积木的形状与日常生活所积累的经验结合，考虑建构的逼真性。第三，在建构技能方面，搭建的规模扩大，但创新性不强。第四，同伴互助多，坚持性增强，在建构过程中，幼儿间的交流、讨论甚至争执较多，搭建不容易中断，坚持性有所增强。第五，对操作过程、操作结果都感兴趣，具有独立整理建构玩具的能力。

（2）中班幼儿建构游戏的指导

第一，丰富中班幼儿的生活经验，加深幼儿对物体的感性认识。教师通过带幼儿外出活动、散步、自由活动等机会，引导幼儿反复观察，然后说出物体各部分名称、形状和结构特点。第二，提供多种结构材料，学习相应的结构技能。引导幼儿掌握连接、拼插、接插、围合等较为复杂的建构技能，引导幼儿把平面变成立体造型。第三，提供中班幼儿材料应丰富，可为幼儿选择种类各异的有一定难度需一定力度操作的材料。如可提供大、中、小型积木、小型积木、小太阳积木、乐高积木。多增加低结构游戏材料。第四，引导幼儿建构前构思，让幼儿自由选材独立构造，培养幼儿的想象力和创造力。第五，引导幼儿具有初步的合作意识，自由结伴，联合游戏，并能完成构建任务，体验合作的快乐，培养幼儿的集体观念。

### 3. 大班幼儿建构游戏的特点与指导要点

（1）大班建构游戏的特点

经过中小班的学习，大班幼儿具备了较好的建构技巧，基本掌握了连接、围合、架空等建构技能，也具备了一定的社会交往的技能，这为幼儿的主题建构的开展提供了可能。大班幼儿建构体现如下特点。

大班幼儿对建构游戏较中小班幼儿更感兴趣，能有目的、有步骤地按一定顺序进行建构。目的性、计划性和持久性明显加强。

大班幼儿愿意与更多的材料和同伴互动，渴望自己的作品以群体的方式呈现。建构过程中，幼儿借助已有建构技巧作有主题的组合造型，并愿意分工合作。搭建物品的形象更逼真、形象、且构思新颖、富有创造性。大班幼儿能根据建构前的构思合理选择、使用不同类型的材料，使用辅助材料，也更爱护建构材料和建构成果。

（2）大班幼儿建构游戏的指导要点

大班幼儿游戏前，向个别的、小组的或全班的幼儿讲授必要的知识，教给他们有关的技能；继续丰富幼儿社会经验。在游戏过程中注意启发引导，以便最充分地发挥幼儿在游戏中的主动性和创造性。具体指导要点如下。

建构过程中，注重培养幼儿的任务意识，培养幼儿独立建构能力，可以要求幼儿其按照计划有目的、有顺序建构，让幼儿学会合理组织与规划。活动前，教师需帮助幼儿明确主题的目的性，让其知道在这个活动中需要搭些什么，哪些物体可以组合搭建起来，以此帮助幼儿明确活动的目的性。

在建构活动中培养幼儿的合作能力，进入大班后，幼儿除了能够单独建构建筑物的主要特征及细节部分外，还能相互合作。在活动中，教师多提供需合作完成的建构内容。

教师在建构活动中要善于培养幼儿的创造思维。教师在组织幼儿进行建构活动时，要支持幼儿不断克服困难、坚持完成建构的活动，活动中，注意培养幼儿的坚持性和恒心，培养幼儿不怕失败，勇于探索的精神，帮助幼儿从事更多的创造活动。

建构后进行有效的评价。积极的评价是对幼儿活动的认可，也是对今后活动的期望。幼儿自由评价、同伴互评、教师评价等，可以让幼儿明确作品的优点与不足。通过活动评价感受成功的喜悦，感知建构作品的不完美，知道今后活动提高的方向，加深对活动的兴趣。

### 案例7-3　乘飞机

**案例呈现：**幼儿园大班新添了大型的实木做的空心积木。幼儿非常兴奋，他们连着几天用这些积木建构。这天，几个幼儿用积木搭"飞机"。"飞机"造好以后，他们纷纷爬上去，要坐"飞机"。他们和老师说，要玩"坐飞机"的游戏。但是，只有几个幼儿曾经坐过飞机，他们只知道在飞机上可以吃饭，又有空中小姐。由于缺乏相应的经验，游戏就开展不下去了。

老师看到这种情况，决定开展相应的主题活动，帮助幼儿拓展和丰富相关经验。老师请幼儿回家去问爸爸、妈妈怎样坐飞机，然后到班里来讲给小朋友听。老师自己也上网查找相关的图片和视频资料向幼儿介绍。幼儿也提出了许多问题，如在飞机上要上厕所怎么办？飞机上的乘客吃的饭是空中小姐在飞机上做的吗？坐飞机会头晕吗？飞机上能看电视吗？

通过这些活动，幼儿初步了解了到飞机场坐飞机的流程，飞机场和飞机上都有什么工作人员，他们的工作任务是什么；坐飞机前为什么要安检，行李为什么要托运；乘客上飞机能够带什么，不能带什么；在飞机上为什么要系安全带；在飞机上乘客能够做什么，不能做什么。

在老师的帮助下，幼儿的经验得到了拓展，为游戏活动的发展创造了条件。幼儿兴致勃勃地制作"飞机票""安检门""食物托盘"等游戏材料。在游戏过程中幼儿分工合作，有的扮演"乘客"，有的扮演"空中小姐"，有的扮演"行李检查员"，有的扮演"飞行员"。"坐飞机"的游戏丰富了幼儿关于坐飞机旅行的经验，拓展了幼儿的社会生活经验。

**案例分析：**社会生活经验是幼儿开展角色游戏的基础。教师根据幼儿游戏的兴趣和需要，开展了关于飞机场和坐飞机旅行的主题教学活动，帮助幼儿丰富和拓展了相关的经验，促进了幼儿游戏活动的开展。这种根据幼儿游戏的兴趣和需要来丰富幼儿相关经验的做法，使得幼儿的游戏和幼儿园的课程、教学活动发生了密切的、有机的联系。由于课程和教学活动的内容来自于幼儿的游戏需要，能够激发幼儿的学习兴趣，使得幼儿的学习生活成为主动积极的、有意义的学习活动。

## 第三节　表演游戏的组织与指导

表演游戏是深受幼儿喜爱的游戏活动，表演游戏有哪些特点？怎样帮助幼儿把故事表演出来，怎样组织和指导幼儿的表演游戏？在指导幼儿表演游戏时，应注意哪些问题？这是我们应该讨论的关键问题。

## 一、表演游戏概念、类型

### （一）表演游戏的概念

表演游戏是指幼儿通过扮演某一文艺作品中的角色，运用一定的表演技能（言语、动作、表情），再现文艺作品的内容（或某一片段）的一种游戏形式。幼儿的文艺作品主要有童话、故事、诗歌等。

表演游戏与角色游戏、建构游戏都是幼儿的一种创造性活动，都是以培养幼儿的主体性、积极性的游戏，三者既有联系又有区别。

### （二）表演游戏的类型

#### 1. 根据表演游戏中角色扮演形式的不同划分

以幼儿游戏中表演样式和表演手段分析，幼儿园常见的表演游戏可以分为以下几种。

（1）剧目表演游戏是指幼儿通过扮演剧目中的角色来进行表演的一种游戏，包括表演故事、童话剧、歌舞剧等。剧目表演是表演游戏中最常见的形式，都是由幼儿自己选择角色，满足于自己玩的愿望。例如，白雪公主、小红帽、卖火柴的小女孩等。

（2）木偶表演游戏是幼儿用木偶来表演歌、舞、故事、童话及诗歌的游戏称为木偶表演游戏。现代人把用各种材料制成的人偶都称为木偶。木偶除木制的外，还有纸制的，用瓶、盒子、蛋壳、泥等材料制成的玩偶。有人物造型、还有各种动物、植物造型等。

常见的木偶有手指木偶、布袋木偶、提线木偶和杖头木偶等几种，还有一种重要的形式是人偶表演。由于幼儿年龄小，手指小肌肉的灵敏性和协调性较差，适合表演布袋木偶和简单的手指木偶。布袋木偶主要是通过幼儿的手指、手掌活动来进行操作表演的。手指木偶是幼儿在手指上画上简单头饰进行表演的游戏。木偶表演造型生动有趣，形象夸张，操作简易便行，深受幼儿喜爱。童话故事《金鸡冠的公鸡》《三只小鸡》等常被用来作为木偶表演的内容。

（3）桌面表演是指在桌面上以各种成型玩具来扮演作品中的角色，幼儿以独白、对话和操纵玩具角色的动作等形式再现作品的内容。幼儿在这类游戏中既表演又导演，还操作着各种玩具材料，幼儿的主动性和积极性得到了更好的发挥。

桌面表演对幼儿的语言表达能力有一定的要求，要求幼儿在理解作品情节和体会角色情感等的基础上，用不同的音调、音色、节奏来表现角色的性格特征和情节的发展变化。儿童故事《笨笨猪》《一只快乐的小气球》等都常被幼儿用来玩桌面表演游戏。

（4）影子表演游戏是根据光学原理所造成的物体阴影来进行的一种表演游戏。幼儿玩的影子戏有头影、手影和皮影戏等，其中以手影游戏居多。

手影游戏是令幼儿着迷的游戏，游戏十分简便，不要复杂设备，只要一灯或一烛，甚至一轮明月，即可以展开巧思。一双手在光线的照耀下，做出各种变化的手势，在墙上变成活灵活现的黑影，勾勒出神奇的动画。幼儿的皮影可以就地取材，选用硬纸片、透明胶片、马粪纸等代替传统的皮革，用剪纸和刻花的方法制作影人、布景、道具。演出的影窗可用白纱布平绷在倒置的桌腿上，再把灯光调整到适当的位置。然后一边操纵影人，一边配词拟声，这样进行简单的表演。皮影戏对幼儿的语言表达能力、手眼协调能力、动手操作能力、分工合作及相互协调能力都有较高要求，一般在大班才出现，且需要教师的指导才能顺利进行。《胆小先生》《三只小猪》等故事适合作为皮影戏的题材。

（5）沙盘（箱）表演游戏是指在沙盘（箱）中布景，如放上树、花、草或小家具，运用各种材料制作的人物形象，在沙盘背景中进行表演的游戏。这种游戏可以在草地上进行。在这种自然的条件的场景下进行表演游戏，会使幼儿更加怡然自得和无拘无束。

### 2. 根据表演游戏中游戏内容的不同划分

（1）故事表演游戏即幼儿文艺作品中的角色，用对话、动作、表情等富有创造性的表演再现文艺作品。它又分为三种类型。

整体表演型。即要求幼儿在理解文艺作品的基础上，按照故事的情节发展连贯地表演，表演的成分比较多。即要求幼儿在理解文学作品的基础上，按照故事的情节发展连贯完整地表演动作。在表演活动时，幼儿一对一地扮演角色，即故事中的人体角色由一名幼儿表演，群体角色则不作严格限制，可由若干幼儿同时担任。例如，《拔萝卜》《小兔乖乖》在表演过程中，教师在旁领诵故事，串联情节，扮演角色的幼儿则在角色台词需要时参与对话或对白，其余幼儿可随教师附诵故事。

分段表演。即将整个故事切割成若干段落，讲一段故事，进行一段表演。这种类型的表演游戏可以由多人扮演同一角色，如中班《三只蝴蝶》中红蝴蝶、白蝴蝶、黄蝴蝶、红花、白花、黄花、太阳公公、雨都可以根据需要，让若干幼儿扮演，解决了角色少、观众多的矛盾，每个幼儿都扮演一定的角色，没有台上台下的感觉，幼儿能够比较轻松地进入角色。

区域活动型（表演区）。即在幼儿园活动区（或者表演区、或者语言区、或者角色表演区）开展的故事表演游戏。该类游戏的特点是自主性强，游戏成分多。幼儿在区域中自主进行的故事表演游戏中，目的性角色行为逐渐减少，嬉戏性角色行为逐步增加。

（2）歌舞表演型游戏

在传统的音乐游戏中，主要是指在音乐伴奏和歌曲伴唱下的活动，这是一种规则游戏，其学习的份量较重，主要在老师的组织下开展的一种音乐教育活动。

由于一部分儿童音乐作品富有童话色彩，具有丰富的情节，主题鲜明，可通过角色扮演来表现音乐形象。于是，儿童在理解歌曲或乐曲的基础上，根据自己的经验，创造性地表演。这样，音乐游戏的规则由外显转向内隐，演变为一种表演游戏。因此，歌舞表演游戏是从音乐游戏中分离出来的。一种自发性游戏，由于它的结构特点更接近于表演游戏，因此，有人把它归为表演游戏一类。以区别于有规则的音乐游戏。

在歌舞表演游戏中，有两种较典型的游戏与传统的音乐游戏有着较显著的区别，一是模仿性律动游戏；二是歌唱式表演游戏。

模仿性律动游戏。韵律活动是指随音乐进行的有节奏的身体动作。作为韵律活动的基本内容，律动具有动作与音乐双重特点。简单地讲，律动就是一种动作模仿，其核心是节奏。

律动的内容主要取材于动物的动作、人的劳动生活方式，自然现象以及日常生活，运动中的动作。其中，动物形态的律动倍受儿童的喜爱。

歌唱表演游戏。即幼儿根据自己对歌曲中词意和曲调的理解，通过身体动作或舞蹈动作，塑造人物形象。歌唱表演游戏的教育功能，主要不在于使幼儿学习新歌曲，学习演唱的技能和方法，而在于运用唱歌和舞蹈来培养幼儿的创造性，使幼儿学习新歌曲，学习演唱的技能的方法，而在于运用唱歌和舞蹈来培养幼儿的创造性，使幼儿在歌舞活动中获得乐趣的同时，陶冶情操。

## 二、表演游戏的价值

### （一）表演游戏能促进幼儿认知的发展

#### 1. 表演游戏能促进幼儿感知、理解力的发展

表演游戏是幼儿对文艺作品的一种感知、学习的过程。借助表演游戏，幼儿能更好地掌握文艺作品的内容、情节和主题思想，时间的先后顺序，情节的发展和因果关系，人物之间的关系和人物的性格特征，领会人物的思想感情，加深对幼儿文艺作品的理解。

#### 2. 表演游戏能促进幼儿记忆力的发展

在表演游戏中，由于扮演角色的需要，幼儿必须积极地、自觉地、有目的地去追忆作品的情节、包括整个故事中各个角色出场的先后顺序，自己所扮演角色的动作、表情及角色的动作、表情及角色间的对话等，这些都有助于幼儿有意注意的发展。

#### 3. 表演游戏能促进幼儿想象、创造和表演才能的发展

表演游戏的过程是幼儿想象活动的过程。想象和幻想、模仿和表演是幼儿的天性，也是幼儿认识和体验世界的手段。故事和表演游戏以虚构和想象为特征。表演游戏为幼儿展开了在想象中模仿、创造的舞台，使幼儿进入一个想象和创造的童话世界，可以充分满足幼儿喜欢模仿、想象和表演的天性和需要。在故事表演的过程中，幼儿运用想象、自己制作的道具和自己表演的技能（动作、表情、语气语调等）来创造地再

现自己对故事中角色的记忆、理解、想象，表达自己对于故事中角色的情感体验，这对于幼儿想象、创造和表演能力的发展具有重要意义。

### （二）表演游戏促进幼儿语言能力的发展

表演游戏对幼儿语言和发展有独特的作用。幼儿表演的想法和内容可能来源于故事朗诵、动漫、图书阅读等活动。在游戏表演前，幼儿需要经过理解和记忆基本熟悉故事的基本框架、情节以及角色之间的对话和富有特色的词汇；在表演游戏中，幼儿需要运用一定的表演技能把故事表现出来。例如，扮演大灰狼要"恶狠狠地说话"。表演游戏对于幼儿词语的理解、词汇的丰富和语言表达能力的发展具有独特的意义。

### （三）表演游戏可以激发幼儿对于文艺作品的兴趣和喜爱

表演游戏的来源是幼儿的文学作品。幼儿文艺作品美好的主题、有趣的题材、鲜明的形象、生动的情节、活泼的语言和巧妙的结构形式、出奇的表现手法给幼儿带来极大的快乐。作品中美的语言、美的人物形象感化人心，满足幼儿强烈的好奇心、求知欲和游戏心理。通过表演游戏，幼儿会进一步加深对幼儿文学作品的理解，培养幼儿对文艺作品的强烈兴趣，为幼儿后期学习文艺作品奠定良好基础。

表演游戏本事是一种艺术活动。在表演游戏中，幼儿会主动注意自身形象，试着调整、改变自己的仪表、言行等。通过表演，幼儿会在尽情张扬的过程中得到美的启迪。表演游戏让幼儿感受语言美、艺术美逐步扩展通过语言、动作去表现美、创造美，从而让幼儿潜移默化地受到艺术的熏陶。

### （四）表演游戏能促进幼儿社会性的发展

#### 1. 表演游戏能培养幼儿良好的人际关系

表演游戏是集体游戏，需要分工和合作，在游戏中，幼儿通过与同伴的交往活动，学习如何共同商议分配角色，如何创设游戏情境，如何互相协作和配合让游戏更有趣；在游戏中幼儿逐渐学会与自己和同伴发生冲突时如何坚持正确意见或放弃自己的想法，从而培养幼儿良好的人际交往能力。

#### 2. 表演游戏能促进幼儿良好的情绪情感的发展

幼儿的情绪情感带有肤浅性、不稳定等特点，易受情境和兴趣的影响。在表演游戏中，幼儿情感真挚，情绪稳定、愉快、积极，这有利于培养幼儿的积极情感。在游戏中，幼儿一方面再现周作品的情节、内容、表演作品中的动作和语言，另一方面，也体验着所扮演的角色对周围的人物、事物等的态度，这些会对幼儿产生潜移默化的影响。

文艺作品是以文艺形式反映典型的社会生活，对幼儿具有很大的感染力。幼儿在扮演角色时反复体验作品中人物的情感，能加深对人物生活的认识，初步明白什么是正确的行为和优良的品德，这将对幼儿品德和行为产生良好影响。此外，幼儿在表演游戏有助于幼儿兴趣和需要得到满足，天性的自然流露，创造性充分发挥和健全人格逐渐形成。

### 三、表演游戏的组织与指导过程

表演游戏的组织与指导过程可以分为脚本形成、环境创设和故事表演三个阶段。

#### （一）脚本形成

表演游戏是幼儿以故事为线索展开的游戏活动。故事是幼儿表演游戏的"脚本"。故事可以来源于文学作品，也可以来源于幼儿自己的创编。

##### 1. 选择适宜的作品

表演游戏通常围绕一定的事件或文学作品展开，故事适宜与否，在很大程度上制约着表演游戏的质量和效果。教师应当注意选择适合表演游戏的故事。一般作品应具备以下特征。

作品有个性鲜明的角色形象、夸张有趣的情节、动作性强、语言朗朗上口、角色对话多次重复的故事适合作为幼儿表演游戏"脚本"。例如，《早上好》《小羊和狼》《三只小猪》《金鸡冠的公鸡》等故事。如《小羊和狼》为例，在这个故事里，有许多幼儿熟悉的动物形象，小羊、小花猫、小黄狗、白马、大象、老狼等，为幼儿提供了多种可以扮演的角色；朗朗上口的对话多次重复（"小羊，小羊，你为什么哭呀？""不要怕，晚上我来帮助你"）；角色的动作性强，且符合动物的习性特点（如"我用嘴咬它""我用爪子抓它""我用脚踢它""我用鼻子把它卷起来"）。故事情节简单，富有趣味性是幼儿喜爱的形式。

作品与幼儿年龄特点适宜。作品结构完整、清晰、具有表演性。作品的情节主线要简单明确，不要过于复杂，以便幼儿理解和记忆。如经过改编后的《三只小猪》（原著作者：谢尔盖·米哈尔可夫，原著7000多字）情节生动有趣，对话朗朗上口，极富歌唱性，经过适当的改编，比较适合大班幼儿。情节相对简单故事适合小班幼儿表演（如《早上好》），情节复杂、篇幅稍长的作品适合年龄较大的幼儿表演（如《金鸡冠公鸡》）。

##### 2. 在熟悉故事过程中酝酿故事表演

幼儿在一遍遍地听讲故事、边听边讲并"手舞足蹈"表演是幼儿的特点。听教师绘声绘色地讲故事、观看有趣的动漫作品，可能激发幼儿开展表演游戏的想法。教师一方面要注意讲故事"声情并茂"，辅之以简单的动作，激发幼儿表演故事的"欲望"；另一方面要注意利用幼儿反复听故事、不厌烦重复的特点，让幼儿在逐渐熟悉故事的过程中，酝酿动作、表情和情绪情感等。教师可以采用"讲一讲、说一说、想一想、演一演、议一议"相结合的方式帮助幼儿酝酿故事表演。

讲一讲是指教师绘声绘色地给幼儿讲故事，以自己饱满的情绪激发幼儿表演的兴趣；说一说是指教师引导幼儿讨论故事中的人物、内容、情节等（如"发生了什么？""后来怎么样了？"）来帮幼儿熟悉故事内容，了解故事情节。

想一想是指以故事情境为依托，发挥幼儿的想象力，让幼儿以角色自居体会角色的情绪情感（如"大家都不理丑小鸭，丑小鸭心里会有什么感觉""蛋蛋狼想穿新买的短袖衫，可妈妈说今天太冷不能穿。蛋蛋狼的心情糟糕透了"）；演一演是指在重复讲故事的过程中允许幼儿边听故事边做动作，讲完一段可以请幼儿讨论一下这一段或者这个情节该怎样表现（例如，丑小鸭在雨地抱着脑袋跑呀跑呀）；议一议是指在幼儿表演以后让大家说说这样表演好不好，还有别的办法来表演吗，在情节和对话的表现上要允许幼儿加入个人的理解和想象。

此外，教师可以引导幼儿自主选编、创编故事，生成幼儿表演的内容。幼儿教师要树立这样的意识：表演游戏的主题既可以从大量的文艺作品中选取，也可以引导幼儿对日常生活的精彩片段进行创编，生成表演游戏。所以，教师一方面要重视引导幼儿提炼接触到的文学故事、科学常识，日常生活中观看的电视节目、阅读的图书等相关内容，发展表演线索，选编、创编表演内容；另一方面要重视引导幼儿做一个有心人，观察生活中的事物和情境，捕捉生活中的精彩镜头，让其成为故事创编的素材，为幼儿的自主表演提供内容来源。幼儿自主创编的故事也可以成为表演的脚本。

## （二）环境创设

幼儿基本熟悉故事，对表演故事有着强烈的兴趣和愿望情况下，可以进入第二阶段：环境创设。环境的创设是表演游戏开始的一个重要环节。在此过程中，要注意体现幼儿的参与性主动性。

### 1. 布置场地

场地：表演游戏在场地空间上具有一定广延性，教师可以利用国内的各种空间如教室、阳台、走廊、楼梯拐角、操场、草坪等。在场地安排上要注意因地制宜，让幼儿自由选择、自由使用、自主布置。如在幼儿们和教师共同布置下，走廊处可以变成"化装间"，楼梯处拐角处成了"售票处"，有条件时，还可以给幼儿做玩偶、皮影小舞台，则更能增加表演游戏的情趣。布景上，注重简单、大方、经济实用，起到渲染的作用即可。

### 2. 制作道具

表演游戏的道具、服饰和角色造型很重要，它们能激发幼儿开展表演游戏的愿望，而且直接影响到游戏的趣味性、象征性和戏剧性。随着游戏不同主题的开展，表演游戏对道具、服饰需求增加，教师可以启发引导幼儿以物代物。在幼儿日常生活实践中，让幼儿搜集各种废旧材料——饮料罐、纸盒、泡沫板、快餐盒、果冻盒、旧挂历……引导幼儿根据作品内容需要，动手制作各种各样的道具，如用饮料瓶当"话筒"，用塑料块当"灶台"，用纸壳当房子的"门"，大果冻盒作成机器人的头盔，易拉罐制成木偶台子上的椅子、小桌子。一块方形插塑既可以当蛋糕又可以当面包吃，还可以当糖果盒、饼干箱；一根竹棍既可以当麦克风又可以当金箍棒，还可以做指挥棒。教师要善于鼓励幼儿根据游戏的需要寻找替代物，学会一物多用，促进幼儿创造力的发挥，使幼儿的获得更多乐趣。

### 3. 设计表演服饰

为了更好地表现角色的外形特征和个性特点，教师要引导幼儿根据作品的要求进行适当的角色造型。例如，大班幼儿在进行"乡下老鼠和城市老鼠"的表演游戏前，商议怎么进行角色造型，在幼儿与教师的充分讨论中，大家决定为乡下和城市老鼠做点缀性的装饰：乡下老鼠扎上一条头巾，为城市老鼠打上领带；在道具上给乡下老鼠准备一只篮子，给城市老鼠一只皮夹。这种简单的服饰造型与道具设计对幼儿参加表演游戏的激励作用很大，能使游戏更深入地开展下午。

虽然，道具和服装是表演游戏的十分必要的条件，但幼儿的表演游戏应体现自由性和灵活性，可以随时随地表演，不受道具的限制。教师可以在实践中引导和启发幼儿用自己的动作、表情或以自然材料来创造性地扮演道具。例如，三只小猪的木头房子、草房子、石头房子等均有几个幼儿手来手搭成，以摇晃、颤抖、散开的动作来扮演房子倒塌、融化和鱼网捕鱼的情境。这种方式不仅增添了幼儿游戏的趣味性和生动性，也为胆小的、口语表达能力弱的幼儿提供了上台表演的机会，调动了更多幼儿参与游戏的积极性。

## （三）游戏过程的指导

### 1. 协助、指导幼儿分配表演游戏的角色

幼儿进行表演游戏时，和玩角色游戏的情况相似，幼儿们在表演游戏中非常关心自己所扮演的角色，以扮演自己所喜欢的角色为满足。幼儿们都喜爱文艺作品中的主要角色，往往想扮演主角和正面的角色。这时，教师要引导幼儿认识到，各不同的角色在表演角色中都是不可或缺的，只要大家协调配合，游戏才能顺利进行，从而使幼儿满腔热情地对待自己所承担的角色。教师可以引导幼儿通过轮流、协商、个人推荐、同伴推荐等形式，既关照到幼儿的个人喜好，又能考虑到表演游戏角色分配的实际状况。因此，教师需要为幼儿提供一个自主协商、自主分配角色的平台，在此基础上，引导幼儿扮演与其相适宜的角色。

### 2. 指导、帮助幼儿提高表演的技能

幼儿在表演游戏中不在乎有无观众来欣赏，但并不是说表演技能就不重要。幼儿需要凭借一定的表演技能去展示文艺作品中的内容和情节。培养和提高幼儿的表演技能是完成表演游戏的一个重要前提。

在表演游戏中提高幼儿的口头言语的表达技能。如扮演大灰狼，声音嘶哑低沉透

着凶狠；扮演小兔子声音，又脆又甜表现活泼可爱的色彩；小猴子的声音轻快透出机灵淘气的特点等。由此看出，幼儿表演游戏中大部分角色形象是通过对话与独白言语的形式来表现的。口头言语的表达技能表现在对语调、音色的处理上，即通过声音的轻重、快慢、高低、停顿等变化表现角色的情绪情感，通过音高、轻快的语速及向上的语调说出来，来表达快乐、欣喜的情绪；用较低的音高、较慢的语速及向下的语调说出来，表达一种沮丧、失望的情绪。

在表演游戏中，提高幼儿的歌唱表演技能。歌唱技能包括用自然好听的声音唱歌，不大声喊叫，音准准确，吐字清晰，能根据乐曲的快慢、强弱等变化有表情地进行演唱。在表演游戏中，教师应帮助幼儿理解歌词、乐曲的内容及情感，指导幼儿唱歌应吐字清楚、旋律曲调要准确，快慢音量要适度，表情要符合角色的要求。

在表演游戏中，提高幼儿的形体表演技能。主要包括步态、手势、动作等。要让幼儿们理解，不同的形体动作可以表现角色不同的情绪情感和形象特征。例如，表现高兴时，双手可以做鼓掌状，且面带笑容；表现胆怯时，双手则可紧握胸前，面部紧张。由于表演游戏的需要，要求幼儿的步态、手势、动作比日常生活中的表现要夸张些，要有表演舞台效果。

### 3. 引导幼儿提高表演游戏水平

教师与家庭共同合作，不断丰富幼儿的生活经验。生活经验的丰富程度会直接影响幼儿表演游戏水平的高低。幼儿对周围社会认知程度影响幼儿能否准确把握作品的内容和情节，能否形象演绎作品的角色。所以，教师应在幼儿的日常生活、教育活动以及游戏活动中不断丰富幼儿的生活经验，提升幼儿表演游戏的水平。

教师通过多种活动引导幼儿深入理解文艺作品。教师可以通过讲故事、放幻灯片、听录音、看视频等形式，帮助幼儿熟悉文艺作品，掌握作品的主题及情节的发展，了解不同角色的语言于动作特点，体验角色的内心活动，激发幼儿对作品中人物的感情，引起表演的兴趣和欲望。

教师引导幼儿进行创造性地表演。幼儿创造性地表演体现在作品理解的基础上。例如，在玩"拔萝卜"的表演时，有的幼儿扮演的老奶奶是一个充满活力的老人，当听到老爷爷的呼唤时，一边用清脆的声音回应着"来了！来了！"，一边急匆匆地进场；而有的幼儿扮演的老奶奶则是一个老态龙钟的老妇人，当听到老爷爷的呼唤时，一边用缓慢、有气无力的声音回应着"来——了！来——了"，一边慢吞吞地进场。幼儿们的创造性表演往往使艺术作品具有了新意，赋予了作品更多的趣味。

此外，教师还应引导幼儿自主管理表演过程。确保幼儿在进行表演游戏时教师在场时，游戏活动的秩序较好；教师离场，游戏活动气氛也好。教师引导幼儿自主管理表演游戏，则既能保证表演游戏的有序开展，又能为幼儿提供率性表演的自我空间。

### 四、各年龄阶段表演游戏的特点与指导

各年龄班幼儿由于身心发展水平、生活经验的不同，表演游戏会有一些不同的特

点，因此，教师应该针对幼儿的年龄特点与游戏发展的不同阶段组织与指导幼儿的表演游戏。

### （一）小班幼儿表演游戏的组织与指导

小班幼儿的表演游戏的年龄特点是：角色意识不强、交往欲望较低、表演能力弱。

小班幼儿处于表演游戏的学习阶段，以模仿学习为主。严格地说小班幼儿不会玩表演游戏，他们往往只是表演自己感兴趣的某个动作或重复某一句有趣的语句。所以，小班幼儿表演游戏的组织与指导应注意以下几点。

（1）教师应尊重幼儿的意愿，帮助幼儿选择主题明确、内容简单、活泼有趣的作品。

（2）教师帮助幼儿或带领幼儿准备游戏的道具和材料，但不要包办代替。道具以要简单、高结构性的材料为主。

（3）教师可以指定或参与角色分配。教师可以参加幼儿们的表演游戏，在游戏中担任某一角色，开始可承担主角，帮助幼儿解决角色分配中的困难，以后可担任一般角色，甚至不担任角色。

（4）在表演游戏中，教师主要应当带领幼儿共同游戏来为幼儿示范表演游戏的方法，帮助幼儿为以后的创造性表演积累经验。

### （二）中班幼儿表演游戏的组织与指导

中班幼儿表演游戏的年龄特点：中班幼儿可以自行分配角色，但角色更换的意识不强；游戏的目的性差，需要教师一定的提示才能坚持游戏的主题；游戏的计划性差，展开游戏需要较长的时间；以一般性表现为主，以动作为主要表现手段。

为中班幼儿表演游戏组织和指导应注意如下几点。

（1）给幼儿适宜的游戏时间、空间，并注意材料的结构化程度。教师应该保证幼儿有不少于30分钟的游戏时间；为幼儿准备一个在一定时间内是固定的、封闭或半封闭的空间，给幼儿认同感和安全感；提供的材料要简单易搭，不能是那种需要幼儿花很长时间和很大精力才能准备好的材料。

（2）教师要帮助幼儿做好配组工作，讲解角色更换原则。

（3）在游戏开始的最初的阶段，教师不要过多干预幼儿的游戏，要耐心等待幼儿协商、讨论，提醒幼儿坚持游戏主题。

（4）在游戏展开的阶段，教师应提高幼儿的角色表现意识。教师可以参与幼儿的游戏，为幼儿提供适当的示范。

### 案例7-4 中班表演游戏"老虎的遭遇"

**案例呈现**：扮演"青蛙"的幼儿对饥肠辘辘的"老虎"说："我有一个主意，我们比赛跳远，要是我跳的比你远，你今天就不能吃我。"

"老虎"同意了，于是"青蛙"悄悄地咬住"老虎"的尾巴，和它一起跳了起来。

突然，一个幼儿发现了问题："不对，青蛙跳的没有老虎远！不信，你量量！"

旁边演"大树"的孩子也说："就是，青蛙的脚都落在了老虎后面，它应该跳到对面才对。"

"青蛙"看看自己的脚和老虎的脚，没有说话。几个小朋友开始七嘴八舌地议论起来。

然而，一直在旁边观看的老师介入了："演到哪里了？下面该谁讲话了？别吵别吵，我们接着演。"

**案例分析**：长期以来，教师仅仅把表演游戏当作故事教学的手段，对幼儿在表演游戏过程中产生的一些与"语言"无关的问题和兴趣视而不见，一心按照自己原有的思路和框架，拽着幼儿沿着故事教学这一条窄道往前走。一旦幼儿又"越线"和"出轨"现象，教师立即就会拉回来，从而使得许多很好的课程生成机会白白流失。

在上面的这个例子中，幼儿对距离远近及测量问题产生立疑问和兴趣，这是让幼儿进行"测量"学习的一个很好的时机。在这种情况下让幼儿探索距离的远近问题，可以使幼儿的学习成为"有意义"的学习。但是，教师却"固执"地要幼儿把故事完整地演完，因为"这是这次活动的内容"。课与课之间的内容界限犹如"楚河汉界"般分明。然而，就在这种貌似严谨的教学安排中，幼儿的学习兴趣和需要被忽略，不同课程领域之间的有机联系也被阻断了。

### （三）大班幼儿表演游戏的组织与指导

大班幼儿能独立完成角色分配任务，有很强的角色更换意识；游戏的目的性、计划性较强，能自觉表现故事内容；具有一定的表演意识，但尚待提高；具备一定的表演技巧，能灵活运用多种表现手段，但表现水平尚待提高。

在大班幼儿表演游戏的组织与指导应注意如下几点。

（1）在游戏的最初开展阶段，教师应尽可能地减少干预。大班幼儿已经具备了独立开展表演游戏的能力，如果教师过多干预往往会限制幼儿主体性的发挥，因而，教师除了提供时间、空间、基本材料外，在游戏的最初开展阶段应该尽量让幼儿做主。

（2）随着游戏的展开，教师应该及时给幼儿提供反馈，提高幼儿表现故事、塑造角色的能力。对大班幼儿来说，反馈的重点应在如何塑造角色上。要帮助幼儿注意运用语气、语调、夸张的动作、生动的表情来塑造角色。教师最好用讨论的方式和群策的方式帮助幼儿注意与提高这方面的能力。教师也可以扮演角色参与幼儿的游戏。

（3）丰富游戏情节与提高幼儿表现能力同步进行。教师要帮助幼儿充实游戏的内容，鼓励幼儿根据自己的想象和理解进行对话和动作。游戏的应体现"游戏性大于表演性"。教师不要随意大段或在旁不停地喊叫指挥，使幼儿的表演完全处于被动状态，以致于失去游戏本来的意义。

# 第四节 规则游戏的组织与指导

## 一、规则游戏的含义与特点

### (一) 规则游戏的含义

规则游戏（game 或 game with rules）是由成人创编的、以规则为中心的游戏，侧重直接显性地完成一定的教学任务或目标。规则游戏在幼儿园教师组织的教学实践中广泛运用，它常被作为教学的手段或形式。心理学家维果茨基认为规则游戏是有"明显的规则和隐蔽的想象情景"的。

### (二) 规则游戏的特点

#### 1. 规则性

规则是规则游戏的主要游戏手段。主要是用来协调游戏者之间关系的一种行为准则。事实上，游戏都是有规则的，只是不同类型的游戏，其规则的意义不同而已。象征性游戏和规则性游戏的区别，就在于其规则是为了不同行为需要而存在的。在象征性游戏中，规则是为了协调角色和保持装扮世界的情境而存在的，因此它因隐含于角色之中，作用于表现人物和人物之间的关系，具有一定的灵活性，随着游戏情节的变化，可以在任何时候，由游戏者本人发动，规则的个人随意性较大。而规则性游戏中的规则是在游戏开始前就决定了的，并且是游戏者一致通过的。游戏规则具有"约定"的性质，既可以是参与游戏的儿童自己的"约定"，也可以是成人或年长儿童的"传递"，它在限定的角色内支配游戏者能做什么，不能做什么，所以规则游戏中的行为远比象征性游戏中的行为更有限制，更具规范化。

#### 2. 竞争性

在象征性游戏中，幼儿是以行为过程本身为目的的，隐含于角色中的规则仅指行为规则，他以行为本身为满足。而规则游戏不然，他们是为了结果，为了取胜而游戏的。因此，在规则游戏中，游戏者的竞争意识鲜明，为了最后的胜利，游戏者往往付出一定的意志努力或智慧，在规则的规范下，没有规则控制的胜负是没有意义的。

## 二、规则游戏类型

在我国幼儿园，规则游戏主要包括智力游戏、音乐游戏和体育游戏。

### (一) 智力游戏

智力游戏是幼儿园教学活动常用的形式之一，它将教学因素和游戏形式紧密结合，使幼儿轻松愉快的学习。智力游戏是发展幼儿智力而设计的游戏活动，它以生动有趣的方式使幼儿在愉快的学习活动中运用已有的知识和技能进行活动，完成增进知识，发展智力的游戏目的。

智力游戏的种类繁多，以游戏的作用来看，有发展感知能力的游戏，如"小动物的叫声"、"奇妙的口袋"；有发展观察力的游戏，如"什么东西不见了？"；有发展记忆力的游戏如"谁能跟我一样做（说）"；发展想象力与创造力的游戏，发展思维能力的游戏，如"智慧树""谁最高"？"谁最矮"；发展语言的游戏，如说相反话、接龙等。

以智力游戏使用的材料的不同，游戏可分为操作游戏，这是通过手的操作进行的游戏，如拼图、镶嵌板、拼拆玩具等；图片游戏，如配对、接龙、绝版游戏等；棋类，如五子棋、跳棋等，以及教师根据教育内容自制的环保棋、交通安全棋等。

按照幼儿学习知识的不同内容，规则游戏还或分语言游戏、计算游戏、科学游戏等。

（1）语言游戏是以发展幼儿语言为目的的一种游戏。语言游戏有听音游戏、发音游戏、正确运用词汇的游戏、学习句子的游戏、练习口语表达能力的游戏等许多种。

## 案例 7-5：小鹦鹉找朋友

**目的**：幼儿练习使用形容词，学习说完整的一句话。

**玩法**：教师拿出一只玩具鹦鹉或画有鹦鹉的卡片，对小朋友说："这只美丽的小鹦鹉最爱学人说话，它要找说话伶俐的孩子交朋友，好向他学说话。现在我们做个游戏，我说一个词以后，请你用这个词说一句话，还要形容这个词。谁说得好，小鹦鹉就找他做朋友。"例如，教师说"雪花"，幼儿说"雪花飘飘飞下来，盖满大地"或者"雪花给房子、大树披上白衣服"等等，照此可以练习一系列的词：

蛋糕——香喷喷的大蛋糕。

松树——松树被雨水淋过以后，青翠可爱。

菊花——美丽的菊花散发着清香。

照此说下去，哪位小朋友形容词用得准确生动，教师立即予以表扬，并让小鹦鹉找他做朋友。

**规则**：

1. 幼儿要针对教师提出的名词说出一句完整的话。

2. 幼儿说的句子中必须有形容词。

（2）计算游戏是根据幼儿园计算教育的要求来确定游戏内容和目的，构思游戏玩法与规则的游戏。

## 案例 7-6：考考你

**目的**：训练幼儿 0-9 的数数和认识数字能力。

**准备**：让幼儿掌握 0-9 的数字儿歌（0 像鸡蛋，1 像粉笔，2 像小鸭子，3 像耳朵，

4像小旗，5像镰刀，6像蝌蚪，7像镰刀，8像花生，9像小勺）；用硬纸片做成0-9的数字卡片。

**玩法：**

1. 教师选出10名幼儿排成一排，每人手拿一张数字卡片，面向其他幼儿。

2. 拿卡片的幼儿熟悉自己拿的是什么数字卡片，然后将卡片的字面朝下。

游戏开始：拿"0"字的幼儿先把手中的卡片字面朝其他幼儿举起，并说："我来考你们，请看他像谁？"其他幼儿回答："0字像鸡蛋"。然后拿"1"字卡片的幼儿举起卡片提问："我来考考你，你看它像谁？"依次进行。

重新打乱0-9的顺序，挑10名幼儿，各拿一张卡片，字面朝下。

其他幼儿问："我们来考你，0字它像谁？"拿"0"字卡片的幼儿马上举起手中的卡片说："它在我手里，0字像鸡蛋。"1-9数字以此类推。

**规则：**

第一轮游戏中，拿卡片的幼儿不能先说出自己手里的数字儿歌，否则换人。

第二轮游戏中，拿卡片的幼儿要快速、正确回答，否则换人；没拿卡片的幼儿不能告诉答案。

计算游戏的种类很多，有练习数数的游戏，练习序数的游戏，练习加减运算的游戏，认识几何图形的游戏，区分物体大小、长短、高矮的游戏，等等。

（3）科学常识游戏是把科学常识寓于游戏之中，使幼儿在欢乐的情绪下认识事物、学习科学。如：

## 案例7-7：谜语树

**目的：**巩固幼儿对几种动植物的外形特征的认识，培养他们爱动脑筋的好习惯和抽象思维能力。

**玩法：**找一根树枝当树，把谜语写在纸卡片上。做些纸玩具和纸花，都挂在树枝上。老师念卡片上的谜语，请小朋友猜，谁猜对了，就从谜语树上拿下一件纸玩具或一朵纸花送给他。例如：

弟兄五六个，围着圆柱坐。大家一分手，衣服都扯破。（大蒜）

小时绿葱葱，长大红彤彤，剥开皮来看，一包小虫虫。（辣椒）

虽然不识字，能把字儿排。秋天排字走，春天排字来。（大雁）

远看一把伞，近看伞一把，一人打得破，万人做不成。（蜘蛛网）

## （二）音乐游戏

是在音乐伴奏或歌曲伴唱下进行的游戏，具有音乐和动作相配合的特点。游戏动作要符合音乐的内容、性质、节奏、节拍和力度、速度的变化，能按照音乐的结构开始、改变及停止动作等。游戏分为主题及无主题两类。前者有主题、情节、角色，要求幼儿根据音乐扮演角色形象，用动作、表情来表现音乐。后者无主题、情节和角色，常有追逐或竞赛因素。如下面这则游戏"找朋友"就属于后者：

## 案例7-8：找朋友

**玩法：** 全班幼儿围成一圆圈，面向圆心站立，边拍手边唱歌。游戏开始，老师请几个幼儿到圆里，做跑跳步。当唱到"就是你"时，即站到圆上一幼儿面前。音乐奏第二遍时，两人交叉拉手，共同做跑跳步或其他舞步。奏第三遍音乐时，成双的幼儿松开手，仍在园内独自做跑跳步，唱到最后一句时，又找一幼儿共舞。邀舞者成倍增加，直至全体幼儿都跳起来。

### （三）体育游戏

是指以促进身体正常发育和机能协调发展为主要目的的游戏。它作为体育活动的一种有趣的形式，具有锻炼身体、促进生长发育、富于娱乐性和竞赛性的特点，对培养幼儿对体育活动的兴趣有重要作用。

幼儿体育游戏按幼儿发展的基本技能，可分为奔跑游戏、跳跃游戏、投掷游戏、平衡游戏等；按照增强身体素质，可分为速度游戏、力量游戏、耐力游戏和灵敏游戏等。如：

## 案例7-9：猫和麻雀

**目的：** 幼儿练习立定跳远，发展跳跃能力。

**准备：** 场地上画一个大圆圈为猫家，围绕大圆圈画许多小圆圈，大圆与小圆边线之间的距离为40厘米。

**玩法：** 选一名幼儿做猫，蹲在大圆圈内，其他幼儿做麻雀，呆在各个小圆圈里。游戏开始，老师说："猫睡着了，小麻雀出来找食！"这时，小"麻雀"要双脚前跳，跳进大圈内做找食吃的样子。当老师说："猫醒了！"，"麻雀"要尽快跳到一个小圆圈里，猫这时要去追捉"麻雀"。凡是被猫拍到的，没在小圆圈里的"麻雀"要暂时停止游戏。最后数一一数"猫"捉到了几只"麻雀"。

**规则：**

（1）"猫"和"麻雀"都要听教师信号行动。

（2）"麻雀"必须双脚跳进跳出，不可单脚迈进迈出。

（3）"猫"不可去追捉跳回小圆圈中的"麻雀"。

### 三、规则游戏的结构

规则游戏基本结构也包括了游戏的目的、游戏的玩法、游戏的规则和游戏的结果。

规则游戏应有明确的任务，它是根据幼儿年龄特点和教育任务而提出来的。不同的游戏，任务不同。有的是为促进幼儿感知觉发展、练习记忆能力、激发幼儿想象力及思维的敏捷性等，也可发展幼儿动作或提高音乐感受力。

游戏的玩法：是指为了有效完成智力游戏预设的任务而对幼儿怎样活动提出的规定和要求，包括游戏的开始、过程和结束等环节。玩法设计应有效调动幼儿的兴趣，在玩中渗透任务，幼儿愿意主动地完成游戏中提出的任务。

游戏的规则：是关于动作先后顺序以及在游戏中幼儿被允许或被禁止的活动的提前规定。游戏需在一定规则的规范下，以确保游戏的顺利开展，并有利于游戏的趣味性或挑战性的增强。

游戏的结果：是指游戏结束时，教师判定幼儿完成任务与否的标志。若游戏达到满意的结果，幼儿既获得游戏带来的愉悦和满足，同时也使预设的游戏任务得以有效完成。游戏结果是判定规则游戏设计是否合理有效的一种依据，据此可以改进游戏的玩法或规则。

有规则游戏的构成因素是相互联系、密不可分的，缺少了某一因素，则会失去游戏的性质和教育作用。如"看谁接的快"和"听听谁在叫"的游戏中，可以看到有规则游戏构成的四个方面是综合地体现在游戏活动全过程的。

### 案例 7-10：看谁接得快

**任务**：丰富幼儿的词汇，培养幼儿思维的敏捷性，提高幼儿语言表达能力。

**玩法**：2-5 人玩为宜。第一个幼儿说出任何一个词，然后第二个幼儿用第一个词的后一个字作为词头，再说出一个词，以此类推。例如，第一个人说"大树"，第二个人应以"树"为词头，可以说"树叶"，第三个人可以说"叶子"，等等，依次往下接。

**规则**：（1）不能说重叠词，如"爸爸"、"妈妈"、"好好"；（2）允许想 10 秒钟，可以数数来计算时间；（3）接不上来的幼儿要表演节目。然后由他起头，再往下说。

**结果**：接的又快又好的幼儿受到表扬。

### 案例 7-11 ：听听谁在叫

**任务**：分辨几种动物的叫声。

**玩法**：请一个幼儿站在前边，由教师给他戴上一个动物头饰，其余幼儿按动物头饰发出该动物的叫声，由戴头饰的幼儿猜自己头上戴的是什么动物头饰。

**规则**：戴头饰的幼儿不能看头饰，其他幼儿只能发出动物的叫声，不能说出动物的名称。

**结果**：猜对了得胜，可戴着头饰回到座位去。

幼儿园的有规则游戏比成人世界中的有规则游戏简单，大都运用实物或带有情节。

### 四、规则游戏的指导

规则游戏有其特有的结构要素，即明确的游戏任务、玩法、规则和结果，在设计与指导幼儿规则游戏时，必须符合其特有的结构要素，保证游戏功能的实现。规则游戏的指导有以下几个步骤：

### 1. 选择和编制适宜的规则游戏

规则游戏的形式多样。种类繁多，难易有别，且游戏的目的各不相同，因此在选择和编制幼儿规则游戏时，应根据幼儿的年龄特点及本班幼儿的实际水平，根据教育目标和要求进行挑选或改编。

（1）幼儿的发展水平

幼儿的年龄特点和发展水平是选择和编制规则游戏的首要因素。比如，音乐游戏的选编要符合幼儿音乐发展水平，在音域、节拍、节奏、速度等方面各年龄阶段的要求有所不同。

体育游戏的选编应符合幼儿的生理特点。幼儿动作发展趋势是从大的整体动作向小的精细动作发展，从手脚分别动作向手脚协调动作发展，身体位置从不移动到位置移动，一般小班幼儿选用的音乐游戏比较简单，动作变化少，最好是各自单独的动作。比如，小班游戏《小老鼠过河》，从动作上看比较简单，全体幼儿做同一动作，只要抓住前一个幼儿的衣服一个跟一个走即可；从游戏规则上看，很容易遵守，幼儿扮演小老鼠抓住前一只老鼠即可；从情节、角色上看，角色单一，情节简单。这个游戏动作简单，全体幼儿做相同的动作，便于幼儿相互模仿，而且也没有竞赛性质，因此适合于小班幼儿。中、大班幼儿控制动作能力与节奏感都有所发展，可以有一些小肌肉动作如手腕转动等。还可以有一些需要相互配合、协调一致的动作。

（2）要结合幼儿园教育任务

规则游戏的内容与要求应与幼儿园教育任务的相应部分紧密结合，在幼儿园教育目标的规范下，在轻松愉快的游戏中完成教学任务。以幼儿园体育游戏为例，体育游戏要能促进幼儿身心健康发展。选编的游戏应以发展幼儿某一基本动作或培养幼儿某种技能为主要目的，如游戏《小马运粮》要发展幼儿助跑跨越跳动作；《小猴子进城》主要培养幼儿正面钻的动作；游戏《给小动物喂食》主要发展幼儿的平衡能力，《摘苹果》主要发展幼儿跳和攀爬能力。这些游戏都有明确的动作目的，明确游戏目的后才能有效地确定游戏的内容、玩法规则等。其次，游戏也应当具有对幼儿进行品德教育的价值，规则游戏要遵守规则，这是培养幼儿组织性、纪律性的有效手段，能培养幼儿在集体中控制自己的行为，增强责任感。通过游戏还能培养幼儿的集体荣誉感和积极向上、机智勇敢、团结友爱、不怕困难的优良品质。

### 2. 教会幼儿游戏的玩法，教育幼儿遵守游戏规则，积极开展游戏。

有规则的游戏有一定的玩法和规则，幼儿只有学会了玩法，明确了规则，才能顺利开展游戏。因此，在开始一个新的游戏之前，教师要简明生动形象的语言、适当示范，帮助幼儿学会游戏的玩法，掌握游戏的规则。在幼儿学会后，教师要注意督促儿童遵守规则，以保证游戏的开展和游戏任务的完成。

教师要充分重视有规则游戏在教育中的作用，广泛开展有规则的游戏。一方面在健康、语言、社会、科学等各领域教学中充分运用规则游戏，有效调动幼儿的参与度，以此提高幼儿学习的积极性、主动性，并获得良好的效果。另一方面，在游戏时应提供和安排有规则游戏的时间，鼓励幼儿独立开展已学会的有规则游戏，促进全面发展。

总之，在幼儿园的各项活动安排中，既要要求教师创造条件保证幼儿有充足的时间、场地来开展自由的、自选的创造性游戏，同时，也要有教师直接组织和指导下的有规则的游戏，为系统的正规集体教学服务，以游戏作为教育教学手段或形式，做到游戏和教育的有机结合，这样既符合幼儿学习和发展的特点，同时，这也是避免幼儿教育小学化、成人化的重要途径。

## 案例 7-12：小小侦察兵（智力游戏）

**游戏功能：**训练听觉判断力，学习根据声音的轻重判断物体的方向及位置。

**游戏准备：**画有地雷、碉堡、敌军司令部的卡片。

**游戏过程**

1. 幼儿辨别卡片画的物体及其音特征。通过卡片内容导入游戏主题。

2. 游戏方法：请一个小朋友当侦察兵，蒙上眼睛，让其他小朋把这些卡片藏到活动室的各个角落里。然后小侦察兵打开蒙眼布，绕着活动室慢慢走，接近地雷时，其他小朋友就说："轰轰轰！"走近碉堡时就说："嗒嗒嗒！"走近司令部时就拍手。小侦察兵离藏卡片处越近声音就越加重，越远就轻，离开约一两米外就停止声音。

小侦察兵根据声音大小提供的线索来寻找卡片。找到地雷、调堡、司令部三张卡片后再换一个小朋友当侦察兵继续游戏。

**游戏规则**

1. 模拟声音不能混乱。

2. 侦察兵离卡片越近，声音越重，越远越轻。声音强弱一定要清晰。

**指导方法**

1. 幼儿学习并熟练地模拟地雷爆炸、机枪扫射发出的声音。

2. 游戏前幼儿进行一些控制声音大小强弱的训练，以便在游戏中能运用自如。

3. 卡片上的内容可根据幼儿水平来确定，卡片上也可画上幼儿熟悉的小动物。小班幼儿可用小动物玩具代替卡片，用这些动物的叫声作为暗示线索，仍然用声音的大小来指引寻找者。

**指导要点**

1. 同步控制声音的大小，人少时易做到，人多就难做到。这就需要平时有这方面的训练，教师应有意识地培养幼儿的声音控制能力。

2. 听觉是否敏锐，判断是否准确，是这个游戏的关键。游戏中声音大小变化要明显，便于幼儿辨别。要引导幼儿做出正确的判断，可提醒幼儿："注意声音大了，赶快仔细找找。"或是"声音小了，想想是为什么？"等等。大班幼儿提醒一次就可以了，而小班幼儿玩时要经常提醒，对于判断准确的幼儿以游戏口吻及时表扬，并奖一颗五角星（红纸剪成），增加游戏的趣味性。

## 案例 7-13：开  锁（智力游戏）

**游戏功能：**学习数字判断方法，练习加减运算技能。

**游戏准备：**

1. 绒布板一块，大锁图形 1 个，1-10 的数字和写有算式题的纸条各若干张。

2. 彩色纸条 5-7 张（长约 8 寸），贴绒小动物两只（小兔、小羊或小鸡和小鸭⋯⋯）钥匙形的卡片两套各若干张（每张卡上只写一道题或一个数）。

3. 将小动物贴在绒布板上，将纸条压在小动物身上，好像小动物被关在笼子里，大锁贴在笼子旁边，表示笼子被锁上了。

**游戏过程：**

1. 出示大锁图形导入游戏主题。

2. 演示游戏方法：幼儿坐成半圆，每人手里发一张钥匙形卡片纸。"小兔被大灰狼关在笼子里了，还上了大锁，你们愿不愿意把小兔子救出来？要救小兔子必须先开锁，你们先看看锁上的算式题算出的是几，手中卡片上的数字与锁上得数相同的钥匙都能开锁。"例如，锁上算出得数是 6，凡是钥匙上数字是 6 的都能开锁。开锁时，教师先念儿歌："帮助朋友是应该，谁替小兔把锁开？"这时数字是 6 的幼儿都站起来举起卡片，排成队边向前走边念儿歌："帮助朋友是应该，我替小兔把锁开。"走到锁前时，应把卡片高高举起，让其他幼儿都能看到，并说："喀吧!"表示锁开了。然后按次序回坐位。教师和其他幼儿要检查他们的卡片是否正确。接着教师将锁上的算式题再换一个，再请幼儿继续开锁。

**游戏规则：**

1. 数字不对的幼儿，不能去开锁。

2. 儿歌要念整齐。

**指导方法：**

1. 游戏前幼儿要掌握 10 以内的加减运算。

2. 开始时，发给幼儿的钥匙卡片上只有一个数字，而锁上是一道简单的加法算式题，举起了与答数相同的钥匙卡片后，老师仍以游戏的口吻说："大灰狼又换了一把锁，小兔还是没有被救出来。"换上一道减法算式题贴在锁上，难度稍有增加；当幼儿举对卡片后，老师再换一道题，难度再大一点⋯⋯这样逐渐加大难度。换了 4-5 次数字后，可结束："经过大家的努力，小兔子终于被救出来了。"

3. 游戏继续进行下去："救出小兔，但小羊还被关着，让我们再来救小羊吧。"这次游戏难度还要加大。锁上只出现数字，而幼儿的钥匙卡上则是算式。锁上出现一个数字，要求幼儿将自己算式答数与这个数相同的钥匙卡举起来，并请他们逐一将自己的算式读给大家听。因为得数相同，算式不一定相同。教师要逐一查看。因难度加大，玩 2-3 次就可放出小羊，结束游戏。

**指导要点：**

帮助幼儿熟练地掌握 10 以内加减是游戏的关键。

游戏中对于较复杂一点的算式一定要进行讲解。对算得又快又准的幼儿给予奖励，对能力差的幼儿不要指责，要耐心地进行个别指导。

## 实践活动项目

1. 根据本章的学习，思考：怎样组织和指导幼儿的角色游戏？当幼儿缺乏游戏所需要的社会经验怎么办？

2. 案例讨论：分析案例中教师对幼儿角色游戏的干预行为的适宜性，提出适宜的改进建议。

（1）游戏情境：男孩1把锅碗瓢盆、瓜果蔬菜放在桌上，然后穿围裙；男孩2站在一旁，呆呆地看着男孩1，无所事事。

教师介入的行为："昨天，小朋友提意见，餐厅里太脏太乱。"

幼儿的反应：幼儿无回应

改进建议：

（2）游戏情境：男孩1与其他区角的幼儿发生互动，"我们没有生日蛋糕了，吃点汤圆吧"；男孩2坐在桌前，百无聊赖地摆弄着玩具。

教师介入的行为："做什么好吃的呢？"

幼儿的反应：幼儿无回应

改进建议：

（3）游戏情境：男孩1已经离开，男孩2把塑料橘子放在塑料微波炉上

教师介入的行为："你是不是在榨橘汁？

幼儿的反应：幼儿无回应，仍在摆弄塑料橘子

改进建议：

3. 研究性学习项目：设计一个游戏，可以是角色游戏、表演游戏或结构游戏，要体现游戏与课程融合的主题活动。

4. 研究性学习项目：编制并实施一个规则游戏，并与同伴分享交流经验。

# 参考文献

1. [美] 约翰逊 . 游戏与儿童发展 [M] . 华爱华，郭利平译 . 上海：华东师范大学出版社，2006.

2. 刘焱 . 儿童游戏通论 [M] . 北京：北京师范大学出版社，2008.

3. 刘焱 . 幼儿园游戏教学论 [M] . 北京：中国社会出版社，2000.

4. 丁海东 . 学前游戏论 [M] . 大连：辽宁师范大学出版社，2003.

5. 华爱华 . 幼儿游戏理论 [M] . 上海：上海教育出版社，2008.

6. 北京师范大学教育系，北京崇文区光明幼儿园 . 幼儿园游戏指导 [M] . 北京：北京师范大学出版社，1996.

7. 郑名 . 学前游戏论 [M] . 兰州：甘肃人民出版社，2010.